관광인적자원관리

홍경옥 저

Human Resource Management for Tourism Industries

기문사
www.kimoonsa.co.kr

머리말 Preface

국제화 및 정보화의 물결 속에 기업문화가 과거의 전통적인 시스템(conventional system)에서 탈피하여 다양하게 바뀌어 가고 있는 가운데 조직의 형태도 변화하고 있는 추세이다. 즉, 최고경영자(chief executive officer)는 과거 상부에서 군림하면서 지시만을 했던 시스템에서 하부조직의 중간간부나 감독자들이 업무를 원활히 수행할 수 있도록 지원하는 시스템으로 전환되고 있다.

이러한 조직문화의 변화로 말미암아 기업 내의 종업원을 하나의 자산으로 간주하기 시작하였고, 내부고객(internal customer)으로 취급하여 관리시스템으로 재정비가 이루어지고 있다.

21세기에 접어들면서 인사관리의 큰 변혁이 이루어지면서 인적자원관리(Human Resource Management)의 범위가 확대되었고, 기업 경영 방식이 성과지향적으로 변모함에 따라 인적자원관리 전략이 매우 중요하게 되었다.

관광산업에서도 많은 호텔들이 인력을 직접 채용하기보다는 아웃소싱을 통하여 채용하는 사례가 증가하는 추세이다.

기업이 경쟁우위의 확보와 비용 효율성의 명분으로 기업의 관리기능들을 하나 둘씩 아웃소싱업체들로 대체되고 있다. 기업이 아웃소싱업체에 맡기는 것은 정리해고와 같은 문제들을 봉착했을 때 쉽게 해결할 수 있고 비용 면에서 유리하다고 생각하는 것이다.

대부분의 관광산업이 그러하듯이 호텔기업은 무형의 서비스상품을 중심으로 판매활동이 이루어지는 특성이 있기 때문에 타 기업보다 인적자원의 의존도가 높아 내부고객인 종업원의 역할이 대단히 크다고 할 수 있다. 이와 같은 추세로 인하여 호텔기업의 최고경영자들은 종업원의 선발단계에서 서비스기업의 특성을 고려한 인재의 선발과 서비스 품질을 극대화하기 위한 각종 교육 및 훈련과정을 개발하여 과학적이고 체계적으로 운영하고 있으며, 기존의 종업원들의 사기를 고려한 각종 복지 및 근무규정을 합리적으로 규정하고 운영하고 있다. 즉, 고객을 만족시키기 위해서는 반드시 종업원의 만족이 전제되어야하기 때문에 종업원 만족을 위한 다양한 프로그램을 개발하여 실질적이고 민주적인 방식에 의하여 적용해야 한다.

따라서 본서는 관광 기업의 인적자원관리를 효과적이고 체계적으로 관리하기 위한 방법을 구체적으로 제시하였으며, 특히 현장의 실무를 고려하여 인사관리에 대한 시스템을 영역별로 기술하였다.

본서는 관광산업에 종사하는 기업 간부들의 조언과 지원을 바탕으로 인사관리에 대한 실무와 이론을 중심으로 기술하였고 현실적인 사례와 기업 정보 탐색을 할 수 있도록 연계하고 있어 학생들이 쉽게 이해할 수 있도록 구성하였다.

끝으로 본서를 출판하는데 많은 도움을 주신 기문사 관계자들께 깊은 감사를 드립니다.

저자 올림

Contents

차례

제6장 인사고과제도 • 149

제7장 교육훈련관리와 능력개발 • 183

제8장 임금관리 • 215

제1장

인적자원관리의 기본 개념

관광인적자원관리

제1장

인적자원관리의 기본 개념

제1절 인적자원관리의 본질

1. 인적자원관리의 개념과 중요성

세계 경제의 중심이 숨 가쁘게 빠른 속도로 움직이고 있고, 세계 무역은 나날이 더 증가하고 사람들의 국가 간 이동도 빈번해지고 있다. 일반적인 근무시간보다 이른 아침 혹은 늦은 밤까지 다른 국가의 동료들과 소통하는 일을 해야 하거나 일상적으로 초과 근무를 해야 하고, 출장이 잦은 상황이 발생할 수도 있다. 나가오고 있는 글로벌 경쟁시대의 변화를 명확히 이해하고, 이에 적응할 수 있도록 자신의 역량을 함양하는 것이 매우 중요하다.

기업의 경영활동, 즉 생산관리 · 마케팅관리 · 재무관리 · 구매관리 · 인적자원관리 · 회계처리 등의 활동 중 인적자원관리활동의 중요성을 강조하는 학자들이 많다. 경영의 제 자원, 즉 인적자원(human resources) · 물적 자원(material) · 재무적 자원(money) 그리고 정보(information) 등을 활용하는 것은 결국 인간인 조직구성원의 활용 여하에 따라 조직의 성과가 달라진다. 조직에서 단순히 여러 부서를 만들고 구성원에게 직무를 분담한다고 해서 높은 직무성과와 조직경쟁력을 확보할 수는 없다. 거기에는 반드시 훌륭한 관리가 함께 하여야 한다.

종래의 인사관리(personnel management : PM)는 개인의 문제가 아니라 조직에 고용된 사람들과 관련된 문제를 다루는 것으로 인식되어왔다. 그러나 인적자원의 중요성이 커지고 인간의 존엄성 · 자율성 · 책임감에 대한 관심이 높아지면서 인적자원관리라는 용어가 대두되었다. 인사관리와 인적자원관리는 여전히 혼용되고 있지만, 오늘날은 인적자원관리로 통합되는 방향으로 나아가고 있다.

인적자원관리(human resources management : HRM)는 기업 인적자원을 전략적으로 분석하고 여러 업무기능과 효율적으로 결합하여 운용함으로써 기업 전체의 목표를 효과적으로 달성하는 데 목적이 있다. 인적자원관리의 정의는 다양하게 내릴 수 있지만 현 인적자원관리의 기본문제가 구성원들의 자율성과 책임성이 강조되고 있는 것을 고려하면, 현대 조직의 인적자원관리는 「조직이 필요로 하는 인력의 조달 · 유지 · 개발 · 활용을 자율성과 책임성 원리에 기초하여 계획하고 조직하고 통제하는 일련의 관리활동」이라고 할 수 있다.

한편, 인적자원관리는 사람을 대상으로 하는 관리활동이므로 관리하는 측과 관리받는 측의 사고방식과 행동양식에 의해 관리활동이 달라지기도 한다.

기업에서 인적자원관리가 중요하게 된 원인을 살펴보면 다음과 같다.

첫째, 기업에서 인적자원 관련 비용이 차지하는 비중이 늘어나고 있다. 관광산업의 경우 서비스가 주 활동이기 때문에 고객과 서비스 제공자 간의 직접적인 접촉이 이루어지므로 서비스 활동에 종사하는 구성원들의 능력 · 자세 · 활동에 따라 효율성이 달라지므로 조직구성원들과 관련된 인적자원 비용이 비중이 커질 수밖에 없다.

둘째, 관광산업에 있어서의 우수한 성과는 인적자원관리와 결합해야 가능하다. 관광산업의 주된 서비스의 산출물이 대부분 무형적이기 때문에 평가의 어려움이 있으며, 인력개발 활동 역시 제조기업과 달리 기술변화의 속도가 비교적 느리기 때문에 교육훈련의 내용이 제품의 생산기술보다는 비구체적이다. 또한 인적자원의 능력에 대부분 의존하기 때문에 노동력의 효과적인 관리 없이 조직이 목표를 달성하기는 불가능한 것이다.

셋째, 오늘날 정보통신 기술 및 과학 기술의 발달로 이루어지는 4차 산업혁명에서 필요한 것은 지능정보기술이 기존 산업과 서비스에 융합되므로 무엇보다도 인적자원에 대한 투자가 더욱 중요하다. 호텔산업의 경우 기계화 · 자동화 시스템의 도입이 가속화되고 있으나 시스템 사용의 한계성 때문에 구성원의 부족에 대한 압력과 문제점이 가중되고 있으므로 인적자원관리 문제가 경영관리상 가장 큰 문제가 될 수 있다.

넷째, 세계적인 경제 위기와 어려운 경영환경 속에서 지속적으로 발전하고 있는 기업의 공통적인 특징은 훌륭한 인적자원관리시스템을 구축하고 있다. 인적자원관리와 관련된 중요 개념으로 '사람', '조직', '성과' 등을 강조하고 있는데 새로운 인적자원관리에서는 조직구성원들의 행동양식을 '도전과 창의', '팀워크' 등을 강조한다.

조직의 성과를 창출하는데 기여하기 위해서는 인사관리시스템이 조직과 조직구성원 모두에게 좋은 인사관리시스템이어야 한다. 즉, 좋은 인사관리시스템이란 조직의 경쟁력을 강화하고 조직구성원의 행복실현에 기여하는 시스템을 말한다.

그림 1-1 **인적자원의 관리과정**

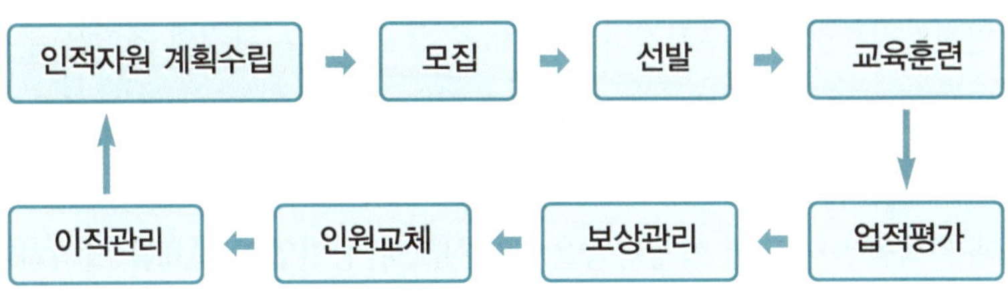

2. 인적 자원관리의 성격과 기능

1980년대 후반부터 조직의 생존과 성장을 위해 인적자원관리를 전략적 차원에서 중시되어야 한다는 의미에서 전략적 인적자원관리(SHRM, Strategic Human Resource Management)라는 용어를 사용하게 되었고, 대부분의 기업들이 생존과 성장을 위해 전략적 차원에서 경영혁신을 추구하고 있으며, 특히, 인적자원관리부문의 혁신이 중요한 내용이 될 정도로 전략적 인적자원관리의 중요성이 부각되고 있다. 따라서 현대의 인적자원관리는 전략성 · 통합성 · 특이성 · 변화성을 강조함으로써 기업목표를 달성하는데 중요한 역할을 하고 있다.

1) 인적자원관리의 성격

(1) 인적자원관리의 전략성

기업이 인적자원을 효과적으로 운용하기 위해서는 다양한 환경적 요구와 조건을 반영하여야 한다. 따라서 인적자원관리 담당자는 기업의 외부환경뿐만 아니라 내부 환경의 조건을 충분히 이해한 후에 인적자원관리의 전략을 수립해야 한다.

(2) 인적자원관리의 통합성

인적자원관리는 외부환경의 영향에 근거하여 내부 환경의 조건을 분석함으로써 하나의 효과적인 시스템을 개발하는 작업이므로 전체를 통합하는 관점에서 이루어져야 한다. 인적자원관리는 지원기능을 통해 다른 관리시스템들과 조화를 이루면서 경영전략을 수행함으로서 기업의 목표를 달성하는데 기여하는 것이다.

그림 1-2 기업경영시스템

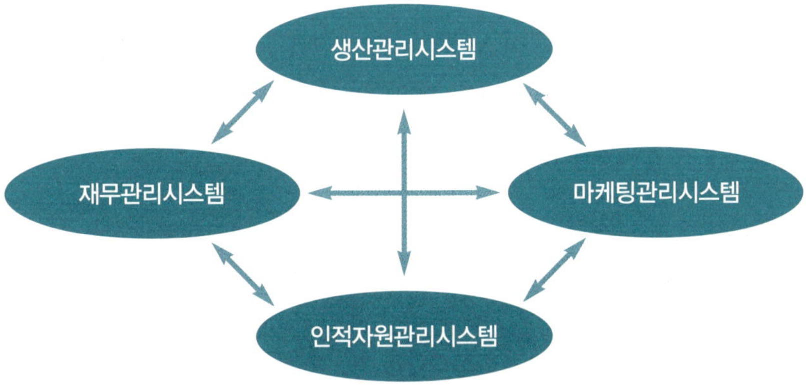

(3) 인적자원관리의 특이성

인적자원관리는 노동시장, 정부의 법령, 노동조합의 요구, 여러 산업 등과 같은 외부환경의 영향과 기업문화, 생산기술, 재무적 능력 등 기업 내부의 환경에서 개발된 하나의 시스템이다.

환대산업은 보통 관광, 호텔, 외식산업을 포괄한다. 이들 서비스기업은 타 산업에 비해 인적자원관리의 특성이 다르며, 특히 내부 조직구성원들의 만족, 근무환경, 직장분위기 등이 크게 작용한다.

(4) 인적자원관리의 변화지향성

인적자원관리는 항상 변화를 추구한다. 이느 시점에서 최적의 인적자원관리시스템을 개발하였다고 할지라도 당시의 환경적 요구와 조건에서만 유용하다. 외부환경 또는 내부조건이 변하게 되면 경영전략에 조정이 가해지고 마찬가지로 인적자원관리의 전략과 정책도 바뀌어야 하는 것이다. 한 예로 호텔에 오래 근무한 직원일수록 돈의 중요성은 떨어지고 비금전적 요인들의 중요성이 더욱 커지는데 유연한 근무시간제, 맞춤형 성과급 패키지, 경력개발기회 등의 제공을 통한 만족을 더 중시하기도 한다.

2) 인적자원관리의 기능적 업무

인적자원관리의 기능적 업무는 인적자원관리를 실행하는 과정에서 가장 핵심을 이루는 영역이다. 인적자원관리의 목표를 성공적으로 달성하기 위해서는 반드시 업무영역을 전략적으로 운용하여야 한다.

(1) 인적자원의 확보

직무분석을 통한 기업이 필요로 하는 인력을 어디서 어떻게 모직하고, 어떤 절차를 거쳐서 선발할 것인지의 문제를 다루며, 효과적인 모집방법, 선발도구를 개발하고 사용하는 방법을 연구한다.

(2) 인적자원의 개발

조직구성원들의 성과를 평가하기 위한 평가시스템 설계, 직무수행능력 제고를 위한 교육훈련계획의 수립 및 실행, 조직구성원들의 장기적 발전을 위한 경력개발 등의 문제를 다룬다.

(3) 인적자원의 보상

조직구성원들의 임금 · 인센티브 · 복지후생 등과 관련된 보상시스템을 설계하고 효과적으로 운용하는 방법을 다룬다.

(4) 인적자원의 유지

조직구성원들 간의 인간관계 · 안전보건 · 이직 · 노사관계 등을 다룬다.

3) 인적자원관리의 기능

현대사회에서 정보화 · 글로벌화 · 전략화는 피할 수 없는 경영환경이며, 이러한 변화하는 경영환경에 발전적으로 적용하는 것이 중요하다. 따라서 기업에서는 경영정보화에 맞추어 인적자원정보시스템을 효과적으로 구축하고 글로벌화에 따라 요구되는 인적자원의 전략적 관리방안을 강구하여야 한다.

오늘날 기업을 관리하기 위해서 수행되어야 할 인적자원의 관리 기능은 복잡하고 다양하다고 할 수 있는데, 인적자원관리의 대표적 학자인 Mee와 Pigors & Myers가 제시한 기능을 살펴보면 다음과 같다.

(1) 미이(J. F. Mee)의 인적자원관리 기능

❶ 인사계획과 조직
❷ 인사관리의 예산과 원가통제
❸ 직무분석과 직무가치 분석
❹ 인사고과
❺ 임금급여관리
❻ 고용관리
❼ 금전적 서비스와 비금전적 서비스
❽ 노사관계
❾ 종업원 의사소통
❿ 인간관계와 사기앙양
⓫ 교육훈련

(2) 피고스와 마이어스(Pigors & Myers)의 인적자원관리 기능

❶ 모집, 선발, 배치
❷ 교육훈련
❸ 승진, 이동, 징계, 해고
❹ 임금관리
❺ 종업원에 대한 서비스
❻ 안전위생
❼ 생산에 대한 종업원의 참가도

❽ 조직의 안전성

❾ 산업조직의 확립

(3) 요더(D. Yorder)의 인사관리 기능

❶ 인사부의 관리

❷ 계획 : 방침 · 사업계획 · 조직

❸ 충원 : 직무분석 · 모집 · 선발 및 배치

❹ 교육훈련

❺ 승진 및 전직

❻ 인사고과

❼ 노사관계 : 교섭 · 협약관리 · 고충처리

❽ 종업원 서비스 및 복지 : 의사소통 · 상담 · 기타

❾ 보건 및 안전

❿ 임금 및 봉급관리

⓫ 기록 및 보고

⓬ 감사 및 검토

⓭ 조사

⓮ 기타

표 1-1 인적자원관리의 기능

J. F. Mee	Pigors & Myers	D. Yorder
① 인사계획과 조직 ② 인사관리의 예산과 원가 통제 ③ 직무분석과 직무가치 분석 ④ 인사고과 ⑤ 임금급여관리 ⑥ 고용관리 ⑦ 금전적 서비스와 비금전적 서비스 ⑧ 노사관계 ⑨ 종업원 의사소통 ⑩ 인간관계와 사기앙양 ⑪ 교육훈련	① 모집, 선발, 배치 ② 교육훈련 ③ 승진, 이동, 징계, 해고 ④ 임금관리 ⑤ 종업원에 대한 서비스 ⑥ 안전위생 ⑦ 생산에 대한 종업원의 참가도 ⑧ 조직의 안전성 ⑨ 산업조직의 확립	① 인사부의 관리 ② 계획 : 방침, 사업계획, 조직 ③ 충원 : 직무분석, 모집, 선발 및 배치 ④ 교육훈련 ⑤ 승진 및 전직 ⑥ 인사고과 ⑦ 노사관계 : 교섭, 협약관리, 고충처리 ⑧ 종업원 서비스 및 복지 : 의사소통, 상담, 기타 ⑨ 보건 및 안전 ⑩ 임금 및 봉급관리 ⑪ 기록 및 보고 ⑫ 감사 및 검토

4) 인적자원관리의 세 가지 관계 기능

위에서 열거한 인적자원관리의 제 기능은 세 가지의 관리영역으로 요약될 수 있는데, 세 가지의 관리영역이란 고용관계관리, 인간관계관리 그리고 노사관계관리를 말한다. 고용관계관리에서는 기능에 초점을 둔 노사 간의 신분관계를, 인간관계관리에서는 노사 간의 관계성에 역점을 둔 경영사회관계를, 그리고 노사관계관리에서는 노사를 중심으로 한 제도적 문제가 중점적으로 다루어지고 이를 통하여 조직 내 산업평화가 이룩될 수 있는 이론적 기초가 제시된다.

따라서 고용관계관리에서는 능률의 논리(logic of efficiency)를 중요시하는 합리성이, 인간관계관리에서는 감정의 논리(logic of sentiment)를 중시하는 인간성이 그리고 노사관계관리에서는 권력의 논리(logic of power)를 중요시하는 평등성이 강조된다.

관광산업의 인적자원관리는 기업 내 인간관계를 전제로 하는 인간을 대상으로 그 인간, 즉 종업원의 노동력을 최대한 유효하게 이용하기 위해 학문적

기법을 연구 · 도입하여 기업이 필요로 하는 종업원을 확보하고 유지하며 능력을 개발하는 것을 그 기능으로 하고 있다.

그림 1-3 **인적자원관리의 기능적 · 시스템적 관리**

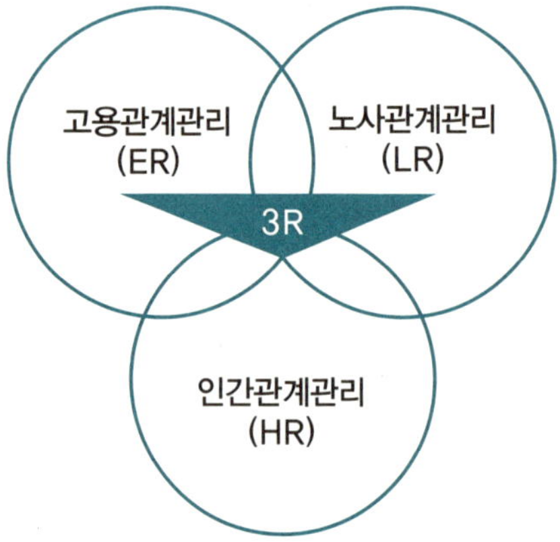

관리의 영역	핵심 논리	기업 내 인간의 존재	조직 내 인간관계	관리차원
고용관계관리	능률의 논리	직능적 존재	수직적 관계	개별적 차원
인간관계관리	강점의 논리	사회적 존재		개별 및 개별적 차원
노사관계관리	권력의 논리	정치적 존재	수평적 관계	집단적 차원

5) 인적자원관리 제도의 변화

인적자원(HR)이념은 종업원의 경제적인 가치를 인정하고, 그 장기적인 능력개발 의의를 호소함과 동시에, 그 능력 활용에 있어서는 종업원 심리에 의거하여 인간적인 존엄을 중시한 대우를 강조한다.

인적자원관리의 전반적인 변화는 다음과 같다.

첫째, personnel로부터 human resource로

둘째, administration에서 management로

셋째, human relation에서 organizational effectiveness로

한편, 인사관리제도의 운용 면에서의 변화는 다음과 같다.

첫째, 인력수요계획이 예측에서 전략으로

둘째, 노사관계에서 노동자의 영향력 내지 의사결정참가로

셋째, 종업원 행동의 사고방식이 사기(moral)에서 조직풍토, 조직문화로

넷째, 과업 조직 및 업무 완성 방식이 개인작업에서 팀작업으로

다섯째, 인사관리의 유효성 면이 문제해결에서 조직적 성과로

여섯째, 종업원 훈련에서 능력개발로

이상에서 인사관리는 인적자원관리로 변화하였고 이러한 변화가 1980년대 이후 전략적 인적자원관리의 개념으로 변화되었다.

그림 1-4 **인적자원관리 시스템의 모습**

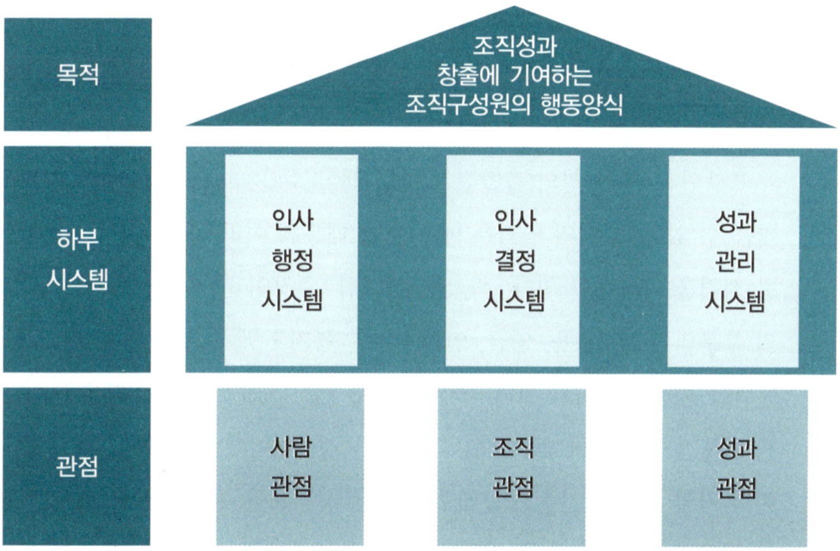

출처 : 이용석(2017). 「인사관리시스템 3.0」. 클라우드나인.

제2절 관광인적자원관리의 특징

관광산업은 서비스산업으로서 서비스의 특성으로 인하여 일반 기업과 많은 부분이 상이하다. 특히, 무형성(intangibility), 동시성(simultaneity)으로 인한 고객과의 관계는 그 무엇보다도 중요하다.

관광산업의 한 분야인 호텔은 일반 대중을 고객으로 하고 숙식을 제공하기 위한 인적서비스와 물적 서비스 및 시스템적 서비스로 구성된다. 또한 고층 건물의 현대적인 시설과 화려한 분위기, 부드럽고 안락한 객실, 정결한 식당, 연회장, 주장(bar), 기타 부대시설 등 일반 대중을 위한 서비스 시설을 갖추고 있으므로 호텔경영의 성공요소는 시설의 수준, 고객의 수준, 서비스의 수준에 의해 영향을 받으며, 이러한 요소가 서로 균형을 이루어야 하는데 어느 한 가지라도 문제가 되면 전체 경영이 흔들리게 된다. 특히 호텔조직은 다른 어떤 서비스 조직보다 인적서비스의 의존도가 크므로 인적서비스의 질을 극대화시키기 위한 인력개발과 서비스에 대한 노하우(know-how)의 축적, 서비스의 기술혁신이 필요하다.

호텔인적자원관리의 출발점은 바로 객실 수와 부대 영업시설의 규모에서 찾을 수 있다. 호텔의 영역은 매우 넓기 때문에 여러 영업 부문이 각기 독특한 성격을 나타내고 있다. 즉, 식당, 객실, 주장(bar), 주방, 회계 그리고 관리 부문의 인사, 교육, 임금, 안전, 시설, 복지후생, 노사관계 등 어느 한 부문만을 중점 관리하기 위해 타 부분을 배제할 수 없기 때문에 각 부문의 관리를 위해서 각 부문에 맞는 각각의 기준을 정하여야 한다. 특히 호텔산업에 있어서 기업 전략을 기준으로 하여 현실에서 필요한 주요 방향을 명확하게 하고 환경변화에 적응할 수 있는 관리를 해야 하는데 서비스의 질도 호텔의 시설수준, 해당 호텔을 이용하는 고객에 맞게 설계되어야 하며, 이를 위한 인사정책, 감량경영에 따른 고용조정, 고령화 및 고학력화에 따른 종업원의 질적 변화를 수용할 수 있는 대응책이 필요하다. 또한 호텔산업은 이직률이 매우 높기 때문에 종업원 만족의 극대화를 위한 리더십 · 모티베이션과 이직방지를 위한 경력개발전략과 우호적인 노사관계의 정립이 필요하다.

1. 산업의 변화에 따른 노동력의 변화

1970년대 급속한 경제성장에 힘입어 근로자의 일하는 시간이 증대됨에 따라 휴가시간의 감소와 항공기 여행의 증가는 공항호텔의 발전을 가져왔고, 이 기간 동안의 경제적 발전이 중·소도시의 발전의 계기가 되어 많은 컨벤션 호텔이 건설되었다. 이러한 호텔의 변화는 호텔산업에 대형화 및 체인화의 현상을 초래하였다.

1980년, 90년대에는 시장세분화 전략에 따른 고급 호텔들이 등장하면서 대형회의장, 피트니스센터, 스위트 객실 등을 갖추고 대규모 회의 및 귀빈을 유치하면서 비약적인 성장·발전을 하게 되었다. 따라서 소규모의 경영에 의존할 때보다 많은 노동력이 필요하게 되었으나 전문적인 호텔교육을 받은 사람이 부족함에 따라 노동력의 양적·질적 부족현상이 나타나게 되었다.

2000년대에 들어서는 많은 대학에서 관광, 호텔관련학과를 개설하였고, 전문 지식과 기술을 갖춘 인력이 유입되면서 호텔의 서비스도 질적으로 개선되었다. 한편, 여행업의 경우에도 과거에는 패키지여행상품을 주로 판매하고, 수수료에 의한 매출이 주된 영역이었으나 인터넷, GDS, CRS 등의 발전으로 인하여 점차 여행업에서 요구하는 인력유형도 변화하기 시작하였다.

2. 종업원 능력의 질적 수준 변화 및 임금격차

지난 시절 호텔의 경영자는 노동력의 공급에 있어 내부 인력에 의존하거나 인건비의 절감이라는 차원에서 낮은 등급의 호텔에서 교육받은 종업원의 고용에 의존했었다. 그 결과 종업원에 대한 재교육비용의 증가를 가져왔으므로 경영자에게는 부담이 되었다.

한편, 호텔산업이 성장산업이라는 인식 아래 각 대학의 관광 및 호텔관련학과가 증가하면서 우수한 자질을 갖춘 전공자들이 호텔에 진출하면서 호텔기업의 종업원의 질적 수준에 변화를 가져왔다. 기존의 저학력 호텔종업원의 고용 관례가 무너지고 관광관련 전공자들을 고용하게 됨에 따라 호텔종업원 간의 학력 간 갈등 및 임금불균형현상을 초래하게 되면서 점차 고학력화 현상과 학력 간의 임금격차 및 승진문제 등이 야기되었다.

3. 높은 이직률

단기간에 이루어진 호텔 산업의 비약적인 발전은 노동력의 부족을 가져왔고, 국민들의 소득 증가와 문화생활의 증가는 외식산업을 발전시키는 계기가 되었으므로 이들 산업에 종사하는 사람들의 일자리가 증가함에 따라 직장을 자유로이 선택할 수 있다는 의식구조의 변화를 가져왔다. 또한 저연령 근로자 및 여성근로자가 많기 때문에 타 산업에 비해 이직률이 현저히 높은 것이 사실이다. 높은 이직률은 새로운 인력고용 및 훈련비용의 증가를 가져와 기업에 인건비의 부담으로 작용하고, 다른 종업원의 사기에도 영향을 미치므로 서비스 품질에 좋지 않은 영향을 주기 때문에 또 다른 손실이 발생된다. 따라서 종업원 개개인에게 적성에 알맞은 직무를 부여함으로써 종업원의 직무안정과 경제적 안정 및 근로생활의 질(quality of work life)을 향상함으로써 종업원의 능력을 최대한 발휘할 수 있는 환경을 조성해야 할 것이다.

4. 이미지의 변화

과거 호텔과 외식산업은 저임금, 휴일근무 및 연장근무, 비고정적인 근무시간, 미흡한 후생복지, 고된 작업조건 등으로 인해 다른 산업에 비해 근무지로서 매력적이지 못했다. 그러나 외국의 유수 체인호텔들이 진출하면서 경영계약, 프랜차이징 방식 등을 통한 경영방식의 변화를 가져왔고, 많은 대기업들의 호텔산업 및 외식산업에 대한 경쟁적인 투자는 고용환경을 개선하게 됨에 따라 이 분야의 산업이 다른 산업에 비해 결코 뒤떨어지지 않고 있다.

또한 외식산업의 경우에도 많은 대기업들이 단체급식업 및 상업적 식당업(commercial restaurant)에 진출하고 있어 외식산업의 이미지 역시 좋아지고 있다. 그러나 많은 종업원들이 특급호텔을 선호하고 있어 저등급의 호텔은 우수한 인력을 유치하는데 어려움이 있으며, 최근 학력과 소득수준이 높아지면서 호텔이나 외식산업에 종사하는 것을 기피하는 경향이 있는 것도 사실이다. 그러나 오늘날 급변하는 정보화 사회에서 많은 직무가 사라져가고 있지만 인적산업에 의존하고 있는 관광산업, 특히 호텔 및 외식산업에서는 전략적 사고를 갖춘 인력을 더 많이 선호하고 있다.

5. 기업제휴에 따른 문화적 갈등

우리나라의 호텔기업도 외국에 진출하고 있으나 외국의 유명 호텔들이 막대한 자본과 선진기술을 가지고 우리나라에 진출하고 있다. 우리나라의 호텔기업은 외국차관 및 외국자본과의 합작 등으로 인하여 기업 스스로의 경영능력이나 관리기술이 부족한 것이 사실이다. 이로 인하여 세계적인 체인호텔과의 제휴에 따르는 외국인 경영자와 국내 종업원들과의 언어 및 문화적 차이로 인한 마찰과 갈등이 발생하고 있다. 종래 전통적인 연공서열제가 무너지고 계약제, 능력급의 도입 등 서구적 임금관리 및 인사방식은 종업원들에게는 낯설게 느껴지고 이로 인한 직장에 대한 불안을 초래함으로써 종업원들의 직무안정은 물론 조직몰입을 어렵게 만들고 있다.

이와 같은 환경적 특성 외에도 점차 높아지고 있는 여성인력의 증가에 따른 직장 내 성희롱 문제, 정리해고의 보편화, 비정규직 및 아웃소싱의 증가추세로 인한 직무불안정, 다양한 학력의 존재에 따른 학력차로 인한 갈등문제 등을 안고 있다.

이상의 환경변화는 호텔 인사관리뿐만 아니라 관광산업 전체적인 면에서도 다음과 같은 변화를 추구하며 인적자원에 대해 새로운 방법이 요구된다.

첫째, 고객욕구수준의 질적 변화에 대응하는 종업원의 다양하면서 수준 높은 서비스의 개발, 판매능력 제고를 위한 종업원의 교육훈련에 많은 투자를 해야 한다.

둘째, 모든 종업원에 대하여 평등의 원칙에 입각하여 균등한 기회를 제공해야 한다.

셋째, 현대인의 삶의 가치관이 변화함에 따라 종업원 역시 자아실현 및 여가에 대한 기회를 제공해야 한다.

넷째, 정보화 시대에 맞는 근무환경의 도입은 물론 신속하고 다양한 정보 제공이 필요하다.

다섯째, 과거 수동적인 자세에서 벗어나 종업원으로 하여금 시대감각에 맞는 인적서비스 상품개발이 요구된다.

여섯째, 호텔산업의 특성상 인적자원의 의존성이 높기 때문에 종업원에 대한 자율성이 부여되어야 한다.

일곱째, 현대 사회의 흐름에 맞는 인사정책 및 직무환경의 조성이 이루어져야 한다.

여덟째, 조직구성원들 간 인간관계, 경제적 보상 및 심리적 만족에도 신경을 써야 한다.

제3절 인적자원관리 패러다임의 변화

1. 인적자원관리 패러다임의 변화

인적자원은 물적 자원과 달리 새로운 전략 및 제도, 운영시스템 구축에 많은 노력이 요구되고 있기 때문에 인적자원관리는 환경변화에 따라 패러다임도 변하고 있다.

호텔업의 경우 규모에 따라 차이는 있으나 많은 호텔이 종래 보다는 연공서열의 비중을 낮게 적용하고 있는 실정이나, 연공서열 요소를 배제하고 난 후의 능력 및 업적을 평가하는 객관적 기준이 정립되어 있지 않기 때문에 과도적인 조치로서 연공서열주의와 학력지향주의 및 정년 보장제도 등이 불가피했다. 그러나 호텔기업을 둘러싼 내외 환경의 변화와 기술혁신 및 자동화의 급격한 진전은 직무의 단순화 · 전문화를 촉진하게 되었고 동시에 호텔기업의 근대화 및 합리화는 물론 경영의 모든 면에서 고도로 전문화된 지식과 기능을 가진 전문가를 요구하게 되었으므로 호텔기업의 직무를 분석 · 정리하여 이의 효과적인 직무수행에 필요한 능력과 적성을 갖춘 종업원을 채용 · 배치하여 대우하는 능력주의 인사관리를 추진해야 한다. 즉, 인원감축을 통한 소수정예주의로 실질임금수준을 높이고 직무별 충원계획의 수립, 승진제도의 확립, 능력에 의한 채용, 적재적소배치원칙이 기본 전제가 되어 직무수행과 관련된 능력있는 우수한 종업원의 확보책으로서 능력주의 인사관리가 제도화되어야 한다. 따라서 앞으로의 인적자원관리의 방향은 새롭게 전환되어야 하는데 그 내용은 다음과 같다.

그림 1-5 **인적자원관리 패러다임의 변화**

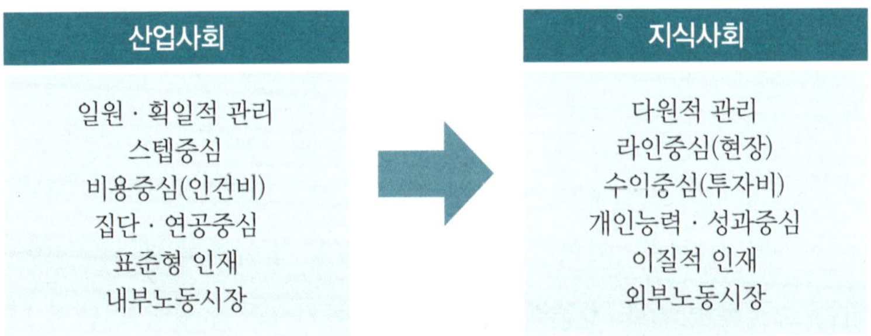

출처 : 박우성(2010). 「인적자원관리의 패러다임의 변화」. 한국노동연구원.

2. 인적자원관리의 과제

과거 인적자원관리는 주로 인사팀에서 이루어졌다. 그러나 현대에 들어서는 직무수행과 관련된 능력 있는 우수한 종업원의 확보책으로서 능력주의 인사관리가 도입되고 있다. 따라서 앞으로의 인적자원관리 방향은 기업의 비전 및 이념에 입각한 인적자원관리가 이루어져야 하는데 구체적인 그 내용은 다음과 같다.

첫째, 추상적 인사관리에서 벗어나 직무에 밀접한 인사관리로 구체화되어야 한다.

일반적 채용에서 직종 · 직무별 채용으로, 우수한 인력의 채용에서 직무에 적합한 인력의 채용으로, 사람 중심의 채용에서 일 중심의 채용으로 전환되어야 하며, 인사평가에 있어 직무수행도에 따른 업적평가로, 연공승진에서 적재승진으로, 서열승진에서 능력승진으로, 연공서열급 임금에서 직무급 또는 직능급 임금으로, 직계 조직에서 직능 본위조직으로 전환되어야 한다.

둘째, 인사관리의 기본방침은 연공서열주의에서 능력과 역량중시로 지향되어야 하며 능력주의가 모든 부문관리활동의 기본이 되어야 한다.

셋째, 인간관리에 대한 사고방식이 일 중심 또는 생산중심에서 종업원중심 또는 인간중심으로 전환되어야 한다. 또한 업적에 대한 관심도 인간에 대한 관심 못지않게 중요하나, 인간중심의 사고를 바탕으로 하는 것이 바람직하다.

넷째, 행동과학적 사고에 의한 인사관리이어야 한다. 심리학적 · 사회학적 연구 결과에 따른 종업원의 의식 및 욕구구조를 파악하여 불만의 원인을 제거하는 소극적 방법을 지양하고, 적극적인 동기요인을 찾아 인간적 만족을 시켜 주어야 한다. 또한 통제에 의한 관리에서 목표에 의한 관리로, 종업원의 처우관리에서 인적 능력 개발관리로 차원 높은 방향전환을 강구해야 한다.

다섯째, 인사관리의 전략화가 필요하다. 장기적인 안목에서 노동력의 수요 공급 상태를 예측하여야 하고 자동화 및 정보화를 촉진하여, 소수 정예로 고임금시대 및 인력부족에 대비하는 전략이 요망된다.

여섯째, 종업원에 대한 인건비는 경비로 볼 것이 아니라 투자라는 의식의 전환이 필요하다. 기계와 설비의 생산성은 양과 질에 달려 있지만 인간의 생산성은 그렇지 않다. 생산에 필요한 여러 자원 중 가장 가치 있는 것은 인간에 대한 투자이므로 인건비가 투자비라는 개념으로의 인식전환이 이루어져야 한다.

결국 조직의 성과창출에 기여하는 '진정한 성과주의 인사관리'가 이루어지기 위해서는 인사관리에 대한 올바른 원칙과 가정이 반영된 인사관리 시스템이 필요하다.

좋은 인사관리 시스템을 위해서는 사람이 가지고 있는 잠재력을 어떻게 끌어내느냐 하는 것인데 이를 위해서는 공동의 목표를 향해 사람을 통합하고, 구성원들이 성장하고 발전할 수 있도록 도우며, 커뮤니케이션과 개인의 책임을 바탕으로 조직화하여야 한다.

스타벅스커피코리아 **인사제도**

능력과 업적에 따른 인사제도 실현, 인격과 개성을 존중하는 기업문화 정착을 추구합니다.

회사소개 · 직무소개 · 인재상 · 인사제도 · 복리후생

스타벅스커피코리아 인사시스템 H/R SYSTEM

스타벅스는 회사와 파트너가 함께 성장할 수 있는 일하기 좋은 직장을 만들어 갑니다.

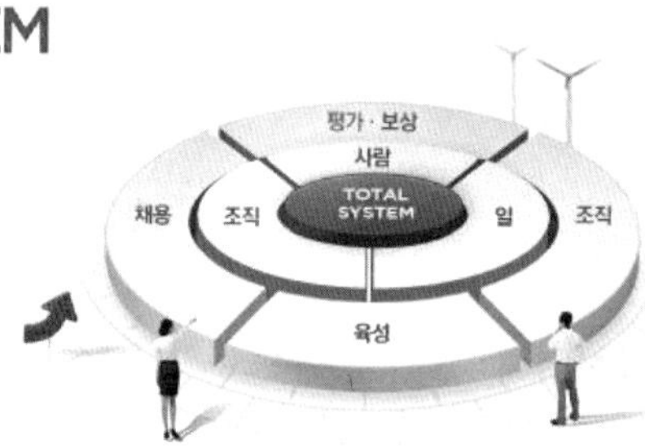

채용/양성

· 열린 사고로 자신의 일에 대한 열정을 지니고 창의적인 인재를 채용합니다.

· 파트너 역량을 극대화할 수 있는 스타벅스만의 인재양성 프로그램을 운영합니다.
(직급별 교육, 커피마스터 및 장비 전문 교육, 서비스 및 리더십 프로그램 등)

평가/보상

· 개인별 업무성과와 역량을 바탕으로 합리적인 평가를 실시하며, 이를 기반으로 보상이 이루어 집니다.

· 기본급여 이외에 실적에 따른 성과급 제도를 운영합니다.
(파트타임 파트너 포함)

조직문화

· 파트너 존중을 기반으로 유연하고 수평적인 문화를 지향합니다.

· 파트너의 다양한 개성을 바탕으로 자율적이고 창의적인 문화, 즐거운 일터를 만들어 갑니다.

스타벅스커피코리아 인재상

- **Coffee Man**
  커피에 대한 지식과 열정을 가진 사람으로 끼가 넘치며 커피를 좋아하고 또한 우리의 경영이념을 사랑하는 항상 최고를 지향하는 인재

- **Culture Man**
  우리의 사업이 제3의 공간을 제공하는 문화사업임을 잘 알고 문화컨텐츠를 창조하고 전파할 수 있는 사람.
  즉, 우리가 하는 일이 비록 작은 원두에서 출발했지만 문화라는 진정으로 큰 의미를 지녔음을 알고 그에 대한 열정을 가진 인재

- **Customer Man**
  우리의 미래를 결정하는 것이 바로 고객이라는 점을 잘 알고 고객의 입장이 되어 고객의 호기심을 이해하고 배려하며 존중할 줄 아는 사람으로 자신이 지닌 지식과 열정으로 고객 또는 타인을 만족시키는 인재

자료 : http://job.shinsegae.com

호텔 그 이상의 가치 신세계조선호텔

100년의 역사와 전통과 함께 또 다른 100년을 맞이할 인재를 기다립니다.

신세계는 사회적 책임경영을 실천하는 기업입니다.
신세계의 인재는 눈에 보이지 않는 곳에서도 항상 열린 마음으로 자신이 사명을 다함을 물론 봉사하는 자세로 이웃과 더불어 살아갈 줄 아는 사람이어야 합니다. 다양한 변화를 수용하면서도 항상 바른 길을 지향하면서 타인의 입장에서 생각하고 배려할 줄 아는 겸손한 사람이 신세계가 추구하는 참다운 인재입니다.

신세계조선호텔 인재상

- **C**ourteous to all guest
  모든 고객을 공손히 모실 줄 아는 친화적인 Chosunier
- **H**elpful to all needs
  고객의 니즈에 맞는 도움을 드릴 수 있는 조율적인 Chosunier
- **O**pportunites near and far
  단/장기 도약의 기회를 준비하는 전략적인 Chosunier
- **S**upporting local community
  지역사회와 동반성장을 이룰 수 있는 협력적인 Chosunier
- **U**niqueness difference from others
  자신만의 진귀한 가치를 지닌 매력적인 Chosunier
- **N**ew growth to leader
  초 일류 기업으로의 새로운 성장 동력을 추구하는 혁신적인 Chosunier

자료 : http://job.shinsegae.com

자료 : http://job.shinsegae.com

제2장

관광기업의 환경과 인적자원관리

관광인적자원관리

제2장

관광기업의 환경과 인적자원관리

제1절 관광기업의 환경

현대 인적자원관리의 특징은 기업의 환경변화에 초점을 두고 인적자원을 전략적으로 관리하는데 있다. 따라서 인적자원관리는 경영환경을 분석하고 목표를 설정하는 것이 매우 중요하므로 이들 환경요인에 대한 이해는 매우 중요하다.

넓은 의미에서 기업환경(business environment) 개념은 기업에 영향을 미치는 모든 요인과 상황의 전체라고 표현할 수 있다. 경제주체로서의 기업은 변화하는 환경과 주체와의 조회적인 관계를 유지해야 때문에 동태적인 관점에서의 환경을 인식해야 한다.

기업환경은 변화가 심하므로 기업에게 유리하게 작용하다가도 한 순간에 위협요인이 될 수도 있으므로 기업가는 환경의 변화를 주시하면서 변화에 따른 적절한 대층전략을 마련해야 한다.

21세기에 진입하면서 기업의 경영환경은 급격하게 바뀌고 있고 시장은 글로벌화되고 경쟁은 갈수록 심화되고 있다. 교통 및 컴퓨터 산업이 발달하면서 변화속도는 더욱 빨라지고 있고, 디지털 기술혁명으로 인해 기술의 수명

주기는 급격히 짧아졌다. 또한 교육수준과 의식수준이 높은 지식근로자의 비중이 크게 높아졌으며, 기업의 사회적 책임에 대한 요구 또한 날로 거세지고 있다. 관광산업의 경우 관광기업의 내부적 요인보다는 국민소득, 경제여건 및 근로조건, 세계 경제의 상황, 유가, 테러위험 등의 불안과 불확실성의 증가, 국가의 정책 등 외부요인에 따라 영향을 많이 받게 된다.

기업은 환경과 끊임 없는 교환과 상호작용을 통하여 목적을 달성하고 성과를 나타내게 되므로 기업이 환경을 올바르게 인식하게 되면 합리적인 경영관리가 가능해지고, 계속기업(going concern)으로서의 존속이 가능하게 될 것이다.

1. 관광기업의 환경

기업환경을 분류하거나 영역을 정할 때 관점에 따라서 다양한 견해가 있을 수 있으며, 관점에 따라 거시적 환경과 미시적 환경, 물적 환경과 인적환경, 어느 정도의 통제 가능한 환경과 불가능한 환경 등으로 다양한 구분이 가능하다. 그러나 일반적으로 조직의 내부환경(internal environment)과 외부환경(external environment)으로 분리하여 파악한다.

기업의 경영환경은 외부환경과 내부 환경으로 구분할 때 조직의 외부적 요인은 앞으로 조직의 유지 · 발전에 영향을 미칠 조직 외부의 조건, 즉 기회와 위험요인이고, 조직 내부적 요인은 이미 형성된 조직 내부의 역사적 특성과 장래의 변화로 조직의 강점과 약점이다.

기업의 환경 분석은 매우 중요한데 외부 환경 분석은 기업 외부의 환경요인이 인적자원을 운용하는데 어떻게 영향을 미칠 것인가를 분석하는 일이며, 내부 환경 분석은 기업 자체의 경영방향과 그 특징을 분석하여 인적자원관리 전략을 수립하기 위한 결정적 정보를 수집하는 작업이다.

기업의 활동에 영향을 미치는 외부환경은 경제적 환경, 정치 · 법률적 환경, 사회 · 문화적 환경, 자연적 환경, 기술적 환경, 세계화 등 다양한 요인이 있으나 기업의 인적자원관리와 관계가 큰 외부환경요인은 산업구조, 노동시장, 정부법규, 노동조합 등이 중요하며, 내부 환경 요인으로는 조직의 경영전략, 기업문화, 생산기술, 재무능력 등이 가장 크게 영향을 미친다고 할 수 있다.

그림 2-1 기업환경의 구성체계

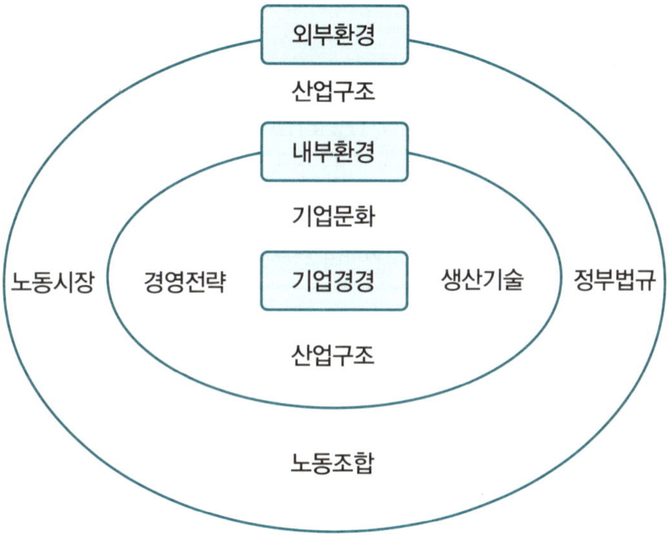

2. 기업환경과 인적자원관리의 관계

기업의 내부 환성은 그 외부환경과 밀접하게 관련되어있고, 때때로 외부환경의 기회나 압력의 영향으로 경영전략을 다시 수립하거나 기업문화를 다시 변화시키기도 하는데 새로운 경영전략과 기업문화는 기업의 인적자원관리전략과 업무활동에 영향을 미친다. 또한 생산기술, 재무능력 또한 큰 영향을 미친다.

그림 2-2 **기업환경요인과 인적자원관리의 관계**

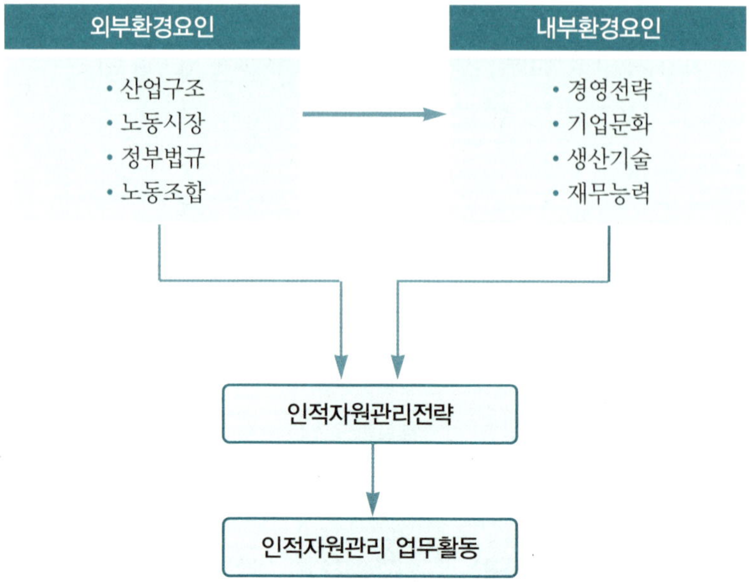

출처 : 박영배(2011). 「에센셜 인적자원관리론」. 청람.

1) 산업구조

한편, 기업의 경영전략에 직접적인 영향을 미치는 환경은 일반적인 환경이라기보다는 과업환경이며, 그 중에서도 그 기업이 속해 있는 산업의 환경이다. 특히, 관광기업의 경우 관광산업환경에 대한 분석이 먼저 이루어져야 하는데 관광산업구조는 외부환경이 기업경쟁력에 미치는 영향과 그에 따라 기업이 개발하게 되는 경영전략과 방침을 이해하는 면에서 큰 도움이 된다. 이에 기업경쟁분야에서 가장 대표적인 분석기법은 포터(Michael E. Porter)의 '산업구조분석' 으로 〈그림 2-3〉에서 보는 바와 같이 잠재경쟁자의 시장진입 위험, 기존기업 간의 경쟁, 고객의 교섭력, 공급자의 교섭력, 대체제의 위협 등의 다섯 가지 요인이 산업의 경쟁강도를 결정하게 된다고 한다.

그림 2-3 산업 내의 경쟁요인 구조

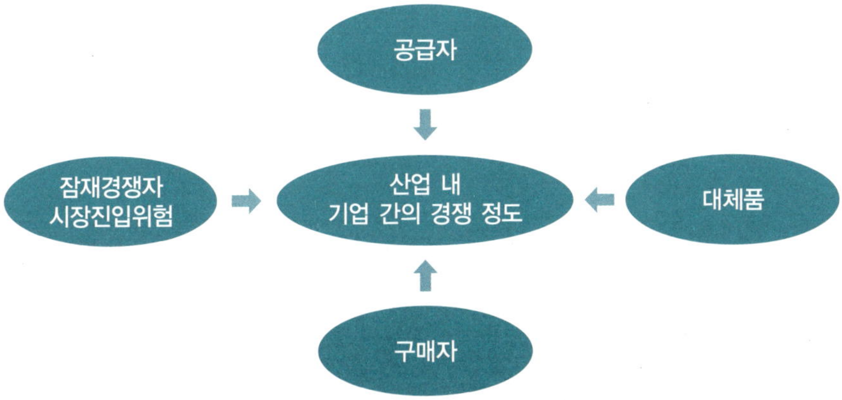

(1) 산업 내 기존 기업 간의 경쟁

특정 산업에서 이루어지는 기업들 사이의 경쟁은 많은 요인의 영향을 받게 된다. 경쟁자가 많고 경쟁자의 규모와 능력이 클수록 경쟁은 치열해지고, 생산 제품의 유사성이 클수록 기업들 사이의 경쟁이 높아진다. 또한 산업의 고정비가 높으면 기업 간의 경쟁 또한 높아지게 된다. 만약, 산업 내의 기업 간 경쟁 정도가 약하면, 기업은 가격을 올리고 이익을 보다 많이 얻을 수 있겠지만 경쟁이 치열하다면 판매수익으로부터 얻어지는 이윤의 폭이 감소하게 되어 수익성은 낮아지게 될 것이다. 면세업의 경우 면세점은 황금알을 낳는 거위라고 하여 면세사업자 선정과정에 치열한 경쟁이 있었고 이로 인하여 특정 면세사업자의 경우 사업권 반납으로 인한 신규 건물에 대한 막대한 투자 손실을 입기도 하였다.

(2) 잠재 경쟁자의 시장진입 위협

어느 기업이 특정의 산업에 경쟁자로 진입하려 할 때에는 그 산업 내의 경제규모, 투자 빈도, 판매망, 제품특허, 정부의 산업정책과 지원 조치 등과 같은 진입장벽의 존재 여부를 살펴보게 된다. 산업의 진입장벽이 높게 되면 산업의 수익성이 높다고 하더라도 잠재적인 경쟁자가 그 산업에 쉽게 진입할 수는 없게 된다. 만일 산업 내에 진입장벽이 높게 존재하거나 보복행위가 이루어질 경우 다른 기업이 진입하기 쉽지 않기 때문에 잠재적 진입자의 위험은 잦아지고, 산업 내의 경쟁은 비교적 가볍게 된다.

(3) 구매자의 교섭력

구매자의 교섭력이란 고객이 발휘하는 힘으로서 고객이 제품가격의 인하나 보다 나은 품질, 혹은 보다 나은 서비스를 요구하게 되면, 이는 기업의 입장에서는 위협이 된다. 고객이 기업에 대하여 다양하고도 강력한 요구를 할 수 있느냐 여부는 기업과 고객의 상대적인 힘에 의하여 결정된다. 특히, 여행업의 경우 고객이 항공권 등을 여행사를 통하지 않고 쉽게 구입할 수 있고, 상품이 표준화되어 있는 경우 여행상품의 가격을 낮추는데 영향을 미치며 산업 내부의 경쟁을 심화시킬 수 있다.

(4) 공급자의 교섭력

공급자의 교섭력은 구매자의 교섭력과 상대되는 개념으로 원재료나 부품을 제공하는 공급업자가 가격을 상승하거나 공급되는 제품의 품질에 대한 의사결정을 할 수 있는 힘이 공급자의 교섭력이 된다. 공급자의 교섭력이 커질수록 기업에게는 위험이 되는데 여행업의 각각의 소재산업(principal)의 상품을 조립하여 여행상품을 개발하게 되므로 이들의 영향력이 크다.

(5) 대체재의 위협

산업의 경쟁상태는 생산되는 주요 제품의 대체가능성에 따라 큰 차이를 보인다. 대체재는 기업이 생산하는 제품이 충족시켜 주고 있는 고객의 욕구와 유사한 욕구를 충족시켜줄 수 있는 제품이다. 관광산업의 경우 모방의 용이성이라는 특성으로 인하여 대체재의 위협이 높은 산업이다. 제품의 이와 같은 대체 효과는 높은 이익이 발생하는 산업에서 가장 쉽게 발생한다. 예를 들면 외식산업의 경우 패밀리 레스토랑이 양식의 대표적 상품이었는데 근래 불고 있는 한식 위주의 패밀리 레스토랑이 빠르게 대체하고 있는 것을 볼 수 있다.

'면세업 상징' 동화면세점, 왜 호텔신라 눈 밖에 났나?

이번에 수면 위로 떠오른 호텔신라(008770) 대(對) 김기병 롯데관광개발(032350) 회장 간 대여금 소송의 내용은 주식용어 등이 복잡하게 등장하지만 실제로 이같이 간단하게 요약할 수 있다. 양측은 지난 2013년 5월 동화면세점 지분 19.9%를 600억 원에 취득하는 계약을 맺었다. 이때 호텔신라는 풋옵션(매도청구권)담보 주식 30.2%에 대한 질권을 설정했다.

호텔신라는 약 3년 후인 지난해 김 회장으로부터 투자금 회수를 위한 풋옵션을 행사했다. 이어 지분 19.9%에 대한 처분금액 715억 원에 가산금 10%를 포함한 788억 원을 달라고 통지했다. 그러나 김 회장은 이미 주계약 조항에 따라 담보 명목의 동화면세점 지분 30.2%가 호텔신라에 '넘어갔다'고 주장했다.

상징성 큰 동화면세점 거부… 시너지도 필요 없나?

갈등이 첨예한 것은 경영권 가치에 대한 양측 간 셈법이 다르기 때문이다. 지불 사유가 위약벌인지 손해배상 예정액인지 추가 논점이 될 수도 있지만 크게 중요한 이슈가 되지는 않는다. '주식을 넘겼으니 그만 끝내자'는 김 회장, 즉 동화면세점 쪽의 입장에 이목을 모아야 한다. 그러나 호텔신라는 이에 반발한다. 김 회장의 변제능력이 충분한 만큼 현금으로만 변제받길 바란다. 동화면세점 경영권 확보 자체에 관심이 없는 것이다.

이 같은 국면이 잘 이해가 가지 않는다는 반응도 나온다. 어차피 신라면세점을 운영하는 호텔신라가 '상징성'이 큰 업체인 동화면세점을 갖게 되는데, 상호 시너지 등을 고려하면 저런 입장을 취할 필요까지 있냐는 것이다. 하지만 이부진 호텔신라 대표이사(사장)의 경영 패턴을 보면 이런 대응이 전혀 이해가 되지 않는 것도 아니다.

흔히 이 대표의 경영 스타일을 공격적으로 본다. 싱가포르 창이공항 면세 운영권 획득 건 등 굵직한 이슈를 많이 만들었기 때문이다. 그러나 현재 이 같은 패턴에 변화가 감지된다. 일명 '쉬어가는 페이지'에서 동화면세점과 대면하기 싫다는 의중이 엿보이는 것이다.

가볍고 빠른 대응능력 초점 · 투자 줄이고 위탁 등 선호 '눈길'

실제로 이 대표가 중후장대(重厚長大)한 투자 호흡이 아니라 경박단소(輕薄短小)전술을 선호하는 것으로 볼 근거가 꽤 있다.

예를 들어, 호텔신라는 지난 2013년 경기도 화성에 '신라스테이 동탄'을 열며 4성급 호텔 부문에 처음 발을 내디뎠다. 이후 서울 주요 비즈니스 거점 지역인 역삼(2014년) · 광화문(2015년) 등 지역으로 연이어 진출했고, 제주(2015년) · 천안(2016년) 등 지방까지 발을 넓혔다. 호텔신라의 4성급 사업의 특징은 위탁 시스템이라는 점이다. 거점 지역을 중심으로 건물 임대를 하고, 호텔신라가 관리 · 운영을 하면서 수익을 내는 구조다. 또한 투자에도 신중한 모습이 엿보인다. 호텔신라의 지난해 연결 기준 유 · 무형자산 취득액(투자액)은 479억 원선. 전년 1100억 원보다 621억 원(56.4%) 줄어든 수치이자, 2012년 투자액(약 508억 원) 수준으로 되돌아간 것이다.

심지어 호텔신라는 동종업계 기업들과 손잡은 채 당국에 각을 세우는 헌법소원을 내는 일도 마다치 않고 있다. 올해부터 면세업 특허수수료율이 최대 20배 오르자 이 조치 근거인 관세법 시행규칙이 업계의 부담만 가중시킨다며 롯데면세점과 호텔신라 등 국내 면세사업자들이 합심해 헌법재판소에 소장을 낸 것이다. 사정이 이렇고 보니, 호텔신라로서는 동화면세점을 삼키는 셈이 되는 시나리오를 피하기 위해 소송에 총력을 기울이는 것으로 보인다.

다만 전체 계약 취지를 따져보면서 어떻게 이번 사안에 대한 저울질을 법원이 할지 주목된다. 달면 삼키고 쓰면 뱉는다는 식으로 호텔신라가 무리수를 두는 게 경종을 울리는 판단이 나온다면, 도덕적 비판 등 후폭풍 가능성이 더 따라붙을 수 있다.

자료 : 프라임경제 2017년 8월 19일

2) 노동시장

노동시장은 노동력에 대한 수요자와 공급자로 구성된다. 노동시장환경은 기업의 인력수급에 직접적인 영향을 미친다.

1997년 외환위기 이후 2003년 카드대란, 2009년 미 서브프라임모기지 사태, 2012년 유럽위기 등 경기가 회복될만하면 고용 쇼크를 맞고 있기 때문이다.

일자리의 양적 문제뿐만 아니라 질적 문제도 대두됐다. 비정규직, 저임금 노동자가 지난 10년간 꾸준히 늘었고, 이로 인한 사회 양극화 현상이 불거졌다. 또한 고령화 사회로 접어들면서 50~60대 재취업자가 늘어나고 고학력화 및 여성인력의 참여 증가가 두드러지고 있는 가운데 20~30대 초반의 청년고용은 줄었다.

인공지능, 사물 인터넷, 빅데이터, 모바일 등 첨단 정보통신기술이 경제·사회 전반에 융합되어 혁신적인 변화가 나타나는 4차 산업혁명의 환경에서 노동시장의 수요차원에서는 정보기술의 확산과 관련된 고기능인력에 대한 수요가 증가하고 있다. 정보기술을 습득하고 있는 고급인력들은 주로 젊은 층으로서 종래의 연공주의 인사관리로서는 이들을 유인하기 어렵다. 이와 관련하여 최근 업적주의가 확산되는 것도 자연스러운 현상이라고 할 수 있다.

한편, 정보기술인력 외에 서비스 경제화로 대표되는 3차 산업의 팽창에 따라 이 부분의 인력수요가 증가하고 있으나 제조업 등은 인력을 충원하는데 어려움을 겪고 있는 것도 사실이다.

인력구성의 유연성 면에서도 기업의 고용형태에 대한 수요가 변하고 있다. 정규직 근로자 외에 파트타이머, 계약직, 임시직, 파견근무, 재택근무, 유연근무제, 시간선택제 전환근로 등 다양한 고용형태가 도입되고 있고, 비정규직 증가에 따른 노동의 구성체계와 고용환경이 많이 달라지고 있다.

노동력 구성의 변화는 조업원의 가치와 기대의 변화를 반영하기 때문에 이를 고려한 인적자원관리가 필요하다. 특히 종업원의 연령이 점차로 고령화되고 있고 고학력화로 인한 개인의 능력과 무관하에 임금이 자동적으로 올라

가게 되는 임금제도나 퇴직금제도는 기업의 인건비 부담을 가중시키게 된다. 이처럼 노동력 공급과 노동인구의 변동은 인구구조와 사회 및 경제가 변천하면서 많은 차이를 가져왔다.

첫째, 노동 참여율의 측면에서 볼 때, 교육수준 및 생활수준의 향상으로 여성인력이 대량으로 노동시장에 투입되었다.

둘째, 의학의 발달 및 위생환경에 대한 인식 증가로 평균수명이 갈수록 증가하고 있고, 수명연장과 함께 노동 연한이 점차 연장되고 있다.

셋째, 소비와 여가선용에 대한 욕구가 증가하고 국가 및 직장의 복지제도 개선, 재택근무, 유연근무제 등의 도입으로 직장에서의 근무시간이 짧아지고 있다.

넷째, 종업원의 교육수준, 자질, 교육훈련의 강화, 산업분야의 기술에 대한 투자의 증가, 산업설비와 인력을 효율적으로 조화시킴으로써 종업원의 생산력이 크게 증가하였다.

다섯째, 국가 경제의 발전단계 및 산업화의 속도에 따라 노동력의 양과 질에 대한 수요가 변화하였다.

여섯째, 노령화 · 여성화에 따른 일자리 증가는 장기적 · 항상적 일자리보다는 비정규직의 증가현상을 보이고 있다.

3) 정부의 정책

시장경제체제에서 기업과 종업원은 당사자 간의 자유로운 계약에 의해 고용과 임금 등의 조건을 결정하게 된다. 그러나 현실적으로 볼 때 당사자 사이의 계약관계는 종업원에게 불리하게 이루어지는 경우가 많다. 또한 기업의 입장에서 보면 사회적 지위와 욕구수준이 높아진 종업원이 집단의 힘을 앞세워 기업이 감당하기 어려운 요구를 강요함에 따라 기업이 매우 어려운 상화에 처하기도 한다. 따라서 정부는 노동자의 이익을 보장하고 노사 간의 평등과 화합을 유지하기 위하여 정책을 수립하고 노동관계법과 같은 각종 법률을 제정하고 있다.

노동관계법에서 다루고 있는 것을 요약하면 [그림 2-4]와 같다.

그림 2-4 **정부의 노동정책**

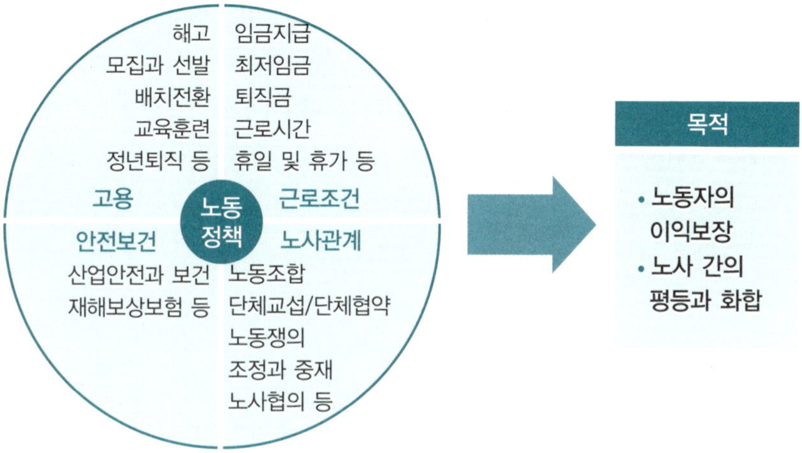

제4차 산업혁명[The Fourth Industrial Revolution, 4次産業革命]

인공지능, 사물 인터넷, 빅데이터, 모바일 등 첨단 정보통신기술이 경제 · 사회 전반에 융합되어 혁신적인 변화가 나타나는 차세대 산업혁명.

인공 지능(AI), 사물 인터넷(IoT), 클라우드 컴퓨팅, 빅데이터, 모바일 등 지능정보기술이 기존 산업과 서비스에 융합되거나 3D 프린팅, 로봇공학, 생명공학, 나노기술 등 여러 분야의 신기술과 결합되어 실세계 모든 제품 · 서비스를 네트워크로 연결하고 사물을 지능화한다.

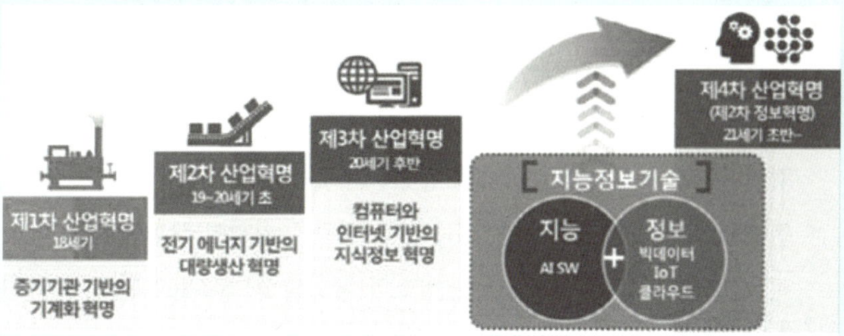

제4차 산업혁명은 초연결(hyperconnectivity)과 초지능(superintelligence)을 특징으로 하기 때문에 기존 산업혁명에 비해 더 넓은 범위(scope)에 더 빠른 속도(velocity)로 크게 영향(impact)을 끼친다.
'제4차 산업혁명' 용어는 2016년 세계 경제 포럼(WEF: World Economic Forum)에서 언급되었으며, 정보 통신 기술(ICT) 기반의 새로운 산업 시대를 대표하는 용어가 되었다. 컴퓨터, 인터넷으로 대표되는 제3차 산업혁명(정보 혁명)에서 한 단계 더 진화한 혁명으로도 일컬어진다.

자료 : 네이버 지식백과

4) 노동조합

기업의 의사결정에 대한 이해집단으로서 종업원이나 노동조합의 영향은 갈수록 커져가고 있다. 노동조합이 기업의 활동에 미치는 영향은 매우 직접적이고 전면적이라고 할 수 있다. 초기의 노동조합은 주로 인력관리와 경제적 보상의 부당함에 중점을 두고 사용자 측과 대립을 하여왔다. 그러나 현대의 노동조합은 채용, 고용조건, 교육훈련, 임금, 복지 등 전반적인 인적자원관리 업무뿐만 아니라 경영참여 등과 같은 소유자와 주주의 고유 분야에까지 영향력을 행사하고 있다. 또한 노동조합이 기업별 노동조합에서 산업별 노동조합으로 확대됨에 따라 노동조합은 기업에서 가장 중요한 환경요인이 되고 있고 기업경영에 차지하는 비중도 더욱 커질 것으로 보인다.

5) 경영전략

기업의 경영전략은 인적자원관리에 있어서 중요한 내부환경이다. 기업의 경영전략은 비교적 장기적이며 방향성이 있는 의사결정으로 총 전략과 부문전략으로 나누어 생각할 수 있는데 총 전략은 기업이 사회에 제공하는 기본적 서비스의 성질과 그러한 서비스의 제공방식으로 표현된다. 즉, 기업의

'경영사명' 으로 나타난다. 부문전략은 총 전략을 기초로 하여 부문별로 개발하는 보다 구체적이고 행동지향적인 전략을 말한다. 예를 들면 시장개발 · 제품개발 · 인력개발 · 연구개발 등의 과업을 실행하는 전략이다.

경영전략은 기업의 투자방향과 관련이 있다. 제품시장에서 경쟁우위를 확보하는 데 초점을 두고 '가격차별화 전략' 과 '제품차별화 전략' 으로 분류하기도 한다.

기업에서 경영전략을 수립한 다음에는 인적자원관리시스템을 어떻게 가동하여 경영전략을 뒷받침할 것인지 하는 문제가 중요하게 된다. 여러 부문의 전략은 각기 종업원에게 서로 다른 신념과 가치로 직무를 수행할 것을 요구하게 되고, 경영전략의 성공 여부는 완전히 종업원의 직무에 대한 태도와 행동에 달려 있기 때문이며, 경영전략을 지원하기 위한 것이 인적자원관리의 가장 기본적인 바탕이 되는 것이다.

관광산업은 인적자원에 대한 의존도가 매우 높은 산업이기 때문에 그 어떤 사업보다 종업원의 직무태도가 중요하다. 종업원의 선발, 교육훈련, 평가와 동기부여를 통해 전략을 실행하는데 적합한 인력을 개발하고 이들이 과업을 성공적으로 수행할 수 있도록 직무를 설계하고 근무환경을 개선하는 것이 인적자원관리의 중요한 역할인 것이다.

시간선택제 전환제도

시간선택제 전환제도의 개념

시간선택제 전환 근로는 글자 그대로 시간을 자유롭게 선택해 근로할 수 있게 하는 제도로 임신, 육아, 자기계발, 가족 돌봄, 건강 등 필요에 따라 전일제 근로자가 일정 기간 동안 근로시간을 줄여 시간선택제로 일하고, 사유가 해소되면 전일제로 복귀해 근무하는 제도를 의미한다.

지원 대상 및 요건

자율적으로 시간선택제 전환제도를 도입하고, 근로자의 필요에 따라 근로시간 단축을 허용한 사업주에게 지원하며 지원요건은 ① 시간선택제 전환제도 마련(전환기간 만료 시 전일제로 복귀보장) ② 전일제 근로자(6개월 이상 고용)의 청구에 따라 주 15~30시간으로 단축근로 ③ 전환기간 최소 2주 이상 ④ 이를 위해서 전자·기계적 방법에 의한 근태관리가 필요하며 시간선택제 근로 전환일로부터 6개월 이내에 지원신청해야 한다.

구체적인 지원내용

우선적으로 전환장려금이 지급되는데 전환장려금은 근로시간에 비례해 감소된 임금보다 더 많은 임금을 지급한 경우 사업주가 추가로 지급한 금액을 정액으로 지원하되, 주 15시간 이상 25시간 이하로 단축 시 월 최고 40만 원까지 지원하며, 주 25시간 초과 30시간 이하로 단축 시 월 최고 24만 원까지 지원한다. 임신 근로자의 경우 주 15~30시간 이하로 단축 시 월 최고 40만 원 한도 내에서 최대 1년간 지급한다. 전환장려금에 더해 전환형 근로자의 인사·노무관리에 소요되는 비용을 고려해 중소기업에 한해 전환근로자 1인당 월정액으로 20만 원을 지원한다.

자료 : 전기신문 2017. 6. 9. http://www.electimes.com

■롯데호텔의 비전과 철학

아시아 TOP3
브랜드 호텔

고품격 경영
업계 선도

LOTTE
HOTELS & RESORTS

고객 중심
효율 중심
경쟁력 강화

사랑, 자유, 풍요의 꿈을 실현하는 호텔
Touching your Heart

1
고객에게 감동을 주는
최고의 호텔리어가 된다.

2
고객으로부터 신뢰받는
프로로서의 자부심과
열정을 잊지 않는다.

3
고객보다 앞선 행동과
밝은 미소로 세계 최고의
롯데호텔을 만든다.

자료 : https://www.lottehotel.com

■신라호텔의 비전과 미션

The Best Hospitality Company

호텔신라는 '최고의 호스피탈리티 기업'을 목표로 오랜 세월동안 품위와 전통을 유지하며 고객들의 마음을 사로잡아 왔습니다.
LHW 가입을 통해 세계 최고의 럭셔리 호텔들과 어깨를 나란히 하는가 하면 전통이라는 지붕 위에 모더니즘적 디자인 요소를 가미, 삶의 여유와 품격을 한층 높여 주는 프리미엄 라이프 스타일 공간으로 변화를 거듭해 왔습니다.
호텔신라는 앞으로도 끊임없는 창조적 혁신과 도전을 바탕으로 차별화된 최상의 가치를 선사하는 글로벌 호스피탈리티 명문 기업으로 성장할 것을 약속드립니다.

Vision

Premium Lifestyle Leading Company
최고의 품격과 신뢰를 바탕으로 고객이 꿈꾸는 라이프스타일을 제공하는 글로벌 선도기업

Mission

우리는 최고의 라이프스타일 전문가로서 더 많은 인류에게 품격과 자부심을 경험케 한다.

신라인으로서 미션	고객에 대한 미션	사회에 대한 미션
우리는 Premium Lifestyle을 선도하는 신라인으로서 각각의 분야에서 최고의 전문가로 성장한다.	우리는 더 많은 고객이 다양한 생활영역에서 신라만의 품격과 자부심을 경험케 한다.	우리는 지속적인 혁신과 성장을 통해 인류가 더 나은 삶을 누릴 수 있도록 기여한다.

Core Value Pride Of The Shilla

- 모든 사업에 최고를 지향합니다
- 모든 업무에서 혁신을 추구합니다
- 모든 고객에게 정성을 다합니다
- 모든 신라인은 서로를 존중합니다

자료 : https://www.shillahotels.com

■ 모두투어의 경영이념

자료 : http://modetournetwork.com

■ 여행박사의 핵심가치

자료 : http://corp.tourbaksa.com

6) 기업문화

기업문화는 기업종업원이 공유하고 있고 기업조직과 관계가 있는 가치관(values), 신념(beliefs) 등의 총체라고 할 수 있다. 기업문화는 통상 오랜 기간에 걸쳐 개발되고 형성되며 종업원 사이에서 자신들도 모르게 태도와 행동으로 표출된다. 기업문화는 기업에서 사람을 대하는 방법과 일을 처리하는 방식에 영향을 미친다.

근래 기업문화를 중요한 환경요인으로 생각하게 된 이유는 기업문화가 기업성과와 매우 직접적으로 연결되며 기업의 인적자원관리시스템에 영향을 미치기 때문이다.

과거의 고용은 정년을 보장하고, 한 기업에 오랫동안 근속을 하는 사람들이 많았고, 이들에 의해서 형성된 기업문화에 의하여 조직 구성원을 결속하고 성과를 향상시키는데 기여하였다. 그러나 산업환경 및 고용환경의 변화에 따라 처음 들어간 기업을 평생직장으로 인식하는 경향이 낮아졌고, 이직과 전직을 쉽게 생각하는 경향으로 업의 조직문화가 무너지고 있다는 우려가 있다.

킴벌리(J. R. Kimberly)와 퀸(R. E. Quinn)은 인간의 욕구와 지각에 대한 가정에 기초하여 조직문화를 관료적 문화, 개발적 문화, 합리적 문화, 집단적 문화 등 네 가지의 유형으로 분류하였다.

(1) **관료적 문화**(hierarchical culture)

인간의 안전성에 대한 욕구에 기초하는 문화이다. 종업원은 공식적인 규칙과 규제가 강화되어야만 기업의 요구에 따를 것으로 생각한다. 이러한 문화에서는 감독과 통제가 중시되고 종업원은 주로 안전과 질서를 바란다.

(2) **개발적 문화**(developmental culture)

인간의 변화가능성에 대한 욕구에 기초하는 문화이다. 종업원은 성장과 자극, 다양성과 같은 자기가 수행하는 과업의 중요성과 이상적 요구 때문에 기업목표를 달성하기 위하여 노력한다고 생각한다. 이러한 문화에서의 경영자는 여러 가지 위험을 감수할 수 있는 능력을 지녀야 하며, 필요 자원을 획득하는데 많은 시간을 할애하여야 한다.

(3) 합리적 문화(rational culture)

인간의 성과달성에 대한 욕구에 기초하는 문화이다. 종업원은 개인의 목표가 분명하기 때문에 성과에 따라 원하는 보상이 제공되기만 한다면 기업의 요구에 따를 것으로 생각한다. 이러한 문화에서는 목표관리(MBO)에서와 같이 합리적인 계획과 목표가 중시되고 의사결정의 효율성이 강조되므로 경영자는 목표지향적이어야 한다.

(4) 집단적 문화(group culture)

인간의 친화에 대한 욕구에 기초하는 문화이다. 종업원은 애착심과 친화, 멤버십의 중요성에 의하여 기업에 공헌하리라고 생각한다. 이러한 문화에서는 의사결정이 종업원의 참여에 의하여 집단적으로 이루어지며, 경영자는 종업원에 대하여 관심적이고 후원적이어야 하며, 특히 종업원 사이의 상호작용을 용이하게 해주어야 한다.

표 2-1 **기업문화의 유형**

특성항목	관료적 문화	개발적 문화	합리적 문화	집단적 문화
몰입과 공헌	규칙과 규제	변화가능성	성과와 보상	친화성과 멤버십
동기부여	안전	성장	능력	애착
리더십	보수적 신중함	위험감수	지식적 목표중심	관심 후원적
의사결정	문서책임	적응성, 외적 합법성	효율성 결정성	참여후원
능률중심가치	안전성 통제	성장 자원획득	생산성 효율성	인적자원개발
조직유형	기계적 조직	유기적 조직	A 이론조직	Z 이론조직

출처 : 박영배(2011). 「에센셜 인적자원관리론」. 청람.

7) 생산기술과 재무능력

(1) 생산기술

경영전략과 기업문화 못지않게 기업의 인적자원관리시스템에 영향을 미치는 내부 환경 요인이 생산기술이다. 기업의 생산기술이 하루가 다르게 진보하고 있고, 컴퓨터가 여러 분야에 널리 응용되고 있으며, 이에 따라 종업원의 기술수준과 직무요구에도 큰 변화가 요구되고 있는데 이와 같은 상황이 종업원의 모집과 교육훈련 과정에 영향을 주는 것이다.

관광산업 중 여행업, 항공업, MICE 산업 등은 특히 정보화 및 기술수준의 영향을 많이 받는 산업이다. 이들 산업에서 정보화 기술이 발전하면 육체노동이 요구되는 직무는 줄어들고, 지적 능력이 필요한 직무가 증가한다.

(2) 재무능력

기업의 인력개발의 활성화 여부는 재무능력에 달려있으므로 인적자원관리시스템을 운용하는 데 중요한 제약요인으로 작용한다. 우수한 종업원의 확보, 임금정책, 종업원 교육훈련, 노사관계 등의 인적자원관리부문이 기업의 재무능력과 직접적으로 연결되어있으므로 인적자원관리의 목표와 과정에 지대한 영향을 미친다.

■아시아나항공

◘ 경영이념 및 기업철학

◘ 인사철학

기업의 주체는 바로 사람 입니다

사람이 바로 기업의 가장 소중한 자원이며 기업 발전과 영속의 원천이라는 아시아나항공의 인사철학은 모든 인사제도 전반에 구체화되어 실현되고 있습니다

동등한 기회와 공정한 보상을 제공합니다

아시아나항공은 편법과 반칙을 용인하지 않으며, 모든 구성원들에게 동등한 기회를 부여하고, 역량 및 성과에 대한 공정한 보상을 실시합니다.

기업은 또 하나의 가정 입니다

아시아나항공은 자유로운 소통이 가능한 열린 조직문화, 구성원들이 자부심을 가지고 일할 수 있는 집과 같은 일터를 만들기 위해 끊임없이 노력하고 있습니다.

자료 : 아시아나항공 https://recruit.flyasiana.com

■ 아시아나항공의 서비스 모토와 공통 역량

□ 아시아나 서비스 모토

아시아나항공은 아래와 같이 4가지 서비스 모토를 통해 고객에게 항상 최고의 서비스를 제공하기 위해 노력하고 있습니다.

참신한 서비스

최신 기종의 새비행기와 진부하지 않고 언제나 신선함을 잃지 않는 새로운 마음가짐으로 고객을 모신다.

정성어린 서비스

눈에 보이지 않는 작은 일까지도 한국적인 미덕과 몸에서 배어나는 세심한 배려와 친절로 고객을 모신다

상냥한 서비스

마음에서 우러나는 밝고 환한 미소와 항상 상냥한 모습으로 고객을 모신다.

고급스런 서비스

기내식과 작은 비품, 행동까지도 품격을 생각하는 최고급의 정신으로 고객을 모신다.

□ 아시아나 공통 역량

그룹의 공통 역량을 바탕으로 글로벌 1위 항공사가 되기 위해 '국제적 감각'을 추가하여 아래와 같이 아시아나인의 공통 역량을 규정하고 있습니다.

직업윤리

아시아나인으로서 회사의 윤리경영 방침에 따라 윤리 강령 및 윤리규칙을 준수하고 이에 기준하여 행동하며, 공사를 명확히 구분, 공평하게 업무를 처리하는 역량을 말합니다.

프로페셔널리즘

맡은 일에 대해서는 끝까지 책임을 지며, 주어진 업무 뿐 아니라 새롭게 해야 할 일과 어려운 일을 자발적으로 수행하고 자신의 전문성을 개발하기위해 노력하는 역량을 말합니다.

성과지향

'업계 1등 기업 가치 창출' 을 위해 도전적 목표를 설정하여 적극적이고 끈기 있는 자세로 추진함으로써 성과 향상을 지속적으로 도모하는 역량

국제적 감각

다양한 문화에 대한 이해를 바탕으로 비즈니스 수행에 필요한 국제적 매너와 에티켓을 보여주며 외국 파트너들과 함께 원할한 의사소통을 통해 효과적으로 일할 수 있는 역량을 말합니다.

자료 : 아시아나항공 https://recruit.flyasiana.com

제3장

전략적 인적자원관리

관광인적자원관리

제3장

전략적 인적자원관리

제1절 전략적 인적자원관리

최근 기업 환경의 급속한 변화와 지능정보기술이 기존산업과 서비스에 융합되고, 산업구조의 변화에 따른 요구 인력의 유형도 과거와는 양상이 다르다. 이러한 시대적 흐름에 따라 기업의 의사결정의 속도와 정확성이 요구되고, 고객에 대한 통찰력 향상이 그 무엇보다도 중요하다. 따라서 기업의 경영이념, 사명, 목적, 전략 등은 외부 환경 분석을 통해 기회와 위협을 분석해내고 자사의 강점과 약점을 파악하여 목표를 설정하고 그 목표를 지향해 나가는 데 있어서 경영전략과 인적자원관리의 기능의 통합이 중요하다.

전략적 인적자원관리는 조직이 그 목적을 달성할 수 있도록 하기 위해 계획된 인적자원의 전개 및 활동의 유형으로 정의할 수 있다. 여기에는 몇 가지 함축적인 의미가 포함되는데 첫째, 기능별 인적자원관리를 서로 유기적으로 통합된 하나의 묶음으로 보아야 한다는 것이다. 둘째, 인적자원관리제도가 기업의 전략 수립 과정과 실행방향에 따라 통합적인 관계를 유지한다는 의미가 포함되어 있다.

따라서 전략적 인적자원관리의 개념은 '개별 기능 간의 내적 적합성' 과 '전략과의 외적 적합성' 이라는 두 가지 핵심개념을 모두 포함하는 것으로 이해할 수 있다.

1. 전략적 인적자원관리의 생성

인적자원관리의 '관리이념' (managetial philosophy)이 변화되면서 생성되었다.

제1기는 인사관리가 생성된 1920년경부터 1930년대까지로, Taylor의 과학적 관리법의 사고방식을 기초로 한 전통적인 '생산요소이념' (the factor of production philosophy)의 시대이다.

제2기는 1940년대부터 1950년대의 인간관계론의 견해에 의거한 '인간관계이념' (the human relations philosophy)의 시대이다.

제3기는 1960년대부터 현재에 이르는 것으로, 인적자본이론과 행동과학의 발달 하에 형성된 '인적자원이념' (the human resources philosophy)의 시대이다. 일반적으로 인간관계이념의 시대까지는 전통적으로 인사관리(personnel management, PM)라고 불려왔지만, 인적자원이념의 사고방식이 침투함에 따라 인적자원관리(human resources management, HRM)라고 불리게 되었다.

제4기는 1980년대 들어 새롭게 전략적 인적자원관리(strategic human resources management, SHRM)의 관점에서 논의되기 시작했다.

전략적 인적자원관리는 '인사관리로의 인적자원적 접근' (the human resources approach to PM)이라는 인적자원관리의 기본적 특성을 따르면서도 거기에 새로운 이념적 견해를 넣은 새로운 이론적 · 제도적 전개이다.

그림 3-1 **전략적 인적자원관리의 생성과정**

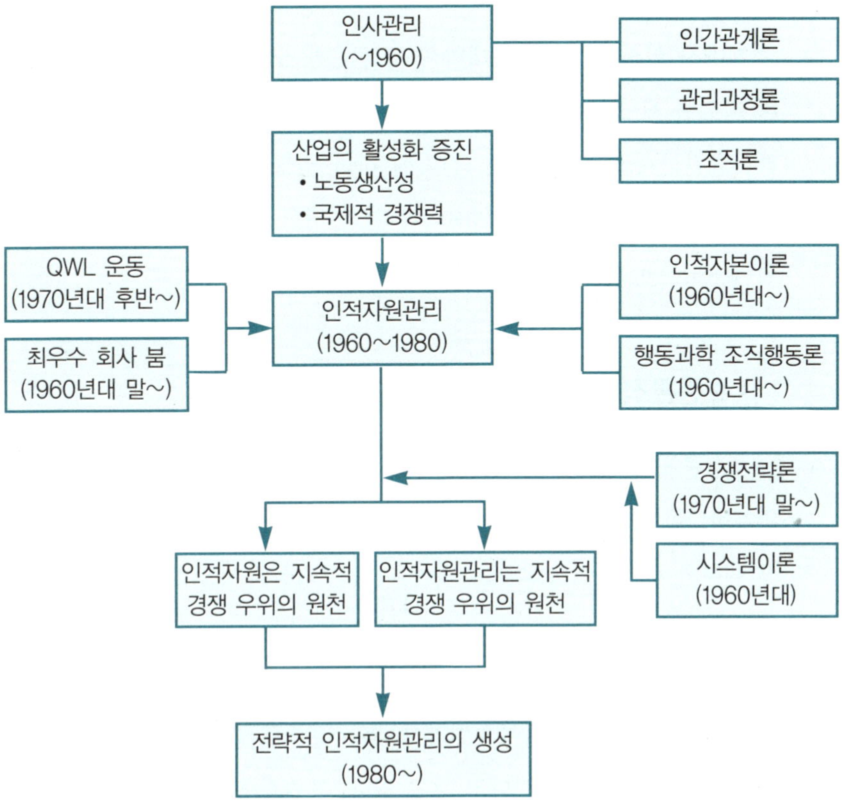

출처 : 김원경(2005). 「전략적 인적자원관리」. 형설출판사.

이러한 인적자원관리의 변천 과정에서 기업의 종업원에 대한 인식도 변화하였다.[표 3-1]

표 3-1 **종업원에 대한 인식의 변화**

PM(~1960)	HRM(1960~1980)	SHRM(1980~)
생산요소 (factor of production)	인적자원 (human resource)	전략적 자원 (strategic resource)
종업원은 가능한 한 비용을 절감하는 생산요소로서의 노동력	종업원은 기업에 새로운 경제적 부가가치를 가져오는 경제적 자원으로서의 인적자본(인적자산)	종업원은 기업의 존속을 좌우하는 경쟁우위를 달성하는 원천이 되는 전략적 자원으로서의 인적자본(인적자산)

2. 전략적 인적자원관리의 관점

전략적 인적자원관리에 대한 연구는 크게 모든 환경과 전략에 적용 가능한 최고의 제도가 존재한다는 보편적(universal)관점과 기업성과에 대한 인적자원관리시스템의 효과는 전략에 따라 상황적합적(contingency)이라는 관점으로 나뉜다. 또한, 경영전략과 인적자원관리의 이상적 결합 패턴에 대한 형태론적(configuration) 관점도 있다.

1) 보편론적 관점

보편론적 관점은 어느 상황에서나 기업의 성과를 높이는 인적자원관리가 존재한다는 관점이다. 즉, 기업의 전략과 내부적 인적자원관리에 대한 적합성 여부와 관계없이 성과에 효과를 미치는 최상의 제도(best practice)가 존재한다는 것이다.

보편적 관점의 주요 관심은 어떠한 상황에서도 성과에 긍정적으로 기여하는 인적자원관리제도가 무엇인가를 찾는 것으로 종업원의 몰입과 동기유발이 고성과에 영향을 미친다고 보고 있다. 보편적 관점에서 효과적인 인적자원관리 기능의 요인들을 제시하면 [표 3-2]와 같다.

이처럼 보편적 관점은 몇 가지 공통점이 있다.

첫째, 우수한 인력을 선발하기 위한 다양한 선발체계 구축에 많은 투자를 한다.

둘째, 높은 수준 및 성과와 연계한 보상에 초점을 둔다.

셋째, 종업원의 직무능력 향상을 위한 교육 훈련을 비용이 아닌 투자로서 인식해야 함을 강조한다.

표 3-2 **보편적 관점에서의 인적자원관리시스템의 구성**

연구자	인적자원 관리시스템	개발적 문화
Allen, Shore & Griffeth(2003)	지원적 인적자원관리	의사결정 참여, 보상 공정성, 성장기회 제공, 조직후원인식
Arthur (1994)	몰입 시스템	분권화, 참여, 성과에 따른 능력급, 기술향상을 위한 교육 훈련, 고충처리, 여가관리, 높은 임금수준
Delery & Doty (1996)	최상의 인적자원관리	내부승진경로, 교육 훈련, 성과지향적 평가, 성과에 기반한 보상, 고용안정성, 종업원 참여, 다기능적 직무설계
Bae & Lawler (2000)	고몰입 인적자원관리	선택적 채용, 광범위한 교육 훈련, 권능 확대, 성과에 따른 급여, 다기능적 직무설계
Delaney & Huselid(1996)	고성과 작업 조직	인센티브 보상, 선택적 채용, 종업원 참여, 직무확대, 지위격차해소, 분권화, 고충처리
Guthrie (2001)	고몰입 작업제도	내부승진, 성과기반 승진체계, 기술급여, 집단중심 인센티브, 종업원사주, 정보공유, 종업원 참여 프로그램, 종업원 태도서베이, 팀제, 미래기술 중심의 교육훈련
Huselid(1995)	고성과 작업 조직	기술개발, 동기유발촉진 인적자원관리활동
MacDuffie (1995)	유연생산형 시스템	선택적 채용, 성과에 의한 급여, 종업원 역량에 따른 훈련, 지위격차해소, 종업원 참여, 팀제
Pfeffer (1998)	고성과 작업 조직	고용보장, 신중한 선발관리, 자율관리팀, 의사결정의 분권화, 성과와 연계한 보상, 교육훈련투자, 지위격차 해소, 정보공유
Whitener (2001)	고몰입 인적자원관리	선택적 채용, 통합적 훈련개발, 개발중심 평가, 공정한 평가시스템, 높은 임금수준

출처 : 김진희 · 심원술(2005). 「기업경쟁력 향상을 위한 인적자원관리시스템」. KSI 한국학술정보.

2) 상황적합적 관점

상황적합적 관점은 상황을 뛰어넘는 최상의 인적자원관리는 존재하지 않는다고 보는 관점이다. 즉, 인적자원관리는 경영전략과 적합화가 이루어질 때 성과에 긍정적이라고 보는 것으로 인적자원관리와 기업전략은 서로 간의 상호작용에 의해 조직성과에 영향을 미친다. 상황관점에서 볼 때 어떤 상황에서든 일관된 효과를 갖는 인적자원관리는 없으며. 경영전략과 적합성을 이룰 때 조직성과에 긍정적이다. [표 3-3]은 상황적합적 관점의 전략과 연계한 인적자원관리시스템과의 관계를 나타낸 것이다.

표 3-3 **상황적합적 관점의 전략과 인적자원관리시스템 간의 연계**

연구자	경쟁전략과 인적자원관리시스템의 연계
Arthur(1992)	원가우위 전략 : 통제적 인적자원관리시스템 차별화 전략 : 몰입극대화 인적자원관리시스템
Batt(2002)	서비스업종의 고객세분화 전략과 고몰입 인적자원관리의 관계에 따른 종업원 이직률 및 매출성장성
Rowe & Wright (1997)	관련 다각화 전략 : 재무적 통제(비용절감) 시스템 비관련 다각화 전략 : 전략적 통제(혁신적 인적자원관리) 시스템
Youndt et al. (1996)	비용절감(cost)전략 : 통제적 시스템(administrative system) 품질(quality)전략 : 인적자본지원 시스템(human capital enhancing) 유연성(flexibility)전략 : 인적자본지원 시스템(human capital enhancing)
Delery & Doty (1996)	제품/시장혁신전략 : 최상의 제도(내부승진경로, 교육훈련, 성과지향적 평가, 성과에 기반한 보상, 고용안정성, 종업원 참여, 다기능 직무설계)와의 상호작용 효과
Datta, Guthrie & Wright(2005)	고몰입 인적자원관리와 노동생산성에 대한 자본집약도, 산업성장성, 제품차별화, 산업역동성의 조절 효과

출처 : 김진희 · 심원술92005). 「기업경쟁력 향상을 위한 인적자원관리시스템」. KSI 한국학술정보.

그림 3-2 **인적자원관리의 보편적 접근모델과 상황적합적 모델**

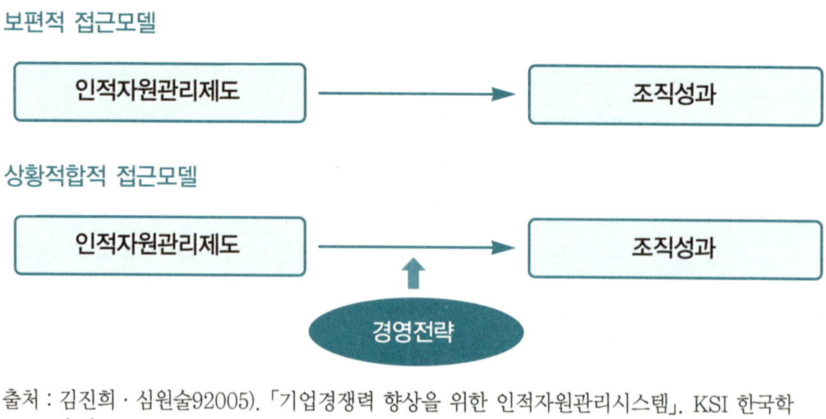

출처 : 김진희 · 심원술92005). 「기업경쟁력 향상을 위한 인적자원관리시스템」. KSI 한국학술정보.

3) 형태론적 관점

형태론적 관점은 인적자원관리 기능들이 서로 유기적으로 결합해 성과에 기여하는 이상적(ideal) 조합 형태, 혹은 특정한 결합패턴이 존재한다는 것인데 상황적합이론에서 제시하는 개별 요인 간의 일대일의 상황성이 아니라, 요인 간의 결합에 따른 시너지 효과를 강조한다.

기존의 상황적 관점이 기업 성과에 긍정적이기 위해 인적자원관리와 전략 유형 간의 적합성을 강조하는 반면, 형태론적 관점에서는 경영전략과 내부시스템 간의 최적화된 특정 조합패턴이 있음을 강조한다. 예를 들면 인적자원의 충원형태에 따라 내부와 외부로 구분하고 외부 노동시장을 통해 종업원을 모집하고 경쟁을 유도하는 것을 시장형 시스템(market type system)으로 유형화한 것이다. 또한, 내부시스템(internal system)은 내부승진경로, 공식적 훈련시스템, 피드백중심의 평가, 낮은 인센티브보상, 고용안정, 의사결정참여의 조합으로 구성된다. 따라서 형태론적 관점은 경영전략과 인적자원관리의 이상적 패턴이라고 할 수 있다.

[표 3-4]는 형태론적 관점에서의 경영전략과 인적자원관리시스템 간의 조합 형태를 정리한 것이다.

그림 3-3

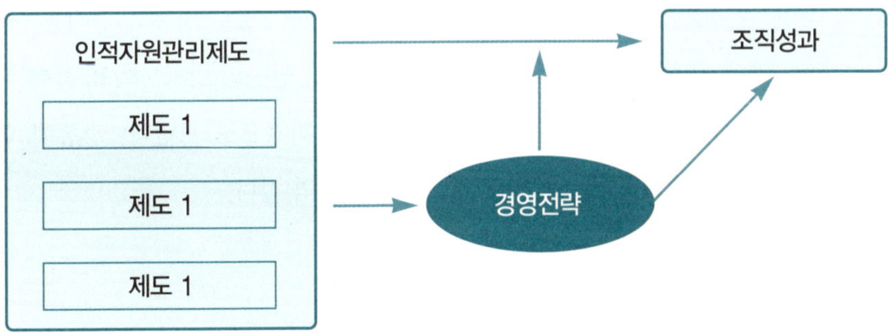

출처 : 김진희 · 심원술(2005). 「기업경쟁력 향상을 위한 인적자원관리시스템」. KSI 한국학술정보.

표 3-4 형태론적 관점의 전략과 인적자원관리 조합 형태

연구자	전략과 인적자원관리 간의 조합 형태
Sheppek & Militello (2000)	• 결합형태 : 운영효율성/제품차별화 중심전략 - 내부 시스템의 종업원 선택/개발은 낮고, 종업원 유지는 중간, 시장지향성도 중간의 형태 • 고전적 형태 : 운영효율성 중심전략 - 내부 시스템의 종업원 선택/개발은 낮고, 종업원 유지도 매우 낮고, 시장지향성도 매우 낮음 • 신흥적 형태 : 운영효율성 중심전략 - 내부 시스템의 종업원 선택 및 개발은 높으며, 종업원 유지도 높음, 시장지향성은 중간인 형태 • 고전적 제품 차별화 형태 : 제품 차별화 전략—내부 시스템의 종업원 선택/개발, 종업원유지, 시장지향성 모두 높은 형태 • 고전적 고객 친화 형태 : 고객친화 전략 - 내부 시스템의 종업원 선택/개발, 종업원유지는 높고, 시장지향성은 중간인 형태
Delery & Doty (1996)	• 방어형(defender)전략 : 내부시장유형의 시스템(내부승진, 공식적 훈련, 행동위주평가, 연공급, 고용안정, 종업원참여, 구체적인 직무범위) 간의 결합 • 공격형(prospector)전략 : 외부시장유형의 시스템(적은 내부승진기회, 낮은 공식적 훈련, 성과중심평가, 이익배분제, 낮은 고용안정성, 광범위한 직무범위) 간의 결합

출처 : 김진희 · 심원술(2005). 「기업경쟁력 향상을 위한 인적자원관리시스템」. KSI 한국학술정보.

3. 전략적 인적자원관리와 전통적 인사관리

이제까지의 전통적인 인사관리(personnel management)의 관점은 관리(masagement) 그 자체를 「계획 · 조직 · 통제 · 평가」의 과정으로 보는 전통적인 '관리과정론'과 조직을 직무의 계층구조로 보는 '전통적 조직론'의 관점이었다. 인사관리도 하나의 관리제도로 보고 인사의 방향 · 목표 등에 따른 인사방침을 구현하는 '계획 · 조직 · 평가'의 과정으로 보았다. 전통적 인사관리와 전략적 인사관리를 비교하면 [표 3-5]와 같다.

표 3-5 전략적 인적자원관리와 전통적 인사관리의 비교

차원	전략적 인적자원관리의 접근방법	전통적 인사관리 접근방법
근로자	투자대상으로서의 인간	비용으로서의 인간
계획과 전략 형성	• 전반적인 조직전략계획의 형성에 참가, 인적자원기능과 기업전략과의 제휴 • 전략에 초점을 맞춘다. • 능동적(proactive)인 대책	• 업무운용 계획만으로 참가 • 업무운용에 초점이 맞춰져 있다. • 수동적(reactive)인 대응
권한	인적자원부문의 최고경영자는 높은 지위와 권한을 갖는다(예 : 인적자원 부사장)	중간 정도의 지위와 권한을 갖는다.(예 : 인사부장)
대상범위	모든 관리자와 종업원	주로 시간급의 생산 직종과 사무직의 종업원
의사결정	• 전략적 결정에 참가한다. • 회사의 사명(mission)의 주요한 부분	• 업무운용적인 결정만을 한다. • 회사의 사명과는 분리, 독립하고 있다.
통합	다른 기능(마케팅, 재무, 법무, 생산)과 완전히 통합되어 있다.	다른 기능과의 통합도는 알맞거나 작다.
조정	모든 인적자원활동(훈련, 모집요원, 평등한 고용기회 등)을 조정한다.	모든 인적자원활동을 조정하지 않는다.

출처 : 김원경(2005). 「전략적 인적자원관리」. 형설출판사.

1980년대 이후 인적자원관리의 패러다임에 큰 변화를 보이기 시작하였는데 전략적 인적자원관리는 시스템이론과 경영전략론의 융합에서 생성된 거시적인 접근 방법이며, 상황적합(contingency)적 조직 및 관리론의 패러다임을 따르고 있다.

전략적 인적자원관리의 패러다임은 다음과 같다.

첫째, 기업을 전체시스템으로 이해하고, 인적자원관리를 그 시스템을 구성하는 부분시스템(sub-system)으로 인정한다.

둘째, 부분시스템으로서의 인적자원관리는 개개의 인적자원관리 시책이라는 구성요소(modules)로 되어있다.

셋째, 기업의 외부환경으로써 경쟁시장을 규정하고, 환경적응을 위한 기업의 대응을 경쟁전략의 결정 · 실행으로 이해한다.

넷째, 기업의 부분시스템으로서 인적자원관리의 최종적인 유효성 평가의 기준을 수익성을 중심으로 평가한다.

다섯째, 전략적 인적자원관리의 기본적인 문제의식은 전체 조직수준에서 전략의 실행에 도움이 되는 최선의 인적자원관리제도의 구축에 있다.

[그림 3-4]는 '환경-전략-조직구조-조직과정-성과' 방식에 따라 인적자원관리와 전략적 인적자원관리의 패러다임의 차이를 나타낸 것이다.

그림 3-4 **인적자원관리와 전략적 인적자원관리의 패러다임**

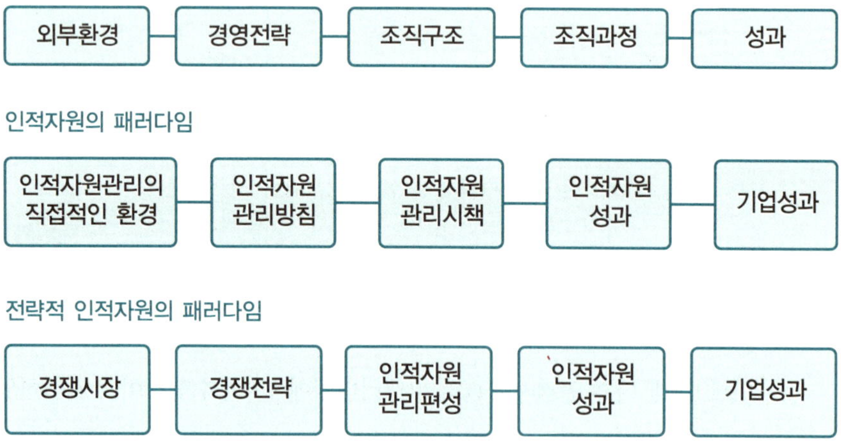

출처 : 이용석(2017). 「인사관리시스템 3.0」. 클라우드나인.

표 3-6 인사관리시스템 혁신의 주요 변화 내용

<table>
<tr><th colspan="2">구분</th><th>인사관리시스템(기존)</th><th>인사관리시스템(혁신)</th></tr>
<tr><td colspan="2">시스템의 목적
(조직구성원 행동양식)</td><td>성공을 향한 내부경쟁</td><td>창의, 도전, 팀워크</td></tr>
<tr><td colspan="2">핵심하부시스템</td><td>인사결정시스템</td><td>성과관리시스템</td></tr>
<tr><td colspan="2">관리자상</td><td>재판관</td><td>코치</td></tr>
<tr><td colspan="2">조직관</td><td>조직을 위해 사람이 존재</td><td>사람을 위해 조직이 존재</td></tr>
<tr><td colspan="2">사람관</td><td>X 이론</td><td>Y 이론</td></tr>
<tr><td colspan="2">성과관</td><td>이익</td><td>고객의 가치창출</td></tr>
<tr><td rowspan="4">성과관리시스템</td><td>성과책임규명</td><td>성과목표 수립 기준 마련</td><td>직무의 성과와 역량 정보 명확화</td></tr>
<tr><td>성과목표수립</td><td>성과평가 기준 마련</td><td>성과창출 동력확보</td></tr>
<tr><td>중간성과리뷰</td><td>성과평가 자료 축적</td><td>성과창출에 필요한 조치 실행</td></tr>
<tr><td>최종성과리뷰</td><td>평가등급결정</td><td>사람의 성과와 역량 정보 명확화</td></tr>
<tr><td rowspan="4">급여시스템</td><td>역할</td><td>동기부여</td><td>성과관리 진행여건조성</td></tr>
<tr><td>지향점</td><td>급여차등화</td><td>급여의 공정성 인식</td></tr>
<tr><td>목적</td><td>급여를 계속 생각하게
하는 것</td><td>급여를 잊고 일에 집중할 수
있도록 하는 것</td></tr>
<tr><td>중요한 급여항목</td><td>인센티브</td><td>기본급</td></tr>
<tr><td rowspan="5">승진시스템</td><td>의미/역할</td><td>보상/동기부여</td><td>선발/우수인력 확보</td></tr>
<tr><td>직급과 사람 관계</td><td>직급이 사람에 따라 다님</td><td>수행직무에 따라 직급변경</td></tr>
<tr><td>승진결정시기</td><td>정기</td><td>수시</td></tr>
<tr><td>승진결정단위</td><td>전조직차원</td><td>단위조직차원</td></tr>
<tr><td>핵심내용</td><td>승진포인트제</td><td>직위공모제</td></tr>
<tr><td colspan="2">시스템 혁신을 위한 조치</td><td colspan="2">- 단위조직별 인건비 재원을 고려한 직무관리
- 조직 간의 인사관리 역량개발을 위한 각종 진단 및 조직장 임기제
- 조직구성원 보호를 위한 이의신청 활성화
- 인사관리 부서의 역할 재정립
- 인사관리에 대한 조직구성원들 이해도 제고를 위한 커뮤니케이션</td></tr>
</table>

출처 : 이용석(2017). 「인사관리시스템 3.0」. 클라우드나인.

제4장

직무관리

관광인적자원관리

제4장

직무관리

제1절 직무관리

최근 정부에서는 산업 현장에서 직무를 수행하는 데 필요한 지식 · 기술 · 소양을 국가가 산업 부문별 수준별로 체계화한 NCS(National Competency Standards), 즉 국가직무능력표준을 도입하였다.

NCS는 산업현장의 직무를 성공적으로 수행하기 위해 필요한 능력, 즉 지식 · 기술 · 태도 등의 내용을 국가적 차원에서 표준화시킨 것인데 이는 교육훈련기관의 교육훈련 과정, 교재 개발 등에 활용되어 산업 수요 맞춤형 인력 양성에 기여하는 것은 물론 근로자를 대상으로 채용, 배치, 승진 등의 체크리스트와 자가진단도구로 활용이 가능하다.

NCS에서 제시하고 있는 인사직무의 능력단위는 인사기획, 직무관리, 인력채용, 인력이동관리, 인사평가, 핵심인재관리, 교육훈련운영, 임금관리, 급여지급, 복리후생관리, 조직문화관리, 퇴직업무지원, 전직지원, 인사 아웃소싱을 담당할 수 있는 능력이다.

■국가직무능력표준(NCS)이란?

국가직무능력표준(NCS, National Competency Standards)은 산업현장에서 직무를 수행하기 위해 요구되는 지식 · 기술 · 태도 등의 내용을 국가가 체계화한 것이다.

◎ 국가직무능력표준 개념도

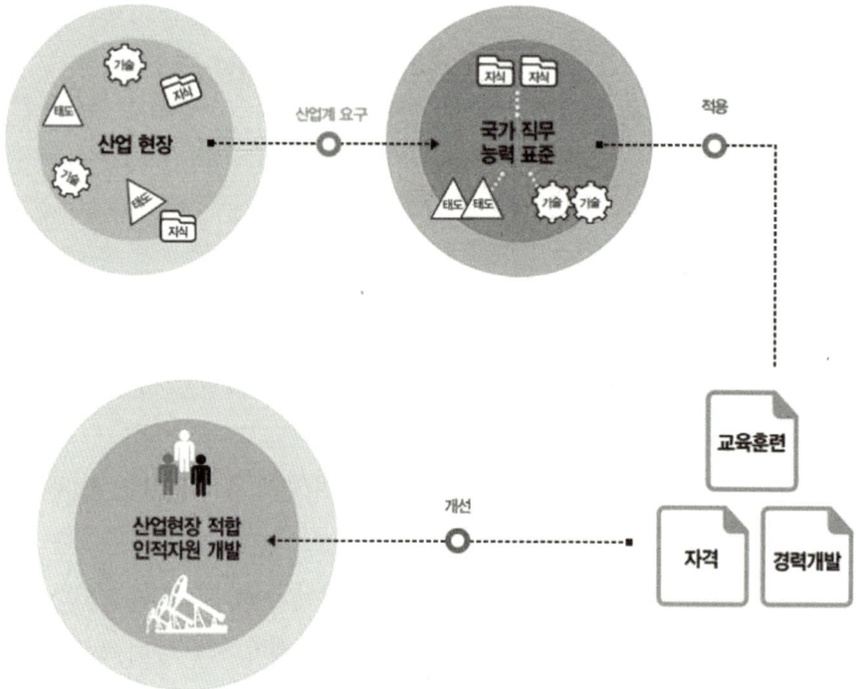

자료 : NCS http://www.ncs.go.kr/ncs

조직은 종업원 각자에게 일정한 직무를 부여하고, 각 직무는 조직 전체의 목표달성을 위해 적절히 조정되어야 한다. 따라서 직무관리(job management)는 직무를 체계적으로 정비하고 그에 적합한 인력을 모집 · 선발하고, 각자의 직무에 상응하는 대우를 받게 하며, 그들이 보람을 가지고 일할 수 있도록 직무를 설계하는 것을 말한다.

직무관리는 직무를 통하여 유효한 성과를 산출하려는 제반 인적자원관리 활동의 기초가 되므로 직무관리는 호텔경영환경의 변화에 맞추어 수행되어야 한다.

조직 활동의 기초가 되는 직무관리는 직무분석 · 직무분류 · 직무평가 및 직무설계로 나누어진다.

첫째, 직무분석(job analysis)은 직무의 내용과 그 직무를 받을 사람의 자격요건을 분석하는 과정으로, 그 결과 직무기술서와 직무명세서가 작성된다. 직무분석은 직무분류 · 직무평가 · 직무설계의 기초가 된다.

둘째, 직무분류(job classification)는 동일 또는 유사한 역할과 능력을 요구하는 직무들을 집단으로 분류하는 것으로 인간관리 활동, 즉 승진 · 이동 · 임금 · 교육훈련 · 인사고과 · 선발 등을 수행하는 기초가 된다.

셋째, 직무평가(job evaluation)는 직무분석과 직무분류를 기초로 하여 직무의 상대적 가치를 체계적으로 결정하는 것이다. 이것은 조직의 개인적 요소를 배제하고, 직무 자체의 중요도를 평가하는 것으로, 직무급의 결정 · 임금관리 · 승진 · 이동 · 인사고과 · 교육훈련의 기초자료가 된다.

넷째, 직무설계(job design)는 직무의 내용과 조직목적을 효과적으로 달성함과 동시에 개인의 욕구도 충족시킬 수 있도록 설계하려는 것이다. 직무설계는 직무분석, 직무분류, 직무평가와 성격상 구별되지만 기업조직의 기본단위인 직무를 통하여 인적자원관리활동의 기초가 된다는 점에서 직무관리의 범위에 포함된다.

제2절 직무분석

1. 직무분석의 개념

기업을 경영하기 위해서 여러 가지 세분화된 일들을 분담하고 짜인 절차대로 수행하여 목적을 달성할 수 있도록 하는 것이 직무관리의 기본이다. 종업원을 채용해서 배치, 교육훈련의 실시, 임금지급 등 모든 부문관리 활동은 직무관리에 근거를 둔다.

직무관리는 직무분석에서 비롯되며 직무를 잘 분석하고 합리적으로 구성하는 일은 인사관리의 가장 중요한 활동이다. 관광기업 중에서도 호텔은 인적자원에 의존하고 있는 비중이 매우 높으므로 사람과 직무와의 결합이 합리적으로 구성되어야 하고, 인적자원관리의 기본적인 선행조건으로서 직무분석이 되어 있어야 하는데 이는 목표관리, 평가관리, 보상관리와 연결된다.

직무분석(job analysis)은 어떤 직무를 구성하고 있는 업무의 내용과 직무를 수행하기 위하여 담당자에게 요구되는 경험 · 자질 · 기능 · 지식 · 능력 · 책임 등을 파악하여 그 직무가 타 직무와 구별되는 요인을 명확하게 밝혀 기술하는 절차이다. 따라서 직무분석은 어떤 직무의 내용 또는 요구조건을 사실적인 자료를 기초로 정리 · 분석하여 개별 직무의 성질에 가장 적합한 인력을 조직 내에서 유효하게 확보 · 육성 · 활용하는 기술이다.

직무분석의 실질적인 의의는 직무의 기본요소, 즉 누가(who), 언제(when), 어디서(where), 무엇을(what), 어떻게(how) 그 직무를 수행할 것인가를 명확히 하고, 또 그 직무의 성질을 결정함으로써 ① 합리적인 채용기준을 설정하고, ② 종업원의 적재적소에의 배치전환을 위한 자료를 제공하고, ③ 교육훈련의 기초자료를 제공하며, ④ 노동력을 유효하게 이용하여, ⑤ 적정임금수준의 결정과, ⑥ 직무의 상대적 가치를 결정하는 자료를 제공하는데 있다.

다시 말하면 직무분석이란 「특정 직무에 관한 정보를 체계적으로 수립하여 특정 직무의 책임과 의무, 직무수행에 요구되는 지식, 기술, 능력을 결정하는 과정」을 말한다.

직무분석 관련 용어

① 요소(element) : 어떤 직무와 관련된 동작 · 움직임 · 정신적인 과정 등 더 이상 나눌 수 없는 최소단위 작업

② 과업(task) : 직무분석의 분석단위로서 특정 목적을 수행하기 위한 특정작업활동, 즉 일(work)을 말한다.

③ 의무(duty) : 특정 개인이 수행하는 여러 가지 과업들이 모여서 된 하나의 일의 종류를 의미한다.

④ 직위(position) : 어떤 구성원이 수행하는 하나 혹은 그 이상의 의무로 구성된다. 즉, 어떤 구성원에게 부과된 과업을 수행하게 되는 직무상의 위치로 구성원의 수만큼 직위가 있다.

⑤ 직무(job) : 직무는 비슷한 업무내용을 가진 직위들을 하나의 관리단위로 설정한 것으로 유사한 과업 · 일의 종류 · 책임사항 등의 집합을 말한다.

⑥ 직군(job family) : 동일하거나 유사한 직무의 집단

⑦ 직종 또는 직업(occupation) : 직무나 직군 보다 넓은 개념으로 동일한 또는 유사한 직군의 집단

⑧ 직종군(occupational group) : 직종군은 직종보다 더 넓은 개념으로 일반적으로 업무수행에 필요한 노동력의 내용에 따라 구분한다.(예 : 사무직, 기술직, 관리직 등)

2. 직무분석의 목적

보편적으로 직무분석은 직무담당자가 수행해야 할 육체적 · 정신적 업무의 내용, 업무의 수행시기와 장소, 수행방법과 이유 그리고 업무를 수행함에 있어서 필요로 하는 자질요건 등을 밝히는 데에 그 주요 목적이 있다고 할 수 있으며 구체적인 목적은 다음과 같다.

❶ 종업원의 선발과 배치

❷ 종업원 교육훈련

❸ 체계화된 직무의 조직화

❹ 종업원 급여관리

❺ 종업원 안전관리

❻ 작업개선을 위한 자료

❼ 종업원 고충(grievance)처리

❽ 종업원 업적평가

그림 4-1 **합리적 인사관리를 위한 직무분석의 활용**

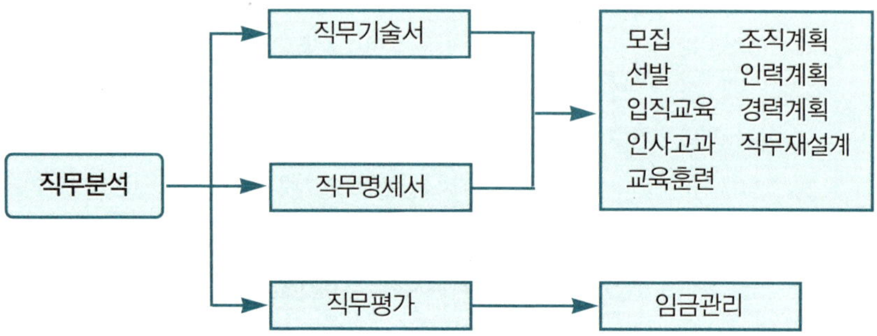

3. 직무분석의 절차

직무분석은 다음과 같은 절차에 의하여 실행된다.

단계 1 : 직무에 대한 배경정보의 수집

직무에 대한 배경정보를 수집하기 위하여 조직도, 현재의 직무기술서 등의 기존 자료를 활용한다.

단계 2 : 분석해야 할 대표적 직무를 선발

조직상의 모든 직무를 전부 분석하려면 시간과 노력의 낭비가 뒤따르므로 대표적인 기본적 직무를 선발해서 분석한다.

그림 4-2 **직무분석 절차**

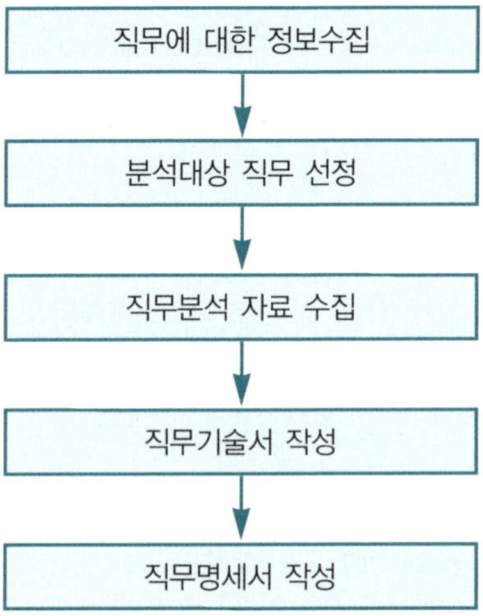

단계 3 : 직무분석 자료의 수집

이 단계에서는 직무의 특성, 필요로 하는 종업원의 행동, 그리고 인적요건 등에 대한 정보를 수집하며, 직무조사표의 활용이 필요하다.

단계 4 : 직무기술서의 작성

이는 주요 직무의 특성과 이들 직무를 효과적으로 수행하기 위해서 필요로 하는 활동을 기술하는 직무해설서를 마련하는 것을 말한다.

단계 5 : 직무명세서의 작성

이는 직무기술서를 기초로 이를 구체화한 직무명세서를 작성하는 것으로 인적요건을 주로 명시하게 된다.

표 4-1 직무관련 정보의 수집 방법

방법	내용	장점	단점
관찰법	분석의 대상이 되는 종업원의 작업을 직접 관찰함으로써 직무에 관한 정보를 획득하는 방법	① 일이 단순하고 주기가 짧은 경우에 정확한 자료수집이 가능하다.	① 일이 복잡하고 주기가 긴 경우에는 자료수집이 곤란하다.
면접법	종업원 또는 감독자와의 면접을 통해 정보를 수집하는 방법	① 안전하고 정확한 자료수집이 가능하다. ② 일관성 있는 정보의 획득이 가능하다.	① 시간이 오래 걸린다. ② 비용이 많이 든다.
설문법	종업원이나 감독자에게 질문서를 배부하고 이들로 하여금 직무에 관한 내용을 기술하게 하는 방법	① 신속하다. ② 다수의 종업원을 대상으로 할 수 있다. ③ 종업원이 자기직무 및 환경조건을 보다 잘 이해할 수 있다.	① 일관성 있는 질문의 작성이 힘들다. ② 완전한 정보를 얻기 힘들다.
체험법	직무분석자 자신이 직무활동을 직접 체험하여 경험을 바탕으로 수집하는 방법	① 정확한 정보의 획득이 가능하다.	① 실제 직무에 종사하는 작업자의 심리상태에 도달하기 어렵다. ② 시간이 많이 소요된다.
기록법	각 직위의 종업원이 매일 실제 수행하는 업무내용을 일정한 항목에 직접 기입하는 방법	① 매일 기록을 통한 정보의 정확성이 가능하다.	① 시간이 많이 소요된다. ② 감독관계, 직무환경요건 등의 필요 정보가 누락되기 쉽다.
임상적 방 법	시간연구, 동작연구 등의 실험을 통해 정보를 수집하는 방법	① 객관적이다. ② 정확한 정보의 획득이 가능하다.	① 시간과 비용이 많이 소요된다. ② 절차가 복잡하다.
혼 합 병용법	위의 방법 중 2가지 이상의 방법을 병용	① 각 방법의 단점을 보완할 수 있다.	① 시간과 비용이 많이 소요된다.

4. 직무분석의 내용

직무분석에서 대상으로 하는 분석의 내용으로서는 다음과 같다.

1) 직무의 기본적 제특성

① 회사 내에서 당해 직무가 갖는 중요성과 위치

② 직무의 범위와 목표

③ 직무수행을 위해 필요로 하는 제기준

④ 특정 직무에 부여된 권한의 범위

⑤ 다른 직무와의 관련성

2) 직무의 신체적 요건

① 체질, 체력 및 조작력

② 인내력, 지구력

③ 청각력, 시각력 및 지각력

④ 특정 직무수행을 위한 신체적 적성 혹은 결함

3) 직무의 정신적 요건

① 감각 능력, 지적 능력

② 심리적 적성

③ 인격적 요건

4) 기타 직무요건

① 성별 · 연령 요건

② 경험과 숙련요건

③ 지식과 특기요건

5) 작업환경조건

① 온도, 습도, 분진, 소음, 조명 등

② 산재(産災) 가능성

NCS의 직무분류 예 : 직무명(인사)

■ 직무 정의

인사는 조직의 목표달성을 위해 인적 자원을 효율적으로 활용하고 유성하기 위하여 직무조사 및 직무분석을 통해 채용, 배치, 육성, 평가, 보상, 승진, 퇴직 등의 제반 사항을 담당하며, 조직의 인사제도를 개선 및 운영하는 업무를 수행하는 일이다.

■ 능력단위

순번	능력단위	페이지
1	인사기획	
2	직무관리	
3	인력채용	
4	인력이동관리	
5	인사평가	
6	핵심인재관리	
7	교육훈련 운영	
8	임금관리	
9	급여지급	
10	복리후생 관리	
11	조직문화 관리	
12	인사 아웃소싱	
13	퇴직업무지원	
14	전직지원	

■ 능력단위별 능력단위요소

분류번호	능력단위	수준	능력단위요소
0202020101_13v1	인사기획	6	인사전략 수립하기
			인력운영계획 수립하기
			인건비 운영계획 수립하기

분류번호	능력단위	수준	능력단위요소
0202020102_13v1	직무관리	5	직무분석하기
			직무평가하기
			직무분류 유지보수하기
0202020103_16v2	인력채용	5	채용계획 수립하기
			채용예정자 모집하기
			채용예정자 선발하기
			채용 사후관리하기
0202020104_16v2	인력이동관리	5	인력운영계획 수립하기
			소요인원 파악하기
			인력 운영하기
0202020105_13v1	인사평가	4	평가계획 수립하기
			목표설정 하기
			평가 교육하기
			인사평가 시행하기
0202020106_13v1	핵심인재관리	5	핵심인재 관리제도 설계하기
			핵심인재 선발하기
			핵심인재 육성하기
			핵심인재 평가하기
0202020107_16v2	교육훈련 운영	5	인력육성 계획 수립하기
			교육과정 기획하기
			교육과정 운영하기
			교육과정 평가하기
0202020108_16v2	임금관리	5	임금조정안 수립하기
			임금조정안 확정하기
			임금계약 체결하기

분류번호	능력단위	수준	능력단위요소
0202020109_16v3	급여지급	3	급여대장 등록하기
			근태관리 하기
			급여 계산하기
			4대보험 관리하기
			연말정산 실시하기
0202020114_16v3	퇴직업무지원	3	퇴직 예정자 확인하기
			퇴직 절차 진행하기
0202020115_16v3	전직지원	5	전직지원제도 설계하기
			전직지원제도 운영하기
0202020110_16v2	복리후생 관리	5	복리후생제도 설계하기
			부합요건 심사하기
			복리후생제도 실행하기
0202020111_13v1	조직문화 관리	4	조직문화 현황 분석하기
			조직문화 활성화 방안 수립하기
			조직문화 활성화 방안 실행하기
0202020113_13v1	인사 아웃소싱	4	아웃소싱 대상 업무 선정하기
			운영업체 선정하기
			운영업체 평가하기

NCS의 직무분석

■직무분석 정의

직무분석은 직무의 내용을 체계적으로 밝히는 활동으로, 조직의 인력 운용에 있어 채용, 배치, 직무전환, 승진, 평가, 보상, 교육훈련, 경력개발 등 인적자원관리 및 개발에 활용하기 위하여 각 직무와 관련된 기초적이고 구체적인 정보를 수집, 분석하여 해당 직무에서 수행하는 과업과 책무의 내용을 서술하고, 해당 과업과 책무의 수행에 요구되는 지식, 기술, 태도 등을 도출하고 분석한 직무정보를 조직 내에 공유하는 일이다.

■능력단위

순번	능력단위	페이지
1	직무분석 목적 설정	
2	직무분석 실행 방식 수립	
3	직무분석 운영기획	
4	직무분석 자료 수집	
5	직무분류체계 설정	
6	직무분석 실행	
7	직무분석 결과 조정	
8	직무분석 결과 정리	
9	① 직무분석 결과관리	
10	① 직무분석 결과활용	
11	직무분석행정	

■평가방법

- 평가자는 능력단위 분석 자료 수집의 수행준거에 제시되어 있는 내용을 평가하기 위해 이론과 실기를 나누어 평가하거나 종합적인 결과물의 평가 등 다양한 평가 방법을 사용할 수 있다.

• 피평가자의 과정평가 및 결과평가 방법

평가방법	평가유형	
	과정평가	결과평가
A. 포트폴리오	✓	✓
B. 문제해결 시나리오		✓
C. 서술형시험		
D. 논술형시험	✓	✓
E. 사례연구	✓	✓
F. 평가자 질문	✓	✓
G. 평가자 체크리스트		✓
H. 피평가자 체크리스트		
I. 일지/저널		✓
J. 역할연기		
K. 구두발표		
L. 작업장평가		
M. 기타		

■평가 시 고려 사항

• 수행준거에 제시되어 있는 내용을 성공적으로 수행할 수 있는지를 평가해야 한다.

• 평가자는 다음 사항을 평가해야 한다.

- 직무분석 방법에 따른 예산안 도출 적정성 여부
- 직무에 맞는 내 · 외부 참석자 선정 여부
- 직무분석 목적 및 방법에 따른 진행계획표 수립 여부

자료 : NCS

■직무분석 담당자의 직업 기초 능력

순번	직업기초능력	
	주요영역	하위영역
1	의사소통능력	문서이해능력, 문서작성 능력, 의사표현능력, 기초외국어능력
2	문제해결능력	사고력, 문제처리능력
3	자기개발능력	자아인식능력, 자기관리 능력, 경력개발능력
4	조직이해능력	국제 감각, 조직체제이해능력, 경영이해능력, 업무이해능력
5	대인관계능력	팀워크능력, 리더십능력, 갈등관리 능력, 협상능력, 고객서비스능력
6	정보능력	컴퓨터활용능력, 정보처리 능력
7	직업윤리	근로윤리, 공동체윤리

■자료 및 관련 서류

- 사내 조직도 및 업무분장표
- 직무분류체계
- 직무조사 설문지
- 관련 전문가 리스트

■장비 및 도구

- 컴퓨터 등 전산기자재
- 문서작성도구
- 인터뷰 도구

자료 : NCS

5. 직무분석의 방법

직무분석을 하기 위한 방법에는 다음과 같은 것들이 있다.

1) 질문지법(questionnaire)

이것은 질문지를 사용하여 조사하는 방법이다. 직무담당자를 통해서 직무에 대한 자료를 수집하는 이 방법은 자기표현의 능력을 가지고 있는 종업원에게는 적합하나 하위직의 종업원에게는 부적당하며, 시간을 요하는 단점을 가지고 있다.

2) 대조 리스트법(check list method)

이것은 종업원이 과업목록(task list)의 많은 항목 중에서 자신이 수행하는 과업의 특성을 체크하도록 하는 방법이다. 과업목록과 그 항목을 준비하는데 어려움이 있지만, 일단 체크리스트가 작성되기만 하면 직무분석이 용이하다.

3) 면접법(interview list method)

이것은 종업원들에 대한 직접적인 면담을 통하여 직무에 관한 정보를 얻는 방법으로 직무에 대한 보다 구체적이고 실감 있는 정보를 얻을 수 있다. 특히 직무수행상의 문제점의 직접적인 파악이 가능하므로 보다 현장감 있는 직무의 특성을 알 수 있다. 그러나 이 방법은 시간이 많이 소요된다.

4) 관찰법(observation check list method)

이것은 직무현장에서 면접과 관찰을 통해서 직무의 특성을 밝혀내는 방법으로 면접자는 피면접자를 면접하고 또 그의 직무를 관찰함으로써 완전한 직무 지식을 얻는다. 이 방법은 직무에 대한 보다 정확한 정보를 얻을 수 있지만 시간의 낭비와 업무지장을 주는 단점이 있다.

5) 기술적 회의법(technical conference method)

이것은 전문가를 통해 직무에 대한 특성을 밝히는 방법으로 직무분석 담당자가 전문지식을 갖춘 감독자와 만나서 직무에 대한 지식을 밝혀내는 것이다. 그러나 이 방법은 감독자가 직무에 대한 지식을 충분히 제시하지 못할 경우 불충분한 직무분석이 될 가능성이 있다.

6) 작업일지법(diary method)

직무담당자가 매일 매일의 작업일지와 업무일지(logbook)를 작성함으로써 직무에 관한 제 정보를 제공하는 것이다. 이 방법 역시 시간이 소요된다.

7) 작업참가법(work participation method)

이것은 직무분석자가 스스로 특정 직무를 수행함으로써 직무의 실제적 내용을 파악하는 방법으로 체험법이라고도 한다. 그러나 이 방법은 간단한 직무에는 가능하나 복잡한 직무에서는 불가능하고 또 시간과 비용을 필요로 한다.

8) 중요사건법(critical incident method)

이것은 중요한 직무를 중심으로 효과적인 직무성취가 가능했던 경우와 그 반대의 경우를 대비시켜 직무에 관한 관찰을 세밀히 기록함으로써 주요 직무(key job)를 분석하는데 사용된다. 따라서 이 방법은 전체적인 직무의 특성을 설명하지 못하는 단점이 있다.

표 4-2 **직무조사표의 예**

<table>
<tr><td colspan="6">(1) 산업체 현황</td></tr>
<tr><td>산업체명</td><td></td><td>대표자</td><td></td><td>업종
(자본금)</td><td>관광숙박업
( )</td></tr>
<tr><td>소재지</td><td></td><td>종업원 수</td><td>명</td><td>설립연월일</td><td>년 월 일</td></tr>
<tr><td colspan="6">(2) 직무 현황</td></tr>
<tr><td rowspan="3">직무수행내역</td><td>부서명</td><td colspan="2">객실부</td><td>직무명</td><td>벨/도어맨</td></tr>
<tr><td>직무개요</td><td colspan="4">호텔을 출입하는 고객들의 환영인사와 함께 각종 정보를 제공하고 객실 및 호텔시설의 안내를 담당한다.</td></tr>
<tr><td>과업</td><td colspan="4">-투숙객의 프런트 데스크 안내 및 객실안내
-투숙 고객의 수하물 취급
-호텔 방문고객의 시설안내 및 차량관리</td></tr>
<tr><td rowspan="5">직무수행내역</td><td rowspan="3">직무지식요건</td><td>기초지식</td><td colspan="3">관광호텔의 조직 및 시설, 서비스맨의 기본 자세</td></tr>
<tr><td>실무지식</td><td colspan="3">관광법규, PMS(property management system)</td></tr>
<tr><td>자격 · 면허</td><td colspan="3">관광숙박업 종업원 자격증, 운전면허증</td></tr>
<tr><td>직무능력요건</td><td colspan="4">판단력, 창의력, 건강한 신체</td></tr>
<tr><td>직무책임요건</td><td colspan="4">-고객의 프라이버시를 위한 비밀 유지
-고객 안전의 책임
-호텔 시설의 보호</td></tr>
<tr><td colspan="6">(3) 면담자</td></tr>
<tr><td>성명</td><td></td><td>직위</td><td></td><td>면담일시</td><td>년 월 일</td></tr>
<tr><td colspan="6">년 월 일
(작성자) 부 서 :
직 위 :
성 명 : (인)</td></tr>
</table>

6. 직무기술서와 직무명세서

직무분석에 의해서 수집된 직무에 대한 자료는 다음과 같이 직무기술서와 직무명세서에 의해 정리되고 요약된다.

1) 직무기술서(job description)

이것은 직위기술서 또는 직무해설서라고도 하는 것으로 직무분석의 결과에 의해서 얻어진 정보를 일정한 양식으로 기록 · 정리한 서식으로 직무에 대한 설명서이다. 즉, 직무기술서란 「직무분석의 결과로 얻어진 직무의 성격 · 내용 · 수행방법 · 기대되는 결과 등을 간략하게 정리한 직무해설서」이다.

직무기술서에는 직무인식사항(job identification) · 직무개요(job summary) · 직무내용(job content) · 직무수행요건(job requirement) 등을 기재한다. 직무기술서의 기재내용은 다음과 같다.

첫째, 직무인식사항으로서, 직무명칭 · 다른 분류 명칭 · 직무번호 · 소속부서 · 분석일자 등을 기록한다.

둘째, 직무개요로서, 직무내용을 전체적으로 간략하게 요약한다.

셋째, 직무내용으로서, 수행하는 직무의 내용과 성격을 밝힌다. 일상적으로 매일하는 업무 · 주기적 업무 · 부정기적 업무 등을 분류하여 적는다.

넷째, 직무자격요건으로서, 직무를 수행함에 있어서 요구되는 최소한의 자격을 기술한다. 주로 교육 · 경험 · 능력 · 나이 · 성 · 책임 · 지식 등을 항목으로 나누어 기술하기도 하고 포괄적으로 기술하기도 한다.

다섯째, 직무책임으로서, 직무에 수반된 책임을 기술한다.

표 4-3 **직무기술서의 예**

<table>
<tr><td>직무명</td><td>체크인/체크아웃</td><td>직 종</td><td>프런트데스크 클럭</td></tr>
<tr><td>소속 부서</td><td>프런트 오피스</td><td>작성일자</td><td>년 월 일</td></tr>
<tr><td colspan="4">〈직무개요〉
예약된 고객의 체크인을 원활히 수행하기 위해 등록카드를 사전에 준비하고 예약된 고객의 객실형태에 따라 객실을 배정하며, 고객에게 객실을 판매하여 객실점유율과 평균 객실료를 극대화하기 위한 업무를 담당한다. 또한 숙박고객의 체크아웃에 관한 업무를 원활히 처리하기 위해 고객원장관리, 호텔 전산처리 시스템의 운영 등을 담당하고 고객만족을 위한 각종 서비스 제공 업무를 담당한다.

〈직무활동〉
1. 호텔의 규정과 방침에 따라 업무를 수행하고, 상사, 동료, 부하직원, 고객, 거래처와의 업무관계를 원활하게 처리한다.
2. 프런트 데스크 지배인의 업무지시에 따라 프런트 데스크의 업무가 능률적으로 진행될 수 있도록 협조한다.
3. 예약된 고객의 도착명단을 중심으로 도착고객의 등록업무를 준비한다.
4. 고정고객의 경우 호텔전산 컴퓨터에 입력된 고객의 신상명세를 이용하여 등록카드를 사전에 준비한다.
5. 도착예정고객은 객실현황을 고려하여 객실을 배정한다.
6. 도착고객을 친절하게 맞이하고 신속하게 등록업무를 처리한다.
7. 숙박고객의 우편물을 신속하게 배달되도록 한다.
8. 출발 예정고객의 체크아웃을 준비하여 신속하고 정확하게 처리되도록 한다.
9. 고객의 전화를 신속하고 친절하게 처리한다.
10. 예약을 하지 않고 방문한 숙박고객의 등록업무를 처리한다.</td></tr>
<tr><td rowspan="3">노력 및 책임</td><td>육체적 노력</td><td colspan="2">보 통 임</td></tr>
<tr><td>정신적 노력</td><td colspan="2">판단력, 분석력, 책임감, 감수성, 성실성 등</td></tr>
<tr><td>직 무 책 임</td><td colspan="2">상사 및 회사 업무에 대한 비밀유지 책임</td></tr>
<tr><td rowspan="3">작 업 조 건</td><td>작 업 환 경</td><td colspan="2">양 호 함</td></tr>
<tr><td>위험도 유무</td><td colspan="2">없 음</td></tr>
<tr><td>직업병 유무</td><td colspan="2">없 음</td></tr>
<tr><td colspan="2">사 용 장 비</td><td colspan="2">호텔 전산시스템 및 사무자동화 기기</td></tr>
</table>

그림 4-3 **직무기술서와 직무명세서의 활용 범위**

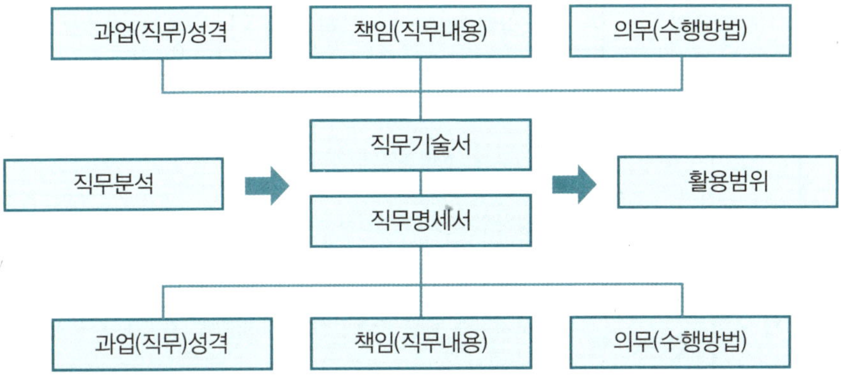

2) **직무명세서**(job specification)

직무명세서는 직무분석의 결과 작성되는 직무기술서를 보다 발전시켜 직무가 갖는 특성을 보다 구체적으로 명시해놓은 것으로, 직무기술서가 직무의 내용 및 성질을 해설한 것인데 대하여, 직무명세서는 직무에 필요한 사항, 특히 인적요건(personality requirement), 즉 지식, 기능, 능력, 개인적 특성 등을 자세하게 기술한 문서이다.

직무명세서에는 직무의 내용, 일반적 개요, 작업조건 등도 기재되지만 그보다는 오히려 특정 직무가 필요로 하는 인적요건, 즉 지식수준, 기술 · 숙련수준, 체력수준, 성격요건, 경험요건, 기타 교육수준요건 등이 명시된다.

직무명세서에는 일반적으로 다음과 같은 사항이 기재된다.

표 4-4 **직무명세서의 예**

직무명		체크인/체크아웃	직 종	프런트데스크 클럭
소속 부서		프런트 오피스	작성일자	년 월 일
학문적 지 식	호텔경영학	프런트 오피스, 하우스키핑, 식음료, 연회서비스, 마케팅지원부서업무 등 호텔경영에 관한 기본적인 지식		
	관광경영학	항공사업무, 여행사업무, 이벤트 등의 업무와 절차에 관한 일반적인 지식		
	정 보 학	정보처리에 관한 기본지식과 시사정보, 관광용어 및 인터넷에 관한 지식		
	회 계 학	호텔회계시스템의 이해와 현금흐름에 관한 기본지식		
	전 산 학	오퍼레이팅 시스템 및 기타 사무관련 소프트웨어 운영지식		
실무적 지 식	외 국 어	고객접객을 위한 영어 및 일어 등의 기본적인 회화 능력		
	사무관리	문서작성, filing 방법 및 사무관리 규정에 대한 구체적 지식		
	서비스실무	고객 응대 및 안내, 전화매너, 효과적인 불평처리에 대한 지식		
	관광 법규	관광호텔의 운영에 관한 각종 법규의 이해와 절차에 관한 지식		
	OA기기	WP, 엑셀, 파워포인트, 인터넷 정보 검색 등 전산실무 능력		
교육	정규 교육	2년제 전문대학 이상 관광관련 학과 졸업자, 관광 · 호텔 전문교육 이수자		
	특별 교육	서비스 예절 및 인성교육		
경험	실무 경력	1년 이상 관광호텔 경력자		
	자격 면허	관광호텔 종사원 자격증, 지배인 자격증		
능력	정신적	판단력, 분석력, 감수성, 책임감, 성실성 등이 요구됨		
	육체적	고객을 응대하는데 부족함이 없을 정도의 건강한 신체가 요구됨		
기타	관광호텔은 연중 무휴, 1일 24시간 근무를 해야 하기 때문에 주야로 근무해야 함			

(1) 직무내용

❶ 직무의 명칭

❷ 분류번호

❸ 직무의 일반적 내용

❹ 필요한 도구 · 기계, 특별한 설비와 그 전용 · 공용의 구별

❺ 직무담당자의 자세

❻ 필요한 자료

❼ 관련직무와의 관계

❽ 하위직무와 상위직무

❾ 훈련방법 및 기간

❿ 급여액과 형태

⓫ 평균작업시간

⓬ 작업조건 및 위험의 종류와 정도

⓭ 동작연구에 있어서 표준작업방법과 표준작업시간

⓮ 기타 사항 등

(2) 직무담당자에 관한 사항

❶ 성 · 연령

❷ 육체적 조건

❸ 재능의 정도

❹ 성격

❺ 정신적 조건(지식 · 주의력 · 창의성 등)

❻ 능력

❼ 경험과 기능

❽ 기타 사항 등

7. 직무분류

직무분류(job classification)는 동일 또는 유사한 성격을 가진 직무들을 묶어 직무군(job family)으로 분류하는 것을 말한다. 직무군은 하나 또는 둘 이상의 능력승진의 계열을 가지는 간단히 대체될 수 없는 전문지식, 기능의 체계이다. 동일 직군은 필요로 하는 기초 교양 · 전문지식 · 근무조건 등이 유사하여 채용 · 배치 · 훈련 등의 인적자원관리에 있어서 하나의 집단으로서 관리할 수 있는 직무의 집합체로 관리직, 영업직, 작업직 등으로 분류할 수도 있으며 호텔의 경우 구매부, 시설부, 객실부, 식음료부, 조리부 등의 분류가 그것이다.

직무분류를 통해 유사한 직무들을 직무군으로 관리하는 목적은 다음과 같다.

첫째, 승진 · 이동의 목적으로서, 직무분류를 통하여 동일한 기초능력이나 적성을 요하는 직무들을 하나의 군으로 묶어 이들 직무 내에서 단계적으로 승진 · 이동케 함으로써 보다 쉽게 새로운 직무에 관한 습득을 가능하게 한다.

둘째, 다기능 종업원의 양성으로서, 여러 가지 유사한 직무를 맡길 수 있는 기초능력이나 적성 판단에 도움이 된다.

셋째, 인사고과나 훈련 · 개발 등의 목적으로서, 개개의 직무분석결과를 직군으로 묶어 이를 다시 직무평가에 의하여 직급으로 서열화하고 직군별 · 직급별 필요능력을 밝혀 둘 필요가 있다.

넷째, 직무분류와 함께 직무를 계층적 또는 수직적으로 분화함으로써 직능에 의한 직계제도 및 자격제도를 만들 수 있다.

표 4-5 호텔 직무분담의 예

직무	직무내용	필요자질
객실 (객실팀)	• 객실 : 객실투숙에 관한 행정적 처리 및 방문객 안내, 투숙객에 대한 직접응대 • 프런트데스크 : 고객의 check-in과 객실 영업 및 투숙객 관리, 각종 고객들의 요구사항과 complaint을 접수, 처리 • 비즈니스 센터 운영(PC 제공, 복사, 팩스, 우편물 접수 등)	필요역량 Front Desk Service Concierge Service 의사소통 주도성/업무추진력 세밀/정확한 일처리

직무	직책	필요자질
객실	부장	
	인사교육과장	인사 및 총무업무에 대한 전반적인 책임
	인사담당	인사교육 업무 및 관리에 대한 지도책임
	교육담당	호텔 운영을 위한 인사관리, 인사고과평가, 기록
	총무과장	자체교육, 외부초청강연, 직원해외연수
	서무담당	총무업무, 직원들의 효율적인 관리책임
	후생의무	문서수발 및 통제, 보존과 일반업무
	민예담당	민방위 및 예비군 업무담당
	정비과장	직원의 출퇴근관리, 수위 · 청소원관리 책임
	수위담당	호텔 내 출입객의 관리 및 통제, 안전 및 화재방지
	청소담당	호텔 주변 환경관리 및 청소업무
	조리담당	직원식당 식사를 위한 전반적인 관리

소속	직책	직무분담
객실부	부장 객실과장 직원	객실운영과 관리에 대한 전반적인 책임 객실 및 숙박객 전반의 관리 1) 예약주임 1명, clerk 2명 2) front 주임 1명, clerk 9명 3) bell-man 주임 2명, 직원 10명 4) door man 5명 5) telex 2명 6) 교환장 1명, operator 12명
	객실정비과장 직원	객실관리 및 정비에 대한 책임 1) 객실청소 : 주임 1명, room inspector 3명, room maid 42명 2) 세탁장 : 주임 1명, laundry counter 3명, 세탁장 직원 20명 3) linen : 주임 1명, housekeeping 4명, house clerk 5명, linen 5명

소속	직책	직무분담
식음료부	부장 식당1과장 직원	식음료부 전반에 대한 관리 책임 주식당의 관리 및 직원에 대한 관리 1) 양식 : 지배인 1명, captain. 2명, waiter 8명, waitress 5명, bus boy 3명 2) coffee shop : 지배인 1명, captain. 2명, waiter 4명, waitress 14명, bus boy 4명 3) 일식 : 지배인 1명, captain 2명, waiter 4명, waitress 8명, bus boy 3명 4) buffet : 지배인 1명, captain 2명, waiter 5명, waitress 6명, bus boy 4명 5) 한식 : 지배인 1명, captain 2명, waiter 4명, waitress 4명, bus boy 3명
	식당2과장 직원	부대식당에 대한 전반적인 관리 책임 1) snack : 지배인 1명, captain 2명, waiter 4명, waitress 4명, bus boy 2명 2) sky lounge : 지배인 1명, captain 2명, waiter 4명, waitress 3명, bus boy 4명 3) night club : 지배인 1명, captain 2명, waiter 12명, waitress 3명, bus boy 3명 4) cocktail bar : 지배인 1명, captain 2명, bartender 2명, waiter 4명, waitress 6명 5) room service : 지배인 1명, captain 2명, waiter 12명 6) bakery : captain 1명, waitress 2명
	연회과장 직원	연회장 운영에 대한 전반적인 관리 연회장지배인 1명, waiter 14명, waitress 6명, bus boy 5명
판매부	부장 객실판매과장 직원 연회판매과장 직원 선전홍보과장 직원	호텔 판촉사업 전반에 대한 활동 객실 판매촉진에 대한 업무 판촉주임 1명, 직원 2명 연회장판매 전반에 대한 판촉활동 판촉주임 1명, 직원 2명 각종 선전물 및 홍보물제작 · 배부 주임 1명, 직원 1명, 도안사 1명
부대 사업부	부장 직원	호텔의 각종 부대사업운영에 대한 책임 1) 주임 1명, 사무원 2명 2) 주차장관리 4명 3) sauna : 지배인 2명(남 · 여), 영업직원 30명(남 10명, 여 20명)

소속	직책	직무분담
기획실	실장 기획과장 직원 심사과장 직원	호텔 기획 및 운영 전반에 대한 관리책임 호텔 운영에 대한 기본계획에 관한 업무 주임 1명, 예산관계 2명 호텔의 예산편성 및 분석에 관한 업무 주임 1명, 심사담당 5명, 검수원 2명
임원	총지배인 관리 담당 이사 영업 담당 이사 당직지배인 비서	

■롯데호텔의 직무

직무소개

Home > 롯데HR > 직무소개

부 문 관광군

회 사 롯데호텔

검색

롯데호텔

대표이사	송용덕
설립일	1973년 05월 05일
주업종	음식 및 숙박업
주소	서울시 중구 소공동 1번지
전화번호	02-771-1000
홈페이지	http://www.hotellotte.co.kr

객실 / 경영지원 / 디자인 / 법무 / 식음 / 영업관리 / 재무 / 조리 / 시설 / 개조공사 / 객실관리

직무내용

호텔의 꽃이라고 불릴 수 있는 객실은 객실투숙에 관한 행정적 처리 및 방문객 안내, 투숙객에 대한 직접응대를 담당합니다. 프런트 데스크에서는 고객들의 check-in과 check-out을 담당하여 객실 영업 및 투숙객 관리를 담당합니다. 또한 각종 고객들의 요구 상황과 complaint을 접수, 처리하여 고객의 만족을 높이도록 노력합니다. 객실팀은 고객이 호텔에 도착하여 차에서 내린 그 시점부터 객실에 들어가 투숙을 하고 퇴실하여 다시 호텔 밖을 나가시는 것까지의 모든 과정을 담당하기 때문에 고객과의 친밀한 관계 유지와 커뮤니케이션 능력이 매우 중요합니다. 호텔은 90%의 소프트 웨어적 서비스와 10%의 하드웨어 제공으로 고객에게 만족감을 제공해야 하는 분야인 만큼 직원들의 서비스 정신이 매우 중요한 곳이기도 합니다. 객실팀은 또한 호텔 내 비즈니스 센터를 운영하기도 하는데, 호텔 투숙객이나 방문객들에게 PC를 제공해주고 각종 문서 업무를 도우며 (복사, 팩스) 필요 시 우편물 접수도 받음으로써 고객이 외부에 나가지 않고도 호텔 내에서 모든 비즈니스 업무를 볼 수 있도록 서비스를 제공해줍니다.

필요자질

필요역량 : Front Desk Service, Concierge Service, 의사소통, 주도성/업무추진력, 세밀/정확한 일처리

관련학과 : 호텔관련학과

배치부서

객실팀

객실 / 경영지원 / 디자인 / 법무 / 식음 / 영업관리 / 재무 / 조리 / 시설 / 개조공사 / 객실관리

직무내용

식음팀은 호텔 내 식음료업장에서 완성된 요리와 최상의 서비스를 제공하여 고객만족을 창출하는 부서입니다. 객실과 함께 호텔의 꽃이라고 불릴 정도로 고객 최대 접점의 현장인 식음료업장은 워낙 외식업계의 경쟁이 치열해지고 있기 때문에 최신 트랜드에 맞는 다양한 메뉴 개발과 항상 발전하는 서비스로 끊임없이 승부를 걸어야 하는 곳입니다. 그만큼 식음료 업장은 변화가 빠르고 그 누구보다 영업활동 및 고객 관리에 적극적입니다. 그리고 식음료 업장은 객실과 달리 비용 비중이 상당히 높은 편이기 때문에 단순히 메뉴 개발을 하는 것이 아니라, 일일원가 및 손익 관련업무, 매달 업장별 손익 분석 등을 통해 효율적인 업장 운영에 힘쓰고 있습니다. 이와 관련하여 식음팀과 조리팀은 서로 긴밀하게 협력하여 판매 메뉴 및 음료 가격을 결정하고, 각종 프로모션 기획 등도 담당합니다

필요자질

필요역량 : 식음서비스, 팀웍/협동, 손익마인드, 관계형성

관련학과 : 호텔관련학과

배치부서

식음팀

자료 : http://job.lotte.co.kr/LotteRecruit/Lotte2.aspx

■롯데제이티비의 직무

롯데제이티비

대표이사	카미모리 히로아리, 안규동
설립일	2007년 05월 25일
주업종	일반여행, 전자상거래, 광고, 해외유학연수알선
주소	서울시 은평구 통일로 626 유림빌딩
전화번호	02-3782-3042
홈페이지	http://www.lottejtb.com

경영기획	마케팅	법무	법인영업	상품개발	영업관리	인사	재무

경영기획

직무내용
기업경쟁우위 확보를 위한 회사의 비전과 실행 계획을 수립하는 관리 경영방침수립, 중/장기 사업계획 수립, 투자관리, 조직 및 업무분장 관리, 정보 및 자료관리, 대외업무 등을 담당합니다.

필요자질
필요역량 : 기획력, 리더십, 분석력
관련지식 : 재무/회계, 경영/경제
관련학과 : 상경계열

배치부서
기획팀

상품개발

직무내용
국내 및 해외 여행상품 개발, 각종 프로모션, 국내 및 해외 여행상품의 시장상황 예측(통계/분석), 파트별 상품기획, 각종 프로모션 기획, 인쇄물 및 판촉물 제작, 항공매입관리(보유좌석, 요금 등), 판매채널 및 광고 분석, 업무규정관리, 업무교육, 랜드사 계약 및 관리, 전문인솔자 운영, 컨텐츠 자료수집 및 제작관리, 지역별 상품 조성, 수배 및 오퍼레이트 등을 담당합니다.

필요자질
필요역량 : 창의성, 어학, 책임감, 기획력
관련지식 : 여행전반지식
관련학과 : 전학과

배치부서
Inbound팀, PKG영업팀, FIT/SPECIAL팀, 국내영업팀, 글로벌영업팀 등

자료 : http://job.lotte.co.kr/LotteRecruit/Lotte2.aspx

■하나투어의 직무

인재상	인사제도	직무소개	복리후생

기 획	회사 전반의 경영계획 수립 및 성과관리, 조직관리, 경영혁신 등 경영의사결정 및 경영활동 지원
홍 보	언론홍보, 기업 및 브랜드광고, 사회공헌사업(CSR), 사내커뮤니케이션 활동
인 사	회사의 비전 및 경영전략과 연계한 채용, 배치, 이동, 평가, 보상 등의 인사활동 및 인사기획
교 육	임직원, 하나투어 전문판매점, 해외지사의 교육을 통해 회사비전을 달성할 수 있는 인재양성
재 무	분개, 결산, 세무, 출납, 자금관리 등 일련의 회계처리를 통하여 회사의 재무상태를 관리/개선하며 경영에 필요한 적절한 정보를 제공.
총 무	회사 자산의 관리 및 유지업무/ 사내 후생에 관련된 업무 회사의 비품 및 설비자산을 관리하며, 법무업무, 사무환경 개선 및 각종 서비스 제공을 통한 업무효율성 강화.
대리점	여행대리점 및 제휴사 등에 여행정보 제공 및 여행상품판매/지원.
O P	상품 상담 및 예약업무, 대리점(여행사)과 상품운영관리 담당자들간 커뮤니케이션 담당. 여행 예약부터 출발까지 고객 접점 관리 .
마케팅	소비자의 트랜드분석 및 수요예측과 소비자 행동분석을 통하여 마케팅 전략 수립 및 영업활동에 적용.
상품판촉	철저한 시장분석을 통한 해외여행 상품 기획/개발 및 고객 프로모션 기획/집행/관리.
온라인	고객니즈,시장조사 ,통계자료를 바탕으로한 서비스의 구축/개선 및 웹사이트, SNS 기획/구축.
항공영업계획	항공권의 안정적 확보 위한 연간수요예측, 판매실적 통계 및 분석, 프로모션 기획 및 항공사 대상 영업.
항공예약발권	항공스케줄 확인 및 좌석 관리, 항공권 예약과 발권 및 요금산출.
상품개발	중국/일본/동남아/구미대양주/테마 등 지역 및 상품의 특성을 반영한 여행상품 기획/개발/운영
I T	업무효율성 증대를 위한 최적의 IT 개발서비스와 원활한 전산서비스를 제공.

자료 : 하나투어 http://www.hanatourcompany.com/kor/recruit

제3절 직무평가

직무평가(job evaluation)란 직무별 임금을 결정하기 위하여 조직 내에서 일정 직무가 갖는 상대적 가치(relative worth)를 분석, 비교하는 공식적이고 체계적인 평가과정으로 각 직무가 가지고 있는 숙련도 · 책임 · 난이도 · 복잡성 · 필요노력 · 위험도 등을 비교 평가하여 이들 직무에 대한 상대적 서열을 매기는 것이다. 직무평가는 직무분석에 따른 직무기술서와 직무명세서 등의 정보자료를 바탕으로 조직 내 각 직무의 가치를 상대적으로 평가하는 것으로 그 직무를 수행하는 인물평가가 아니다.

1. 직무평가의 목적

직무평가의 기본적인 목적은 기본급 · 직무급 · 직무수당 등의 임금을 합리적으로 결정하고, 직계제도를 확립하는 기초자료를 얻기 위한 것이다. 그러나 직무평가는 임금결정의 참고자료를 얻는 것이지, 전적으로 직무평가의 결과에 의해서만 임금을 결정할 수는 없으며, 직무평가의 구체적 목적은 다음과 같다.

첫째, 공정한 임금체계의 확립으로서, 직무평가는 직무의 상대적 가치에 따라 조직 내부의 임금격차를 결정하여 공정한 임금체계를 구축할 수 있는 합리적인 기반을 마련하는 데 있다.

둘째, 인적자원관리 활동의 합리화로서, 직무평가는 직무의 상대적인 공헌도와 중요성을 파악케 하여 합리적이고 체계적인 직무구조 확립을 통하여 채용 · 배치 · 인사이동 · 승진 · 보상 · 교육훈련 · 직무설계 등 인적자원관리 활동을 합리화하는데 도움을 주고 있다.

셋째, 노사 간 임금협상의 기초로서, 합리적인 직무평가의 결과는 노사 간 임금교섭을 할 때 협상의 기초가 된다.

직무평가와 관련하여 주의할 점은 직무평가는 기업조직에 있어서의 각 직무의 상대적 가치를 결정하기 위한 것으로 어디까지나 직무 그 자체의 가치를 판단하기 위한 것이지 결코 직무상의 개개의 인간을 평가하는 것은 아니다.

직무평가가 성공하기 위한 기본 전제는 다음과 같다.

❶ 종업원의 공감대가 형성되어 있어야 한다.

❷ 객관적인 평가를 위한 장치가 마련되어 있어야 한다.

❸ 직무분석 및 직무분류가 되어 있어야 한다.

❹ 조직이 정비되어 있어야 한다.

2. 직무평가요소

직무평가 요소란 직무의 상대적 가치를 평가함에 있어, 조직체 관점에서 중요하다고 생각되는 직무요소를 말한다. 평가요소는 직무의 가치와 임금결정에 결정적인 역할을 하나 산업별 · 기업별로 직무의 내용과 성격이 다르기 때문에 기업의 상황과 방침에 따라 가장 적합한 평가요소를 선정해야 한다.

1) 평가요소

직무의 평가요소는 직무 자체에 내포되어 있는 특성, 즉 직무의 난이도 · 복잡성 · 책임 및 의무 등의 정도에 따라 상이하고 평가결과도 다르게 된다. 따라서 평가요소는 각 직무에 공통적이고, 과학적 객관성을 가지고 있어야 하며, 노사쌍방이 납득할 수 있어야 하고, 직무내용을 구성하는 중요한 요소이어야 한다. 일반적인 평가요소로 사용되는 것은 다음과 같다.

❶ 숙련(skill)요소 : 교육 · 지식 · 경험 · 판단력 등

❷ 노력(effort)요소 : 육체적 노력 · 창의성 · 기타 정신적 긴장 등

❸ 작업조건(working conditions) : 작업환경 등

2) 평가요소의 중요도

각 평가요소의 중요도는 가능한 한 객관적 사실을 기준으로 하여 결정하여야 한다. 중요도는 대체로 백분율로 표시되며, 중요도 설정의 일반적 조건은 다음과 같다.

❶ 경영 전체의 운영상의 관점에서 본 중요도

❷ 직무에 있어서 각 평가요소가 표현하는 가치의 중요도

❸ 각 평가요소의 신뢰도 또는 확률

3. 직무평가의 방법

직무평가의 방법에는 비양적 평가방법으로서 서열법 및 분류법이 있고, 양적 평가방법으로서 요소비교법 및 점수법 등이 있다.

직무평가방법의 유형을 분류하면 다음과 같다.

그림 4-4 **직무평가방법의 유형**

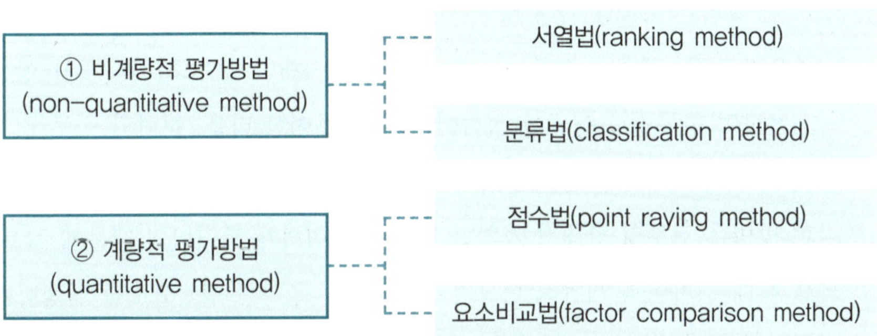

1) 서열법(ranking method)

서열법은 직무평가 중 가장 간단한 방법으로서 전체적 입장에서 각 직무의 난이도를 상호 비교하여 그 순위를 결정하는 방법이다. 이 방법은 평가요소를 중심으로 각 직무에 대한 평가를 하고 그 결과가 종합적으로 최상위의

직무(top job)로부터 최하위의 직무(bottom job) 순으로 나열하는 것으로 비교적 간단하게 직무를 평가할 수 있지만 직무가 복잡하고 수가 많을 때 이 방법은 부적합하다.

2) 분류법(job classification method)

분류법은 서열법에서 진보된 것으로 많은 직무 중에서 직군을 만들고 그것들을 등급으로 매김으로써 유사하고 동질적인 직무를 한 등급으로 평가하는 것이다. 즉, 각 직무의 종류에 따라 분류하고, 그 다음에 난이도 및 책임의 정도에 따라 등급을 결정하고, 각 직무를 해당 등급에 할당하면 되는 것이다. 이 방법은 서열법처럼 간단하고 이해하기 쉬우며 비용이 적게 든다는 장점이 있으나 분류 자체의 불명확성 또는 분류기준의 모호성, 직무의 수가 많아지고 내용이 복잡할 때는 정확한 분류를 할 수 없다.

3) 점수법(point rating method)

이 방법은 오늘날 가장 많이 사용하는 방법으로 모든 직무에 공통되는 평가요소(교육 · 숙련 · 경험 · 노력 · 작업조건 · 책임 등)로서 몇 개의 항목을 선정하여 항목별로 등급을 정하여 점수를 부여한 다음, 하나의 직무에 있어서 각 요소의 점수를 합계하여 그 직무의 상대적 가치를 결정하는 방법이다. 이 방법은 직무의 상대적 가치가 비교적 용이하게 드러나기 때문에 직무 간의 상대적 차이의 객관적 비교가 쉬운 반면, 정확한 평가요소를 결정하려면 고도의 숙련된 기술과 준비를 요하므로 시간과 비용이 많이 든다.

표 4-6 **점수법의 예**

요소(factor)	기준				
	1급	2급	3급	4급	5급
숙련(skill)					
① 직무지식	12	24	36	48	60
② 경험	15	30	45	60	75
노력(effort)					
③ 육체적 요구	10	20	30	40	50
④ 정신적 요구 및 사회적 요구	5	10	15	20	25
책임(responsibility)					
⑤ 장비 및 절차	5	10	15	20	25
⑥ 물적 또는 생산	5	10	15	20	25
⑦ 기타의 안전	5	10	15	20	25
⑧ 기타의 책임	5	10	15	20	25
직무조건(job conditions)					
⑨ 작업조건	10	20	30	40	50
⑩ 위험	5	10	15	20	25

4) **요소비교법**(factor comparison method)

점수법이 각 평가요소의 가치에 대응하여 대표 직무를 정하고 이를 중심으로 1개 직무의 점수를 부여하는 데 비하여, 요소비교법은 평가요소별로 직무를 등급화하여 직무가치를 점수 대신에 임금액(임률)으로 평가하는 방법이다. 이 방법은 일단 기준직무가치를 합리적으로 설정해 놓으면 한 직무를 다른 직무와 객관적으로 비교평가를 할 수 있고, 평가결과가 임금액으로 나오기 때문에 임금의 산정이 점수법보다 유리하다. 그러나 평가척도로 사용하는 기준직무의 가치가 잘못 책정되면 평가 결과 자체의 오류가 생기고, 기준직무의 내용이 변화할 경우 평가척도 전체를 변경시켜야 하며, 실시에 시간 · 비용이 많이 들고 평가척도의 구성과 절차가 복잡하다.

요소비교법을 이용한 직무의 평가절차는 다음과 같다.

❶ 몇 개의 기준직무를 선정한다.

❷ 평가요소(정신적 노력, 숙련, 육체적 노력, 책임 및 작업환경 등)를 결정한다.

❸ 평가요소에 대해 기준 직무가 요구하는 중요도의 순서에 따라서 평가요소별로 기준직무의 등급을 확정한다.

❹ 기준 직무의 임률등급과 급액을 배분한다.

❺ 임금배분이 된 등급에 직무를 배분하여 요소를 비교한다.

❻ 기준 직무와 기타 직무를 요소별로 비교하여 평가한다.

■ 대한항공의 직급 체계

I 인사제도 INTRODUCTION TO HRSYSTEM

INTRODUCTION TO HRSYSTEM

◎ 직급체계

- 대한항공의 직종은 크게 일반직, 기술직, 운항승무직, 객실승무직으로 구분할 수 있습니다.
  각 직종은 모든 직무의 전문성을 강화하고 조직 구성원의 전문 역량을 효율적으로 확충하기 위한 도구로서 직종별 직급체계가 마련되어 있습니다.
- 일반직과 기술직의 경우는 양성 및 활용목적에 따라 직부(Course)제도를 운영하고 있습니다.
- 직급체계는 각 직종 및 직부에 따라 다르게 구성되어 있습니다.

일반직			기술직		객실승무직	운항승무직	기타직
종합직부	전문직부	서비스사무직부	종합직부	전임직부			
1급 2급 3급 4급 5급	전문 1급 전문 2급	SVC매니저 사무 1급 사무 2급 사무3,4급	기술/항공 1급 기술/항공 2급 기술/항공 3급 기술/항공 4급 기술/항공 5급	수석 기술감독 선임 기술감독 기술감독 선임 기술기사 기술기사	객실승무1급 객실승무2급 객실승무3급 객실승무4급 객실승무5/6급	기장 부기장 수습조종사	전산직 연구직 조리직
다직무경험 관리자	특정분야 전문가	서비스/사무 Expert	기술관리자	기술부문 숙련가	최상의 객실서비스 제공	안전제일 운항	

〈 직종별, 직부별 직급체계 구성도 〉

◎ 기본양성 체계

- 대한항공의 기본적인 양성체계는 회사 및 해당 직급에서 요구하는 역할에 따라 단계별로 구성되어 있습니다.
- 양성 Program 은 Management Development 교육, Global 역량강화교육, 직무능력향상교육, 조직활성화교육 이렇게 크게 4가지로 구분할 수 있습니다.

구분	기대역할 활용목표	Management Development	Global 역량 강화	직무능력향상	조직활성화
임원	경영능력제고	경영능력 향상과정			
고급 관리자	전략적 활용	관리능력 개발 과정 MBA	해외주재	전문기관 교육	Communication Excellence School
중간 관리자	직무 확충 직무 활용	경영일반 과정	해외양성파견	CDP (Career Development Plan) 전담조직 또는 현장을 통한 교육	
실무자	직무적성 확인 Job SKill 배양	문제해결능력 향상 과정 항공경영 기초과정	영어/제2외국어		

자료 : 대한항공 http://www.recruit.koreanair.co.kr

제5장

채용관리

관광인적자원관리

제5장

채용관리

제1절 채용관리의 의의

1. 채용관리의 의의

인적자원은 물적 자원과는 기본적으로 다른 성격을 가지고 있으며, 경영의 주체인 동시에 객체가 되기 때문에 성과를 창출하는 과정에서 중요한 역할을 하게 된다. 채용관리는 인적자원관리 중 개인과 기업이 서로 간의 관계를 시작하는 단계에서 필요한 모든 업무를 내용으로 하고 있다. 따라서 채용과정에서 입사 후 기업에 기여하는 정도가 높은 사람을 잘 선별하여 채용해야 하는 것이다.

채용은 전통적으로 '조직의 빈자리를 채우기 위해 자질을 갖춘 우수한 사람을 선발하는 과정' 으로 정의되어 왔다. 그러나 지난 몇 년 동안 채용관리의 중요성이 점차 커지게 되어 채용은 기업이 필요로 하는 사람에 대한 정보의 수집과 분석, 외부 노동시장에서 선발되는 신입사원과 경력사원, 조직 내 내부노동시장을 통한 배치전환과 공모제도(job posting), 법률적 규제와 환경적 제약의 정확한 이해 등을 포함하게 되었다.

호텔기업 역시 종업원의 채용관리에서 항상 염두에 두어야 할 것은 노동시장의 여건변화를 충분하게 파악하고, 노동의 수요자인 기업 입장에서만 접근할 것이 아니라, 노동의 공급자인 종업원 입장에서도 접근하는 자세를 가지는 것이 바람직하다.

채용관리(employment management)는 우수한 인적자원의 확보를 목표로 하고 있고, 단순히 우수한 사람을 확보하는 것만으로는 부족하다. 시간적으로 적기에 경쟁기업보다 빨리 접근하여 채용결정을 내리는 것이 중요하고, 채용업무가 일 년 내내 진행되는 상설업무로 인식되어야 한다. 특히 호텔기업은 채용 시기를 한정하여 종업원을 선발하기보다는 수시로 채용하는 것이 바람직하다.

채용관리의 효율성 여부를 판단하기 위해서는 개인의 직무성과와 기여도를 평가하는 정확하고 공정한 인사고과가 반드시 전제되어야 한다. 호텔기업의 채용관리의 목표를 보다 구체적으로 세분하면 다음과 같다.

❶ 기업이 필요로 하는 우수한 인적자원을 선발할 수 있어야 한다.

❷ 기업이 선발해서는 안 될 사람을 채용하지 않아야 한다.

❸ 기업이 원하는 능력을 가진 사람들이 충분하게 지원하도록 해야 한다.

❹ 시간과 비용이 적게 들어야 한다.

❺ 정부가 규정하고 있는 기준을 만족시킬 수 있어야 한다.

채용관리는 인력계획, 모집활동, 그리고 선발 및 배치의 세 단계로 구성된다. 이러한 단계는 순차적으로 진행되므로 어느 한 단계를 소홀히 하게 되면 채용관리의 전반적인 효율성을 기대하기 어렵다.

2. 채용환경의 변화

우리나라 기업의 인적자원관리 방식의 가장 큰 변화는 노동시장의 유연화이다. 모집방식도 과거 정기모집 위주에서 수시모집 위주로 바뀌고 있으며, 입사지원 방식도 인터넷을 활용한 모집이 확산되었고, 신규 채용방식에 있어서도 경력직 채용 비중이 확대되고 있다. 또한 정규직 위주의 인력구성에서 비정규직의 채용이 확산되고 있다.

1) 노동의 유연화에 따른 비정규직의 확산

정보통신기술이 발달하고 제4차 산업혁명의 물결 속에 정보와 지식의 확산은 세계화와 무한경쟁의 체제로 진입하였다. 관광산업 중 호텔산업의 경우 비정규근로와 아웃소싱을 적극 활용하는 방식을 도입하면서 노동시장의 비정규화를 주도하고 있다.

국제환경 · 노동시장환경변화에 따른 재화 · 서비스의 생산방식의 유연화는 노동의 유연화를 초래하고 있고, 외환유동성 위기 이후 고용형태의 커다란 변화는 임시 · 일용직의 증가이다. 고용의 유연성을 높이고 인건비를 절감 및 노사관계의 전략적 차원에서 파견근로자제도, 시간제근로, 내부하청, 계약직 등의 방법을 통한 비정규직이 확대되고 있다.

정규직은 기간의 정함이 없이 정년까지 계속 고용이 보장되는 것으로 사업주에게 직접 고용되어 해당사업장에서 근로계약기간 없이 계속적으로 고용되어 일하는 사람이다. 정규직의 경우 전일제(full time)로 일하는 고용관계로서 노동법상의 해고보호와 정기적인 승급이 보장되며, 고용관계를 통한 사회보험 혜택이 부여된다.

비정규직은 정규직의 상대적 개념으로 정규직에 비해 근로시간이 적은 파트타임 근로자, 고용기간 자체를 사전에 확정해 놓고 근로하게 되는 계약직 근로자 그리고 계약직 가운데서도 근로기간 자체가 상당히 짧은 임시직 근로자, 회사가 아닌 집에서 근로하는 재택 근로자, 기업 내에서 정규직과 같이 근무하지만 실질적인 고용관계는 자신이 속한 인력파견업체와 맺고 있는 근로자 등이 모두 비정규직에 해당된다.

표 5-1 **비정규직의 유형**

분류기준	고용 종류	유형
고용기간	임시고용	임시직, 계약직, 일용직, 촉탁직, 인턴사원
노동시간	단시간	단시간(파트타임), 아르바이트
고용주체	간접고용	파견, 사내하청, 용역
	특수고용	개인도급, 재택근로
기타	외국인	산업연수생, 불법 취업자
	공공근로	공공근로

2) 채용인력 및 방식의 변화

격변하는 기업환경 속에서 기업들은 경쟁에서 살아남기 위하여 기존인력을 최대로 활용하기 위하여 안간힘을 쓰고 있다. 즉, 취업 후 상대적으로 교육이 필요한 대학졸업자들의 신규채용보다는 당장 현장에 투입해 별도의 교육 없이 쓸 수 있는 경력직원의 채용을 선호하게 되었다. 기업의 입장에서 볼 때 경력자 채용은 훈련비용을 절감하고 능력있는 인재확보를 통해 즉시 업무에 투입이 가능하기 때문에 경력자 채용을 선호하게 된다.

신규 채용방식에 있어서도 경력자 중심의 채용을 선호하면서 신입사원의 공개채용보다는 계열사나 사업 부문별로 필요한 인재를 수시로 뽑는 수시채용의 형태로 바뀌었고, 핵심인재만을 꼭 찍어서 선발하는 등 헤드헌팅(head hunting)을 통하여 인력활용도를 극대화하고 있다.

모집 방법도 인터넷을 활용함으로써 시간과 공간에 제약 없이 지원서를 받을 수 있게 됨에 따라 시간절약, 모집경비절감, 다량의 지원자 확보가 가능하다.

3) 직무별 모집

과거 직종별 모집은 사람중심의 채용에서 벗어나 직무별 모집을 통하여 직무에 맞는 인재를 뽑는 방식으로 전환하고 있다.

4) 면접 비중의 증가

기업이 점차 블라인드 채용을 도입하고 있고, 지원서상의 경력사항이나 적성검사 등의 선발도구만으로는 인성의 적합성을 알기 어렵기 때문에 점차 채용면접의 비중이 늘고 있다. 관광산업의 경우 면접이 매우 중요한 요소로 작용하고 있기 때문에 기업에 따라서는 실무진의 면접과 임원면접 등을 진행하거나 1차 인성면접, 2차 기술면접, 3차 집단토론 등을 통한 업무능력 및 인성 등을 테스트하는 기업이 늘어나고 있다.

5) 블라인드 채용의 확산

평등한 채용 기회 · 공정한 과정의 진행을 위하여 새롭게 블라인드 채용이 도입되고 있다. 블라인드 채용은 입사지원서나 면접 등 채용 과정에서 지원자의 출신 지역이나 신체 조건, 가족관계, 학력 등 편견이 개입될 수 있는 정보를 요구하지 않고 대신 직무 수행에 필요한 지식과 기술 등을 평가하는 데 초점을 맞춘 채용 방식이다.

제2절 인적자원계획

기업이 급변하는 환경에 적응하는데 필요한 적절한 기능을 갖춘 종업원이나 관리자를 적시에 확보하지 못할 경우 이는 기업의 경쟁력에 큰 손실을 가져온다. 인적자원에 잉여가 발생할 경우 이는 기업에 심각한 비용상의 문제를 초래시켜 어떠한 형태로든 종업원들의 복지에 악영향을 미치게 되고, 인적자원에 대한 수요와 공급의 균형이 제대로 유지하지 못할 경우 인적자원의 부족이나 과잉이 발생하면 조직의 유효성이 크게 저해를 받게 된다.

기업의 인적자원계획은 인적자원의 흐름을 균형되고 원활하게 유지하기 위하여 수립된다고 볼 수 있다.

인적자원계획(human resources planning)은 조직이 현재 및 장래의 각 시점에서 필요로 할 유형의 인력규모를 사전에 예측하고, 그에 대한 조직 내부 및 외부의 공급량을 예측하여 적절한 조치를 마련하는 과정인 인력계획(manpower planning) 또는 인력수급계획을 의미한다.

채용관리의 첫 단계인 인적자원계획에서는 '어떤 직무를 수행할 사람을 몇 명 채용할 것인가'를 결정하게 된다. 즉 채용인력의 질적 측면과 양적 측면을 고려하게 되는 것이다. 따라서 인적자원계획을 구체적으로 정의하여 보면, 인적자원계획이란 '조직의 외부환경 및 내부환경의 분석을 통하여 조직이 장래의 시점별로 어떠한 유형의 인력을 얼마나 필요로 할 것인가를 예측하고, 필요로 하는 유형의 인력이 조직 내부 및 외부에서 얼마나 공급될 것인가를 예측하여, 인력의 수요와 공급 간의 불균형이 이루어질 경우 그것을 조정할 수 있는 행동방안을 결정하는 과정'이라고 할 수 있다.

1. 인적자원계획 수립 시 고려사항

인적자원계획의 중요성은 노동력의 과잉 또는 부족을 사전에 예측하여 과부족 상황이 심각하기 전에 대책을 수립함으로써 비용을 절감할 수 있다는데 있다.

인적자원계획이 잘못 수립되면 몇 년 지나지 않아 잉여인력이 발생하여 명예퇴직을 시키거나 감량경영을 하지 않으면 안 되고, 그 결과 기업은 인력관리의 비효율성으로 인한 인건비의 증가와 경쟁력의 저하를 경험하게 된다.

인적자원계획이 잘못되면 채용관리의 전반적인 효율성을 기대하기 어렵다. 따라서 올바르고 실현 가능한 인적자원계획을 수립하기 위해서는 다음과 같은 몇 가지 사항들이 반드시 고려되어야 한다.

❶ 기업이 원하는 인재상이 구체적으로 설정되어 있어야 한다.

❷ 전략적 인적자원관리 차원에서 장기적인 경영전략이나 경영계획이 수립되어 있어야 한다.

❸ 필요한 인력을 결정하는데 기준을 제공해 주는 직무분석이 이루어져 있어야 한다.

❹ 과거의 생산성 향상 추세를 고려한 정원관리가 선행되어야 한다.

❺ 현재 기업이 보유하고 있는 내부 가용인력 정도에 대한 정확한 분석과 인적 속성을 고려한 바람직한 인력구조가 설정되어야 한다.

그림 5-1 **인적자원관리활동 계획의 수립과정**

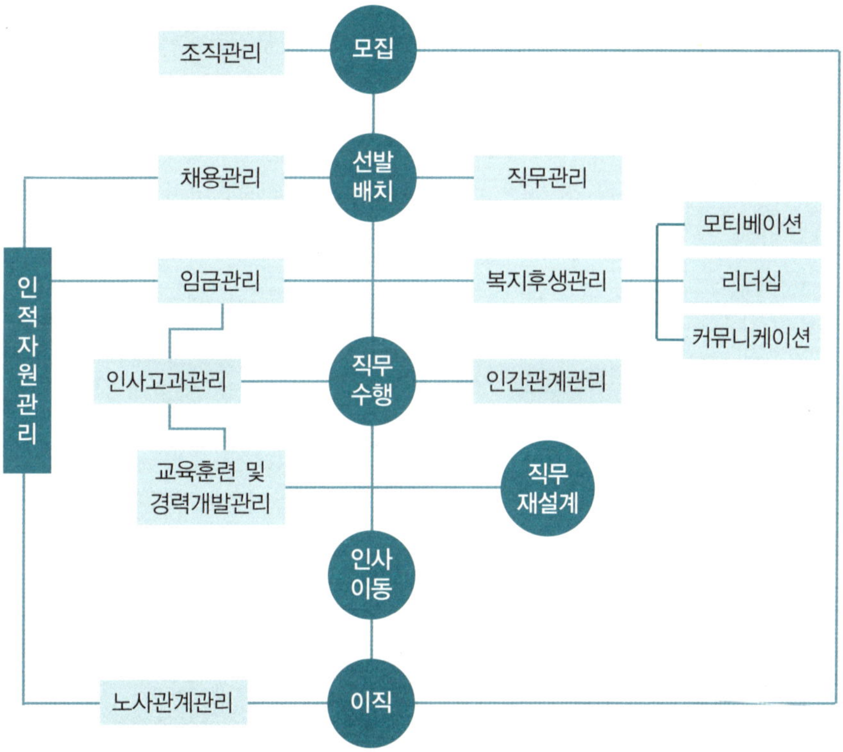

2. 인력수요의 분석과 예측

인력수요 분석은 기업의 목표달성에 필요한 노동력의 형태와 양을 산출할 수 있게 한다. 수요분석을 하기 위해서는 기업의 서비스에 대한 필요성을 우선적으로 예측하여야 하고, 수요를 만족시키는데 필요한 것이 무엇인가 하는 관점에서 기업에서 일어나는 다양한 형태의 직무활동을 분석해야 한다.

수요란 기업이 필요로 하는 일자리의 수를 말한다. 인적자원의 수요는 경쟁과 매출뿐만 아니라 상품과 서비스에 대한 소비자의 태도와 행동으로 나타나는 결과의 기능으로 정확한 인적자원의 수요예측은 정확한 매출에 대한 예측의 문제이다.

예측의 목적은 공급 가능한 인적자원에 대한 정확한 수요를 예측하는 것으로 인력수요의 예측을 위한 기법에는 상향 예측법(bottom-up forecasting)과 하향 예측법(top-down forecasting) 그리고 추세분석법(trend analysis method) 등이 있다.

1) 상향 예측법

상향 예측법은 관리자가 다가오는 어느 특정 기간에 요구되는 인적자원의 수요를 예측하도록 하는 과정으로써 직관적인 방법에 의존하는 것이다. 이 방법은 일반적인 방법이기는 하나 경험이 부족한 관리자는 할 수가 없고, 개인적인 지식과 경험이 많은 매니저들에게 적당하므로 인적자원에 영향을 주는 요인을 예측하기에 가장 효과적인 방법은 아니다.

2) 하향 예측법

하향 예측법은 인적자원의 수요에 대한 예측의 직관에 의한 부정확성을 배제하기 위한 방법으로 통계적인 접근방법의 예측기법이다. 즉, 주로 조직의 상위층의 주도하에 인적자원의 전문가와 계량적 기법을 중심으로 인력수급에 대한 실행계획을 수립하는 방법으로 전문가 예측법, 델파이(delphi) 기법, 시뮬레이션(simulation) 기법 등이 있다.

전문가 예측법은 전문가(인사스탭과 인력관리전문가)의 축적된 경험과 판단력 및 전문적인 지식 등을 중심으로 한 기업조직의 인력수요를 예측하는 방법이다.

또한, 시뮬레이션 기법은 추세분석기법에서 이용하는 단일 변수와의 관계분석의 단점을 보완하여 다양한 변수(판매량, 경제지수, 소비자의 소득 등)를 인력수요에 연관시켜 보다 정확한 인력수요를 예측하는 방법이다.

델파이 기법은 기존 자료 부족으로 참고할만한 자료가 없거나 미래의 불확실한 상황을 예측하고자 할 경우 도입하는 인문사회과학 분야의 분석기법 중 하나로, 전문가 합의법이라고도 한다. 이 기법은 응답자의 익명성을 보장하고 반복적인 환류를 통하여 결국은 전문가들이 합의하는 아이디어를 만들도록 유도하고, 이러한 반복적인 피드백을 통한 하향식 의견 도출로 문제를 해결하는 것이 특징이다.

3) 추세분석법

추세분석법은 인적자원의 수요를 예측하기 위한 일반적인 방법으로 매출액, 경쟁, 인구 통계적 변수, 정부규제의 변화 등 인적자원의 수요 변화에 영향을 미치는 요인을 분석하여 인적자원의 수요를 예측하는 방법이다. 일반적으로 매출액과 종업원 수와는 관련성이 있는 것으로 나타나고 있기 때문에 관리자는 상이한 수요수준에 따라 필요한 종업원의 수를 추정할 수 있다. 호텔기업의 경우 객실점유율 등을 이용하여 인적자원을 수요를 예측하는 경우도 있으며 주로 회귀분석법(regression analysis)을 이용한다.

3. 인력공급 분석

위에서 언급한 인력수요 분석은 관리자에게 어떤 종업원이 필요하며 또한 얼마나 많은 종업원이 필요한가를 측정할 수 있는 방법을 제공한다. 즉, 관리자는 필요한 기술을 가진 종업원을 확보할 수 있는지, 그리고 이러한 사람들은 어떠한 곳에서 얻을 수 있는지에 대하여 결정해야만 한다. 인적자원의 공급 분석은 필요한 종업원의 동원을 가능하게 하고 종업원의 공급은 기업 내에서 사람들을 확보함으로써 가능할 수도 있고, 기업의 필요성을 충족시킬 수 있는 외부 조직체에서 고용할 수도 있다.

1) 내부공급원

내부 인적자원의 공급에 대한 예측은 현재 종업원과 그들의 현재 직무수행 능력을 면밀하게 조사하는 것에서 시작된다. 그리고 현 종업원이 새로운 직능을 습득할 수 있는지에 대한 사항도 조사하여야 한다. 왜냐하면 호텔의 특정 직무에 숙련된 종업원이 충분히 충원되어 있더라도 다른 직무의 종업원이 훈련을 통하여 그 직무에 대한 기능을 습득할 수 있기 때문이다. 기업 내부의 공급을 예측하기 위해서는 업무수행 능력에 대한 조사뿐만 아니라 장래의 승진, 휴직, 퇴직을 예측하고 직무순환 및 업무의 인수 인계 사항까지 계획하여 내부 인적자원의 공급을 예측할 수 있다. 내부 공급원을 확인하는 데 이용되는 자료의 확보가 필요하다.

(1) 경영목록(management inventories)

경영목록은 특히 관리자에 관한 상세한 자료를 포함하고 있으며 이는 보다 높은 수준의 직위에 승진할 수 있는 잠재력을 가진 개인을 확인하는데 이용되기도 한다. 경영목록은 다음과 같은 자료를 포함한다.

❶ 경력(work history)

❷ 강점(strength)

❸ 약점(weakness)

❹ 승진잠재력

❺ 개별 신상명세서

(2) 기술목록(skills inventories)

기술목록은 비관리직에 있는 종업원들에 관한 정보를 포함하며 기술목록에는 다음과 같은 정보가 포함된다.

❶ 배경 및 성장관련 자료

❷ 작업경험

❸ 구체적 기능 및 지식

❹ 감독자의 평가

❺ 경력목표(career goals)

2) 외부공급원

기업 외부의 인적자원의 시장 환경은 항상 변한다. 기업은 필요한 종업원의 수뿐만 아니라 그들을 어디에서 확보할 것인지에 대한 결정을 할 수 있는 역량을 갖추고 있어야 한다. 가장 좋은 인력 공급원이란 산업별, 기업별 그리고 지리적 위치에 따라 다르므로 외부 인적자원시장의 동향을 분석하고 인적자원의 공급원천과 긴밀한 접촉을 유지하여 공급을 예측하고 모집이 용이하도록 하여야 한다. 즉, 인적자원의 공급원천에 대한 데이터베이스를 구축하고 이들 원천에 대한 동향을 파악하여 호텔 및 외식산업체에서 필요로 하는 인적자원의 공급이 원활하도록 하여야 한다.

제3절 모집관리

우수한 인재를 어떻게 확보하는가는 인적자원 관리의 출발점이라고 할 수 있는데 인재확보는 모집과 선발로 구분한다. 모집관리란 선발을 전제로 유능한 인력을 조직적으로 유인하는 과정으로서 선발비율(선발예정자 수/총 응모자 수)을 높일 목적으로 수행되는 고용활동이다.

모집(recruitment)은 기업의 욕구를 충족시킬 수 있는 사람 중에서 될 수 있으면 충분한 수의 사람들이 지원할 수 있게 하는 채용관리의 두 번째 단계이다. 모집활동의 중요한 기본 논리는 '노동의 공급자인 지원자와 노동의 수요자인 기업 간에 서로에 관한 정확한 정보를 충분하고 성실하게 교환하는 것' 이다. 지원자는 회사에 관한 자세한 정보를 가지고 취업을 결정해야 하고, 기업은 지원자에 대한 충분한 정보를 가지고 채용 예정자를 결정해야 한다. 만약 정보가 부족하거나 잘못된 정보를 근거로 하여 입사하게 되면 개인과 기업 모두에게 많은 손실을 초래할 수 있기 때문에 결코 도움이 되지 못한다. 이런 경우 채용 후에 낮은 직무만족(job satisfaction)과 조직몰입(organizational commitment), 높은 이직률 그리고 낮은 직무성과(job performance)가 나타날 수 있다.

1. 내부모집과 외부모집

모집활동은 외부노동시장의 여건 변화, 기업의 경영성과와 인지도, 기술의 발전과 소비자의 기호 변화에 따른 직무의 변화 등에 따라 달라지게 된다. 모집활동은 외부노동시장의 인력수요공급에서 특정 기업이 필요로 하는 인력의 공급이 수요에 미치지 못해 수요 초과 현상이 발생하면 선발보다 상대적으로 훨씬 더 큰 비중을 가지게 된다. 기업에게 우수한 인적자원의 확보는 곧 장래의 높은 경쟁력을 의미하므로 결코 소홀히 할 수 없는 분야이다.

기업이 종업원의 필요성을 인식하였다면 필요한 인적자원을 확보하기 위하여 지원자를 어떠한 방법으로 모집할 것인가를 결정하여야 한다. 모집방법은 충분한 규모의 지원자를 적은 비용으로 쉽게 확보할 수 있는 효율성 측면에서 검토되고 선정되어야 한다. 모집방법은 우선 기업 내부의 인력을 대상으로 하는 내부모집과 외부노동시장의 취업 희망자를 대상으로 하는 외부모집으로 구분되며, 우리가 일반적으로 모집이라고 부를 때는 주로 외부모집을 의미한다.

그림 5-2 **내부 · 외부모집 방법**

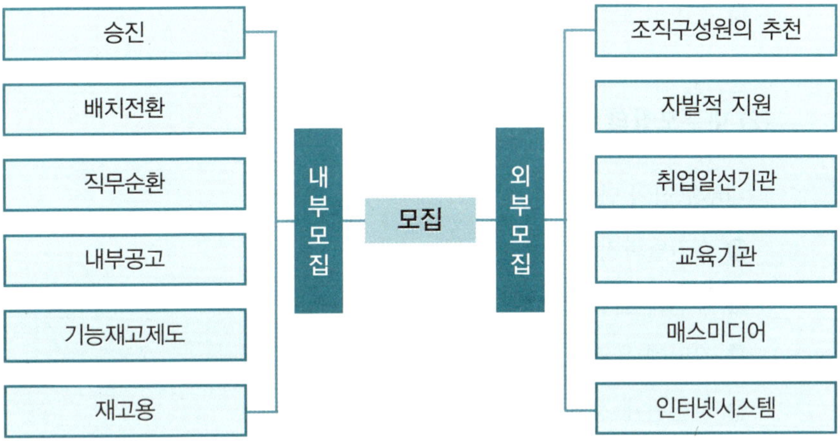

1) 내부모집(internal recruiting)

내부모집이란 지원자를 기업 내부의 현직 종업원 중에서 찾는 것으로서 사내모집이라고도 한다. 내부모집은 내부노동시장이 발달되어 있는 일본이나 한국 기업들이 많이 활용하고 있으며, 지원자에게 보다 정확한 정보를 많이 제공한다는 측면에서 외부모집에 비해 훨씬 효율적이다.

내부모집의 대상으로는 승진, 배치전환, 직무순환(job rotation), 재고용(rehires & recalls) 등이 있으며, 구체적인 기법으로는 내부공모제도와 개인의 인적사항에 대한 기록(personal inventory), 기능목록(skills inventory), 인력배치표(manning table) 등의 방법이 많이 활용되고 있다.

(1) 내부모집의 장점

내부모집의 장점에는 다음과 같은 것들이 있다.

❶ 승진된 종업원의 사기 진작

❷ 승진 가능성이 있는 종업원의 동기 부여

❸ 기업 내부의 경력개발 강화

❹ 모집비용의 절감

❺ 관리자의 관리능력 개발

❻ 능력의 보다 정확한 평가

(2) 내부모집의 단점

내부모집의 단점에는 다음과 같은 것들이 있다.

❶ 승진탈락자들의 사기저하

❷ 승진을 위한 조직 내부의 갈등

❸ 기업에 유입되는 새로운 아이디어의 감소

❹ 친분관계 강화에 따른 정실인사

2) 외부모집(external recruiting)

기업 내부에서 충분한 자질을 갖춘 지원자들을 확보하는데 한계가 있다. 외부모집은 조직이 내부원천에서 지원자를 찾을 수 없을 때 이용되며 조직이 외부에서 인적자원을 모집하는 방법이다. 특히, 우리나라의 호텔산업은 성장속도가 빠르고, 전문적인 노하우(know-how) 및 고품질의 서비스가 요구되기 때문에 외부로부터 적합한 인적자원을 확보하는 것이 내부모집보다 활성화되어 있다. 또한 우리나라 기업들은 전통적으로 경력사원보다 신입사원 채용을 선호하기 때문에 외부모집은 상당한 비중을 가지게 된다.

(1) 외부모집의 장점

외부모집은 내부모집보다 비용이 많이 들지만 다음과 같은 이점이 있다.

❶ 기업에 새로운 아이디어를 유입

❷ 지원자를 통한 기업 외부의 상황에 대한 새로운 인식

❸ 자격을 갖춘 지원자의 선발을 통한 교육훈련비용 절감

❹ 모집광고 시 기업광고로 활용 가능

❺ 조직에 새로운 활력소로 작용

(2) 외부모집의 단점

외부모집의 단점은 다음과 같다.

❶ 조직문화와 경영철학에 맞는 지원자를 찾기 어렵다.

❷ 지원자에 대한 정보부족으로 부적격자의 채용가능성이 있다.

❸ 내부승진을 기대하던 사람들의 사기저하를 초래할 수 있다.

❹ 현직 종업원과의 갈등이 야기될 수 있다.

표 5-2 **내부모집과 외부모집의 장단점**

장 · 단점	내부인력원천	외부인력원천
장점	• 승진자의 사기앙양 • 동기유발 • 모집비용 절약 • 정확한 능력 평가 • 능력개발강화	• 새로운 관점, 정보, 지식 획득 • 인력개발비용 절약 • 조직 내 분위기 일신
단점	• 모집범위의 제한 • 승진탈락자의 사기저하 • 승진을 위한 과다 경쟁 • 인력개발비용 증대	• 부적격자 채용의 위험성 • 안정되기까지의 적응기간 소요 • 내부인력의 사기저하 • 현직 종업원과의 갈등

2. 노동력의 외부모집 방법

인적자원의 공급환경이 외부모집 원천의 조건을 결정하지만 노동력의 공급원에는 작업미경험자, 작업경험자, 직입교육 수료자, 직업자격증 보유자 등이 있으며, 어떤 사람을 채용할 것인지에 따라 적용할 수 있는 인적자원의 모집 방법은 다음과 같다.

❶ 광고(TV 등 방송매체, 신문 · 잡지, 사내광고, 옥외 광고 등)

❷ 현직 종업원의 추천

❸ 수시 채용 희망자

❹ 교육기관(학교, 학원 등)

⑤ 재취업 훈련 프로그램

⑥ 직업소개소

⑦ 직업훈련원

⑧ 근로자 파견 회사

⑨ 연고모집

호텔이나 외식산업에서는 위의 방법 외에도 식당의 테이블 매트나 영수증, 식당 내 게시물, 옥외 광고판에 모집광고를 하거나 종업원에 의한 추천방법을 활용하는 것도 효과가 있다. 특히, 우리나라는 혈연, 지연, 학연 등 연고를 중시하는 사회적 분위기 때문에 종업원 추천이 큰 영향을 주고 있는 것도 사실이다.

한편, 학교와 같은 교육기관은 잠재적 종업원의 가장 훌륭한 공급원으로서 관광관련 학과에서 교육받은 학생들의 호텔 등 산업체 현장실습을 통해 가능성 있는 인재를 발굴해낼 수 있기 때문에 호텔기업이 선호하는 방법 중의 하나이다.

모집방법은 모집시기와 횟수에 따라 정규모집과 수시 모집이 있으며, 호텔이나 외식산업체가 직접 모집하는 직접모집과 근로자 파견회사 등에 의한 위탁모집이 있다.

제4절 선발관리

일반적으로 기업의 채용관리에서 모집활동보다 더욱 중요한 것이 선발활동이다. 선발(selection)이란 입사지원자 가운데서 현재의 환경적 상황들을 고려하여 특정 직위에 가장 적합한 사람을 뽑아내는 과정을 말한다. 즉, 최적의 인적요소를 특정 직무에 결합시키는 과정으로 기능상호 간에 발생되는 직무를 효과적으로 수행할 수 있는 최적의 적성과 기술을 가진 사람에게 조직구성원의 자격을 부여하는 행위라고 할 수 있다.

선발에 있어서는 선발기법의 선택과 채용과정의 합법성 여부가 가장 중요한 과제가 되는데 어떤 선발기법을 선택할 것인가는 채용 후 직무성과, 근속 및 이직률, 조직몰입도를 예측할 수 있는 능력이 판단 기준이 된다. 기업들은 이러한 예측력을 높이기 위해서 서류전형, 능력검사, 인성 및 적성검사, 면접 등 여러 가지 선발기법들을 종합적으로 활용한다.

그림 5-3 **인적자원의 선발 모형**

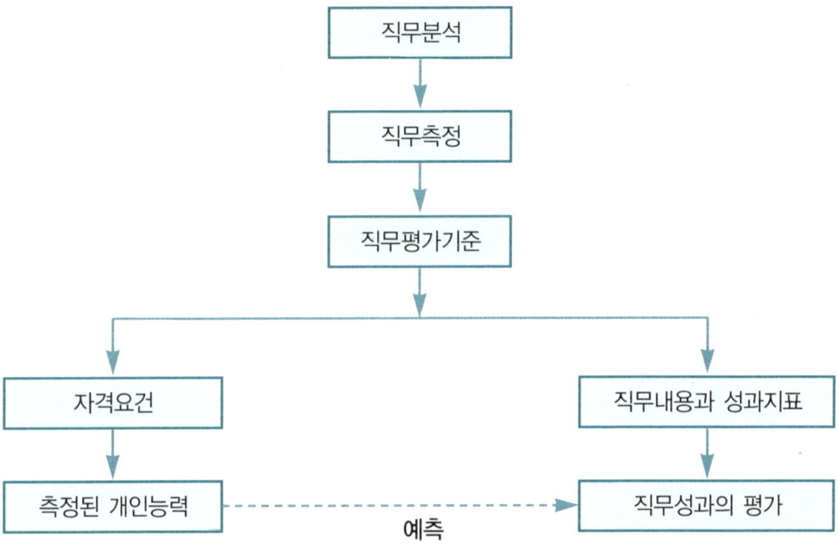

1. 선발 방법

선발기법을 선택하는 기준으로 특정 선발기법의 신뢰도와 타당도가 고려되어야 한다, 신뢰도(reliability)는 측정기법이 갖추어야 할 최소한의 요건으로서 측정치가 어느 정도의 일관성을 가지고 있는가를 의미하는 것으로 지원자의 어떤 면을 측정할 때 시기나 측정대상을 달리해도 같은 결과가 나올 수 있는 정도를 나타낸다. 타당도(validity)란 특정 선발도구가 선발목적, 즉 직무성과의 성공을 얼마나 잘 예측할 수 있는가를 나타내는 것으로 평가항목의 타당성을 의미한다.

선발기법의 선택에 있어 신뢰도와 타당도 외에도 선발기법의 비용(cost)도 간과할 수 없으므로 직무성과 예측을 위해 적은 비용으로 효율적인 기법이 무엇인가를 고려해서 결정해야 한다.

1) 경험적인 방법

이는 주로 이력서, 자기소개서, 면접시험, 그리고 신체검사를 거친다거나 필요 시 간단한 기능테스트 또는 학력테스트를 실행함으로써 종업원을 선발하는 방법이다.

2) 과학적인 방법

이는 종업원의 능력을 보다 자세히 관찰하기 위해서 이력서는 물론이고 필기시험과 기능시험 그리고 적성검사를 철저히 실행하는 방법이다. 적성검사 외에도 태도검사(attitude test), 사고검사(thinking test), 흥미검사(interest test)도 병행함으로써 종업원으로서의 갖추어야 할 인격적 특성을 종합적으로 테스트한다.

3) 절충적인 방법

이는 경험적 방법과 과학적 방법을 절충한 방법으로서 약간의 기본적인 심리테스트 또는 적성테스트와 면접을 거쳐서 종업원을 선발하는 방법이다.

2. 선발 시험

종업원 선발에 있어서 가장 중요한 것은 시험이다. 시험은 필기시험과 구술시험 및 면접 등이 있는데 필기시험은 개인이 가진 직무지식이나 일반지식을 알아보기 위해 실시되나 오늘날에는 특별한 경우를 제외하고는 많은 경우 필기시험은 생략하고 외국어시험(TOEIC)이나 면접, 기타 인성 · 직무적성검사에 의하여 시험을 대신하는 경우가 많다.

1) 필기시험(written examination)

2) 심리검사(psychological test)

❶ 지능검사

❷ 성격 혹은 기질검사

3) 직무적성검사(occupation attitude test)

❶ 신체적 적성검사 : 체격검사, 체력검사, 임상학적 검사

❷ 정신적 적성검사 : 소질검사(지능검사, 기억검사), 학습검사, 흥미검사, 태도검사, 성취검사, 적성검사 등

그림 5-4 **선발절차 과정**

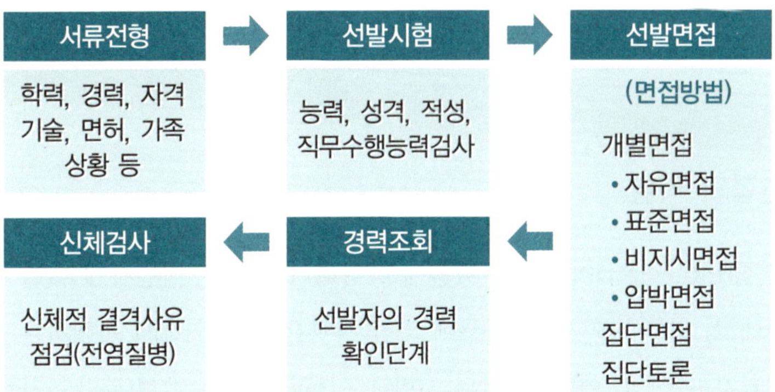

그림 5-5 **선발절차상의 제 단계**

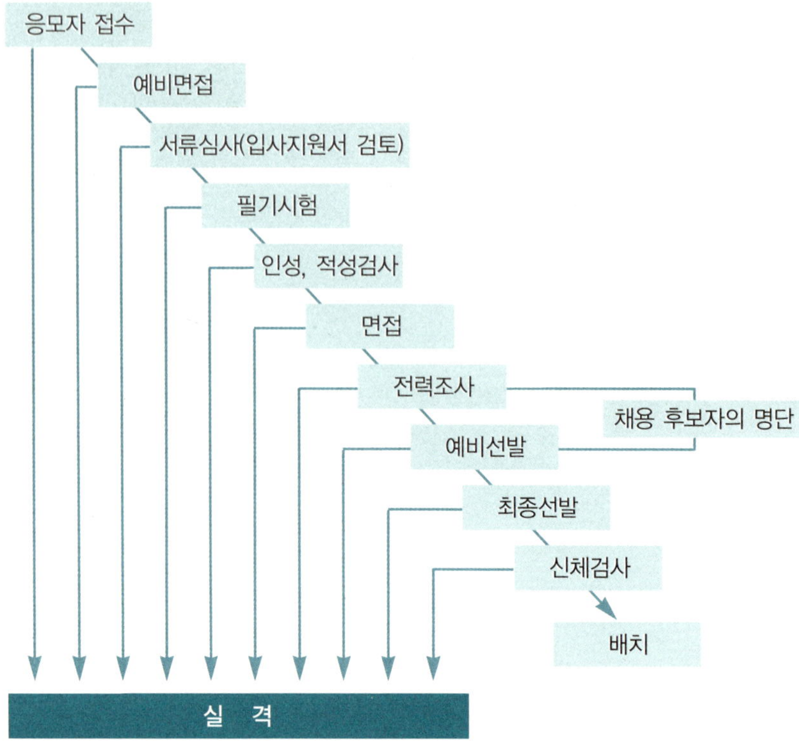

3. 면접

오늘날 많은 기업들이 입사시험에서 주로 전공필기시험을 생략하고 TOEIC 성적이나 학교성적을 참작하여 선발하는 경우가 많다. 특히 호텔기업 및 외식산업은 직무성격상 외국어능력 및 인성을 중시하여 면접시험을 강화하는 경향이 짙다.

1) 면접의 역할

면접(interview)이란 필기시험에서 나타나지 않은 지원자에 대한 정보를 얻어내고, 직무수행, 기타 인품에 관한 정보를 얻기 위해서 실행하는 종합적 인성검사라 할 수 있다. 종업원 선발에 있어서는 구술시험(oral test)으로서 면접시험을 치도록 해야 하는데 이는 개인이 갖는 인격적 특성, 즉 태도나 성격, 소질과 인간성, 판단력, 사고력, 창의력 등을 알아보기 위해서 실시된다. 면접을 보다 효율적으로 수행하기 위해서 면접에 대한 계획과 준비를 하고 실제로 면접을 실행하며 그 결과를 분석하고 평가한다.

일반적인 면접시험의 역할은 다음과 같다.

❶ 종합적인 인물의 평가
❷ 성격이나 성품의 판별
❸ 지원동기 및 의욕의 확인
❹ 지식 또는 교양 수준의 평가
❺ 말솜씨 및 두뇌 회전능력의 관찰
❻ 사상 또는 인생관의 관찰
❼ 협조성 및 지도력 등의 관찰

2) 면접의 중요성과 평가 요소

기업이 원하는 인재는 개인 중심의 사고보다는 원만한 인간관계로 성실성을 갖춘 인재를 필요로 하는데 최근 면접이 중시되고 있는 이유는 다음과 같다.

첫째, 암기 위주의 기계적인 능력보다는 잠재적인 능력과 의욕을 가진 인물을 원하기 때문이다.

둘째, 경영합리화의 방안으로 대량 채용을 지양하고 소수정예의 인원을 선발하기 위하여 일당백의 유능한 인재를 원하고 있기 때문이다.

셋째, 자신의 주관이나 개성을 살리면서도 기업의 전통과 분위기, 조직문화 등을 존중하고, 기업의 비전에 따른 자신의 변화를 할 수 있는 인재를 원하고 있기 때문이다.

넷째, 인적서비스를 중시 여기는 관광기업의 특수성으로 인하여 건강하고 밝은 성품과 대인관계가 좋은 인재를 원하고 있기 때문이다.

정부가 2017년 7월 5일 '평등한 기회 · 공정한 과정을 위한 블라인드 채용 추진방안'을 발표하면서 7월부터 322개 공공기관 전체가 블라인드 채용 전면 시행에 들어간데 이어 8월부터는 149개 지방 공기업에서도 블라인드 채용이 실시됐다. 여기에 7월 12일에는 663개 지방 출자 · 출연기관을 포함한 지방 공공기관 전체에 9월부터 블라인드 채용을 확대 시행하는 내용의 가이드라인이 발표됐다.

정부는 2015년부터 공공기관 국가직무능력표준(NCS)에 바탕을 둔 채용 제도를 도입하면서 이력서 등에 출신지와 출신 대학, 신체적 특징 등 차별적 요소로 작용할 수 있는 정보를 전형 과정에서 배제하도록 권고한 바 있다. 하지만 블라인드 채용 전면 실시 방침으로 학력 및 사진 부착 금지 등은 권고가 아닌 의무사항이 된다.

롯데그룹은 롯데 SPEC태클 오디션 시행으로 17년 상반기에만 100여 명을 채용하였다. SPEC-TACKLE오디션은 2015년부터 진행되었으며, SPECTACLE이라는 화려한 볼거리와 무분별한 스펙 쌓기에 태클을 건다는 두 가지 의미를 지닌 롯데그룹의 채용전형방법이다.

평가항목	기재항목	배제항목
직무수행능력과 역량만을 평가	지원서에는 이름, 이메일, 주소, 연락처 등 기본적인 인적사항	지원서에서 면접까지 학력이나 어학점수 등 질문금지

또한, GS리테일은 서류심사 및 면접에서 출신학교를 지운 블라인드 채용을 통해 스펙중심이 아닌 사람중심의 인재확보에 힘쓰고 있다며, 17년 상반기에 150여 명의 공개채용을 실시하였다.

평가항목	채용전형	배제항목
열정, 도전정신, 마인드, 창의적 사고를 담아낸 에세이 중심의 서류심사와 합리적 사고를 평가하는 면접심사	서류심사, 온라인인적성검사 → 집단토론, 개별면접 → 임원면접	서류와 면접에서 출신학교 배제

서류와 면접에서 출신학교를 지운 블라인드테스트를 시행하고, 스펙보다는 맡은 직무에 대한 열정과 도전정신, 긍정적인마인드와 창의적 사고에 대한 서류심사와 합리적 사고를 평가하는 면접심사 진행하였다.

자료 : 블라인드채용, 어떤 사례들이 있을까? 실력중심사회 http://blog.naver.com

한편 면접시험이 종합적인 인물평가의 성격을 지니고 있기는 하지만, 주로 다음과 같은 평가요소들을 중요시하고 있다.

❶ 인상 · 외모

❷ 건강

❸ 이해력 · 판단력

❹ 표현력

❺ 조직적응력 및 협조성

❻ 적극성 · 의욕

❼ 성실성

❽ 성장 가능성

3) 면접의 형태

선발 시 활용하는 면접은 면접 담당자 및 피면접자의 수에 따라 개별면접과 집단면접으로 분류되며, 면접의 운영방식 및 비용에 따라 비구조적 면접, 구조적 면접, 혼합형 면접이 있으며 이외에도 패널면접과 스트레스 면접 등이 있다.

(1) 개별면접과 집단면접

개별면접(individual interview)과 집단면접(group interview)은 면접 담당자와 피면접자의 수에 따라 분류되는 것으로 개별면접이든 집단면접이든 여러 가지 면접형식이 적용될 수 있다. 집단면접의 경우 면접 담당자가 질문을 하면 피면접자가 답변하는 형식으로 진행될 수도 있지만, 집단별로 특정한 문제에 대해 자유롭게 토론할 수 있는 기회를 부여하고 토론과정에서 발표태도, 리더십, 논리전개의 적합성, 적극성, 관련지식 등을 판단하여 피면접자의 적격 여부를 판단할 수 있다.

(2) 비구조적 면접과 구조적 면접

비구조적 면접(unstructured interview)은 면접 담당자가 면접을 진행하면서 자유로운 분위기에서 다양한 질문을 던지고 그에 대한 피면접자의 반응을 토대로 평가하는 면접을 말한다. 이러한 면접은 면접 담당자가 피면접자에게 각기 다른 질문을 던지기 때문에 평가결과의 신뢰성이 떨어질 수 있고 면접 담당자가 고도로 숙련되지 않으면 실효를 거둘 수 없는 방법이다. 한편, 구조적 면접(structured interview)은 면접 담당자가 미리 정해진 질문양식에 따라 모든 피면접자에게 동일한 질문을 던지고 그에 대한 반응을 기초로 평가하는 면접방법이다. 이 방법은 비구조적 면접에 비하여 지원자 간의 비교가 용이하고 신뢰성이 확보될 수는 있지만 너무 정해진 형식에만 따르다 보면 면접의 분위기를 경직화시킬 우려가 있다.

(3) 혼합형 면접

혼합형 면접(mixed interview)은 구조적 면접과 비구조적 면접을 혼합한 방법이다. 즉, 면접자가 면접의 주제를 미리 계획하고 면접을 실시하되 융통성을 가지고 실시하는 면접의 형태이다. 혼합형 면접에서 구조화된 질문들은 지원자들을 비교하는 데 활용되는 정보를 얻는데 사용되며, 비구조화된 질문들은 면접의 분위기를 보다 부드럽게 만들고 여러 지원자들이 각기 지니고 있는 독특한 차이점들을 파악하는 데 활용이 된다.

(4) 패널면접

패널면접(panel interview)은 다수의 면접자가 한 사람의 피면접자를 둘러싸고 다양한 질문을 하는 방법인데, 이는 긴장을 유발하게 할 가능성이 커서 참된 자기 모습을 피면접자가 드러내기 어려운 경우가 있다. 관리직이나 전문직에 대한 면접에 널리 활용된다.

(5) 스트레스면접

스트레스면접(stress interview)은 면접 담당자가 피면접자에게 공격적인 질문을 던지고 피면접자를 고의로 무시하고, 공격적인 태도를 취하며 어려운 문제를 부여하거나 당황하게 하여 피면접자가 이러한 상황에 어떻게 대처하며 답변하는가를 토대로 하여 감정의 안정상태, 좌절의 극복 및 인내심 등을 판단하는 방법이다. 그러나 스트레스 면접을 활용할 경우 이는 지원자에게 조직에 대한 부정적인 인상을 안겨 주어 선발 결정이 이루어진 다음에 입사를 거부하게 만들 수도 있으므로 반드시 필요한 상황에서만 활용되는 것이 바람직하다.

이상과 같은 채용절차와 방법에 의해 종업원 모집과 선발을 하게 되는데 보편적으로 볼 때 다음과 같은 입사지원자의 경우에는 선발에서 배제되어야 한다.

❶ 적절한 경력계획, 즉 회사 내에서 실현코자 하는 동기와 목적의 방향의식이 뚜렷하지 못할 때

❷ 자기 전문분야에 대한 지식이 부족해서 자질요건에 문제가 있다고 판단될 때

❸ 자신의 생각과 의지를 분명하게 표현하지 못하고 산만한 태도를 보일 때

❹ 성취행동 면에서 불충분한 점이 엿보이고 또 기타 행동 면에서도 정곡을 찌르지 못하는 경우

❺ 면접에 대한 마음의 준비가 전혀 되어 있지 않고 당해 회사에 대해서도 아무런 관심을 가지고 있지 않을 때

❻ 관심과 열의가 없고 무차별적인 태도를 보일 때

❼ 오만하고 공격적이고 자만하며 냉담할 때

❽ 최상의 보상제공에 관심을 나타냄으로써 지나치게 돈만을 의식하고 이를 중요시할 때

❾ 일 그 자체에 대해서는 거의 관심이 없어 보일 때

❿ 기초부터 닦아나가려는 의지가 없고 한꺼번에 큰 것을 이루려는 비현실적인 태도를 보일 때

⑪ 변명을 잘 하고 애매한 태도를 보이는 경우

⑫ 신뢰감을 갖지 못하는 태도와 몸의 자세가 불안정하고 미성숙한 자일 경우

⑬ 외모가 단정하지 못한 경우에 선발에서 배제해야 한다.

표 5-3 **면접의 종류**

구분기준	면접 종류	내용
면접 내용에 의한 구분	계획적 면접	지원자들이 직무를 수행할 때의 잠재적인 성공이나 실패의 가능성을 알려 줄 수 있는 단서를 밀도있게 찾고자 하는 면접
	정형적 면접	표준화된 포괄적 질문 형식을 통해 면접대상자의 배경, 지식, 동기 등을 탐색하는 방법
	스트레스 면접	피면접자를 수세에 몰리게 하여 그로 하여금 당황하도록 함으로써 스트레스를 견디는 정도를 테스트하는 면접
	패널 면접	3명 이상의 면접자와 1명의 피면접자가 있는 상태에서 이루어지는 방식으로 전문직이나 관리직 선발에 쓰이는 방법
면접 방식에 의한 구분	개인 면접	지원자의 인품을 파악하기 위하여 1인의 피면접자를 대상으로 실시하는 면접
	집단 면접	지원자의 사회성을 중점적으로 파악하기 위하여 6~7명씩 grouping하여 토론을 벌이게 함으로써 이루어지는 면접 방법
면접자에 의한 구분	실무자 면접	일반 사원 등 실무자들이 면접자가 됨으로써 동료로서의 적합성 등 지원자의 다양한 측면에 대하여 심층적인 평가를 위해 실시하는 면접
	경영자 면접	전통적인 면접방법으로 인사담당임원 등 경영진이 면접자가 되어 지원자의 기본 소양, 품성 등의 평가를 위해 실시하는 면접

기존면접의 경우 취미, 성장배경, 학력 등 직무와 관려없는 질문으로 이루어진 비구조화된 면접이었다면 최근 면접경향에서 활용되는 블라인드 면접의 경우 편견이 개입될 수 있는 인적사항을 삭제하고 공정하게 실력 또는 직무능력으로 평가하는 면접을 실시하기도 한다.

표 5-4 **면접 평가표의 예**

면 접 평 가 기 준 표

수험자 성명 : **수험번호 :** **응시직종 :**

면접항목	Check Point	평정척도 A	B+	B	C	D
용 모	복장, 품위, 표정, 인상, 호감의 유무					
건 강	건강상태, 혈색					
태 도	침착하고 진지한 태도					
표 현 력	• 자연스럽고 분명한 표현 • 적절한 용어구사 • 생각을 충분히 전달하는가 • 간결 · 정확히 말하는가					
판 단 력	• 바르게 즉시 이해하는가 • 적절한 판단을 하는가					
성 품	• 젊은이 다운 기백이 있는가 • 궂은 일을 자진하여 실행할 성격인가 • 난관을 극복할 성격인가 • 활동적인가 • 성실성					
협 조 성	• 대인관계 • 가족관계(가정환경)					
인 생 관	• 사회와 사물에 대한 시각 • 사고방식의 건전성 • 장래에 대한 비전의 유무 • 의욕					
취미 · 특기						
일반 상식	• 일반상식 : 시사상식의 유무					
전공 지식						
합 계						
입사 동기 지원자						
희망사항						

판 정	면접자 서명
	성 명 : (인)

■평가기준

등급	평가기준	배점
A(우수함)	모든 면에서 우수하여 꼭 확보하고 싶은 사람	10
B+(양호함)	대체로 양호한 편이며 합격시켜도 좋음	7
B(보통임)	보통수준이며 합격시켜도 별 문제가 없어 보임	5
C(미흡함)	약간 미흡한 감이 있으며 합격은 재고해 봐야 함	3
D(모자람)	문제가 있어 보이므로 합격시키기에는 곤란함	0

일반적으로 기업에서는 경험면접(역량면접)을 하게 되는데 직업기초능력에 대한 질문을 통하여 필요한 확인하므로 특히 기업의 인재상과 결부하여 면접준비를 하는 것이 바람직하다.

Excellence in Flight

KOREAN AIR

2017년도 신입 객실승무원 모집

국내외 항공 운송 및 항공기의 제조, 판매, 정비, 수리, 기내식의 제조, 판매, 면세품의 판매를 하고 있습니다.

모집부분 및 자격요건

신입 객실승무원

[지원자격]
- o 해외여행에 결격사유가 없고 병역필 또는 면제자
- o 교정시력 1.0 이상인 자
- o 기 졸업자 또는 2018년 2월 졸업예정자
- o TOEIC 550점 또는 TOEIC Speaking LVL 6 또는OPIc LVL IM 이상 취득한 자
- 2015년 8월 15일 이후 응시한 국내시험에 한함

전형절차

서류전형 > 1차면접 > 2차면접 > 3차면접 > 건강진단 > 최종합격

합격자 평균 분석

3.6/4.5	816점	Lv6	IM1	1.2개
학점 87% 보유	토익 56% 보유	토익스피킹 14% 보유	OPIC 2% 보유	외국어(기타) 8% 보유
1.9개	**1.2회**	**1.1회**	**1.6회**	**1.5회**
자격증 31% 보유	해외연수 29% 보유	인턴 15% 보유	수상내역 7% 보유	교내/사회/봉사 16% 보유

자료 : 잡 코리아 http://www.jobkorea.co.kr

근무환경

- 근무형태 : 인턴(2년간 인턴으로 근무 후 소정의 심사를 거쳐 정규직으로 전환)
- 근무지 : 서울 강서구

접수기간 및 방법

- 접수기간 : 2017년 7월 21일(금) ~ 8월 1일(화) 18:00
- 접수방법 : 홈페이지접수

※ 우편, 방문 접수 및 E-mail을 통한 접수는 실시하지 않습니다.

제출서류

(3차 면접 전형시 제출)

ㅇ 어학성적표 원본 1부.

ㅇ 최종학교 성적 증명서 1부.

ㅇ 졸업(예정) 또는 재학 증명서 1부.

- 석사 이상 학위 소지자는 대학 이상 전 학력 졸업 및 성적 증명서 제출

ㅇ 기타 자격증 사본 1부.

- 소지자에 한함

※ 제출하신 서류는 채용 목적 외에는 사용하지 않습니다. 또한 제출된 서류는 최종합격 발표일로부터 14일 이내에 '채용서류 반환청구 신청서'를 작성하여 제출 시 반환하여 드리며, 반환되지 않은 서류는 14일 경과 후 파기합니다. 반환신청이 접수된 서류는 신청일로부터 2주 이내에 등기우편으로 발송됩니다. 최종합격자는 제출서류 반환신청 불가합니다.

- 반환청구 신청서 제출처 : recruit@koreanair.com
- 반환청구 신청양식 다운로드 : https://recruit.koreanair.co.kr 內MY PAGE

기타 유의사항

ㅇ 국가 보훈 대상자는 관계 법령에 의거하여 우대합니다.

ㅇ 영어 구술 성적 우수자는 전형 시 우대합니다.

ㅇ 태권도, 검도, 유도, 합기도 등 무술 유단자는 전형 시 우대합니다

ㅇ 2년간 인턴으로 근무 후 소정의 심사를 거쳐 정규직으로 전환 가능합니다.

ㅇ 서류전형 합격자는 8월 14일(월) 채용 홈페이지에 공지 예정입니다.

ㅇ 상기 일정은 당사 사정에 따라 변경될 수 있습니다.

ㅇ 원서 접수 마감일에는 지원자 급증으로 접속이 원활하지 않을 수 있으므로 조기에 원서 제출하시기 바랍니다.

Excellence in Flight

KOREAN AIR SKYTEAM

자료 : 잡 코리아 http://www.jobkorea.co.kr

모두투어
MODE TOUR

○ 전형절차

지원서접수 > 서류전형 > 면접전형 > 합격

모집분야 및 자격요건

[모집부문]
1) 영업부문
2) 상품부문
3) 마케팅부문
4) 지원부문

[직무설명]
1) 영업부문
▣ 대리점영업관리 : 대리점을 대상으로 한 영업관리 업무를 진행함으로써 여행상품 판매를 위해 고객의 욕구에 부합하는 여행관련 상품 정보를 제공하고 BP 계약 및 운영하여 계약에 도달할 수 있게 하는 직무 (대리점관리, 여행상품 판매, 영업망 관리 등)
▣ 제휴영업관리 : 여행사가 아닌 제휴업체를 개발, 제휴조건 및 공동 마케팅 운영에 관해 협의 후 제휴 해당업체와 제휴약정을 체결하여 전략적 제휴를 통해 영업관리 업무를 진행함으로써 여행상품 판매를 극대화하는 직무
(영업프로모션 기획, 여행상품판매, 영업망 관리, 제휴계약체결 등)

2) 상품부문
▣ 상품기획 : 시장조사, 원가분석, 상품성 검토 등을 통해 고객의 요구를 충족시키고 경쟁력있는 여행 상품을 기획하고 단체관리와 원활한 상품운영을 통해 서비스품질을 제고 및 매출을 극대화하며 여행서비스에 대한 공급망 관리를 하는 직무 (여행상품 기획 및 개발, 여행상품 관리)
▣ 항공수배 : 여행상품 관련 항공노선을 확보 및 유지하고, 신규 노선정보를 관리하는 등 항공좌석 수급의 안정성을 확보하며 항공운영 전반의 업무 수행하는 직무

3) 마케팅부문
▣ 마케팅 : 기업의 비전을 달성하기 위한 브랜드 가치 향상에 기여하는 브랜드 관리 직무, 고객과의 지속적이고 행복한 관계를 유지하여 고객 만족을 극대화 하는 CRM, 고객의 NEEDS를 분석하여 사업부에서 진행해야 할 마케팅 전략을 수립하고 본부별 생산성 향상을 위한 기획 활동을 주로 다루는 마케팅기획 등의 직무
▣ 홍보 : 광고 및 홍보활동을 기획하고, 브랜드관리 및 고객관리를 통해 매출 증가, 브랜드 이미지 상승효과를 산출하는 방식으로 조직의 이익에 기여하며 고객만족을 실현하는 업무를 수행하는 직무

4) 지원부문
▣ 총무 : 전체 조직원의 업무 수행에 필요한 사무공간의 관리(임차관리, 신설, 이전) 및 고정자산(토지, 건물, 기계장치)을 관리한다. 뿐만 아니라 4대 보험 및 경조금 관리 업무를 수행하며, 사무실에 필요한 집기 비품 및 통신 등의 구매 및 관리를 통하여 자산의 보존 및 조직원의 효율적 담당업무를 가능하도록 지원하는 직무
▣ 인사 : 회사 구성원들의 입사에서 퇴사까지 전 과정에 참여하고, 기업의 미래 성장 동력과 경쟁력을 확보하고 성과를 창출하기 위한 인력의 효과적 운용을 담당하며, 탄력적인 조직관리 및 선진 인사제도 개발을 통해 건전한 조직문화를 정착시키는 직무

[근무지역]
1) 서울수도권 : 영업부문
2) 본사 : 상품부분, 마케팅부문, 지원부문

자료 : 잡 코리아 http://www.jobkorea.co.kr

하나투어 인턴십 프로그램

- 인턴기간 : 8월 ~ 10월 (총 3개월)
- 프로그램 : 오리엔테이션 → 현장근무(부서로테이션1회)+과제수행+면접 → 평가 → 공채전환여부 결정

하나투어 2017년 대졸 공채연계형 인턴

공통사항	자격요건	• 4년제 정규대학교 이상 학력의 기 졸업자 및 2017년 8월 졸업 예정자 • 전공제한 없음 • 남성지원자의 경우 군필 또는 군면제자 • 해외여행에 결격 사유가 없는자
	우대사항 (공통)	• 관광통역안내사 및 여행업관련 자격증 소지자 • 제 2외국어 능통자 • 공모전 및 각종대회 수상 경력자 • 국가보훈대상자 및 장애인

모집분야	채용인원	관련직무	분야별 우대사항 및 키워드
영업	00명	대리점영업 항공영업 영업지원	• 영업분야에 관심이 많고, 적극적이고 진취적인 성격의 소유자 • 서비스 마인드, 고객중심사고, 커뮤니케이션 능력을 갖춘자 # 적극적 # 서비스마인드 # 홀세일러 # 글로벌 비즈니스
상품개발기획	00명	상품MD	• 해외체류 경험이 있고 해당지역에 대한 전문지식을 가지고 있는자 • 영어를 포함한 제2외국어 능통자 # 여행홀릭 # 제2외국어 # 지역전문가 # 크리에이티브

자료 : 잡 코리아 http://www.jobkorea.co.kr

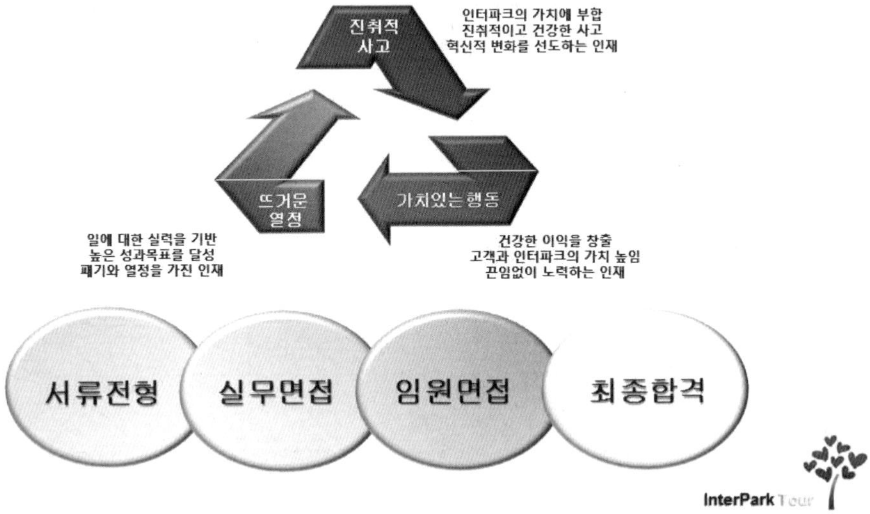

자료 : 인터파크 투어 http://recruit.interpark.com

■도움이 되는 취업 정보 사이트

취업정보	사이트
노동부 워크넷	http://www.work.go.kr
스카우트	https://www.scout.co.kr
사람인	http://www.saramin.co.kr
엘리트 코리아	https://www.elitekorea.com
잡코리아	http://www.jobkorea.co.kr

■공공기관 취업 정보

취업정보	사이트
NCS 능력중심채용	http://www.ncs.go.kr
한국산업인력공단	http://www.hrdkorea.or.kr
월드잡	https://www.worldjob.co.kr
매일경제헬로잡	https://www.hellojob.com
창업넷	http://www.k-startup.go.kr

제6장

인사고과제도

관광인적자원관리

제6장

인사고과제도

제1절 인사고과의 의의

인사고과는 일반적으로 근무평정(performance rating)이라고 불리는 것으로 종업원평정(employee rating), 능률평정(efficiency rating), 성적평정(merit rating) 또는 업적평정(performance appraisal) 등과 같이 다양하게 불리고 있는데 종업원의 업무수행상의 업적과 이를 통한 미래의 잠재적 능력을 상위자로 하여금 측정 · 평가하도록 하는 제도로서 종업원의 실무능력, 성격, 적성 및 장래성 등이 판정된다.

호텔기업의 인사고과는 1980년에 한국관광협회가 주관하여 관광호텔 전 종업원에게 적용하여 실시하려고 했었으나 주위의 반발과 사회적인 여러 가지 여건에 부딪혀 그 실현을 보지 못하였으며, 현재 호텔별로 인사고과표를 만들어 승진이나 인사이동에 참고자료로 활용하고 있다. 따라서 기업의 인사고과표는 획일적으로 적용될 수 없으며 각기 관광기업의 여건과 특성에 따라 실시하여 관리하고 있다.

모든 제도가 그러하듯이 인사고과제도도 하나의 관리제도로서 이것이 성공하기 위해서는 공정하고 객관성이 있어야 하며, 신뢰성이 있고 납득할 수 있어야 하여 기업특성과 실정에 맞는 독자적인 것이어야 한다. 특히, 호텔 · 외식산업에 있어서는 다른 산업과는 달리 노동집약적이고 높은 이직률로 인하여 효과적인 인사고과방법이 더욱 절실하다.

인사고과의 요소로는 업무지식, 협조성, 책임감, 근면도, 작업량 및 작업의 질 등이 있는데 어떤 요소를 고과기준으로 택하느냐에 따라 인사고과의 결과는 달라진다.

1. 인사고과의 목적

인사고과는 호텔 종업원의 근무실적이나 능력, 성격, 적성 등 모든 근무성적을 질서 있게 조직적으로 파악해서 평정하는 절차이며 인사관리상의 제 문제 해결에 대한 자료를 만들어 종업원의 자질 향상과 사기 앙양을 도모하는 데 그 목적이 있다. 그러므로 인사고과는 승급의 결정, 상여의 결정, 승진의 결정, 배치이동의 결정, 교육훈련의 기준 및 상벌 등의 기준을 결정하기 위한 것이다.

요컨대, 인사고과는 일반적으로 종업원이 얼마나 열심히 일하고, 업적을 올리고, 능력을 지니고 있는지를 평가하여, ① 승진 · 승격, 배치이동 등과 관련한 신분상의 의사결정, ② 인재를 육성개발하기 위한 교육훈련상의 의사결정, ③ 승급, 인센티브 및 복지후생 등과 같은 처우상의 의사결정을 하기 위한 기준으로 활용된다.

인사고과의 구체적인 목적은 다음과 같다.

1) 종업원의 적정배치 및 이동

종업원의 적성 · 능력 등을 가능한 한 정확히 평가하여 적재적소의 배치 및 이동을 함으로써 종업원을 효율적으로 활용한다.

2) 능력개발

종업원의 현재능력 및 잠재능력을 평가하여 기업의 요구 및 종업원 각자의 성장의 기회를 충족시킨다.

3) 근무태도 파악

종업원 개개인의 근무태도를 파악하고, 이것에 기초하여 보상과 처벌의 대가를 지급함으로써, 종업원의 모티베이션을 자극한다.

4) 공정한 대우

종업원의 능력 및 업적을 평가하여 급여 · 상여 · 승격 · 승진 등에 반영함으로써 보다 적정한 대우를 실시하며, 사기앙양과 동기부여를 통해 업무성적의 증진에 이바지한다.

그림 6-1 **인사고과의 목적**

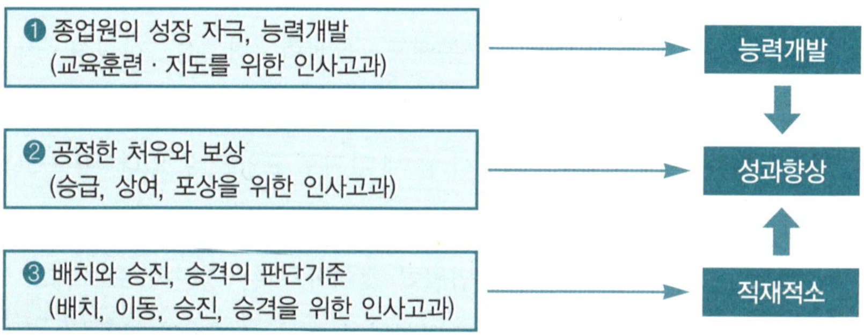

이외에도 ① 인적자원계획 ② 성과피드백 ③ 근로의욕증진 ④ 각종 인적자원관리 활동의 입력자료로 활용하는 목적이 있다.

지금까지의 인사고과는 과거지향적인 입장에서 과거의 실적에 대한 차별적인 상벌시행의 기초자료로서 상여금 지급 · 승급 · 해직순위 · 복직순위 등 통제적 목적에 주로 활용하였다. 그러나 현대적인 인사고과는 미래지향적인 입장에서 개인의 육성과 적재적소에의 배치 등 적극적인 능력개발의 활용에 그 목적이 있으며, 교육훈련 · 성취동기부여 · 배치전환 · 인력개발 · 경력개발 및 조직개발 등 비통제적 목적에 주로 활용된다.

그림 6-2 **고과시스템과 활용 방안**

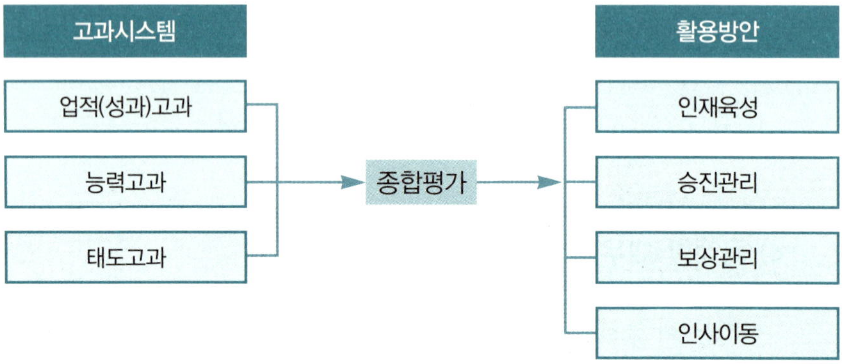

2. 인사고과의 요소

인사고과의 요소는 인사고과에서 평가할 대상 항목들을 말한다. 고과요소는 양적 성과와 질적 성과 · 근무태도 · 솔선력 · 협조성 · 신뢰성 · 직무지식 · 적극성 · 창의성 · 판단력 등 다양하다. 그러나 이들 요소들은 업무성과 · 업무수행태도 · 업무수행능력 등 세 가지로 요약할 수 있다. 어느 고과요소에 비중을 두고 평가하는가는 조직과 목적에 따라 다르다.

예를 들면, 서비스 산업 종업원이 갖춰야 하는 정신적 요건인 스키치(SCEECHH)정신이 평가요인으로 반영될 수 있다. 스키치란 서비스(service), 청결성(cleanness), 능률성(efficiency), 경제성(economy), 예절성(courtesy), 환대성(hospitality), 정직성(honesty)을 의미하는 것으로 호텔, 외식산업, 여행업 등 관광산업 전반에서 평가요소로 활용된다.

표 6-1 **인사고과요소의 예**

평가구분)	평가항목	평가요소
업무성과	업적달성도 : 양적 성과, 질적 성과 업무 처리내용 : 정확성, 신속성 섭외활동실적 : 유대관계유지 및 목적달성 정도	성과평가요소
업무수행태도	책임감 : 자부심, 헌신도, 노력 정도 품서 : 모범성, 공정성	태도평가요소
업무수행능력 (잠재능력 포함)	업무추진력 : 의욕, 적극성 지도통솔력 : 통솔능력 개발 및 업무능률 향상 판단 · 처리력 : 판단 및 처리능력 기획 및 창의력 : 기획력, 아이디어 창출능력	능력평가요소

표 6-2 **호텔 · 외식산업 종업원의 평가요소**

호텔	외식산업	
• 외모 • 신뢰성 • 경력 • 긍정적 태도 • 직업윤리 • 인성 • 기술 • 서비스 • 의지 • 안정성 • 자질 • 이동능력(transferability) • 팀워크(협동) • 정직성	• 의존성 • 인성 • 융통성 • 외모 • 정직 • 정력 • 경력 • 매너 • 야망 • 미소 • 자존심 • 성실성	• 생산성 • 안정성 • 지적 능력 • 서비스 태도 • 직업윤리 • 고객 인지력 • 긍정적 태도 • 의사소통 능력 • 배우고자 하는 의지 • Teamwork • 솔선수범(self-starter)

제2절 인사고과의 방법

인사고과 방법은 공개여부에 따른 분류, 고과주체에 따른 분류, 평정기법에 따른 분류 등으로 구분할 수 있다.

1. 고과자에 의한 고과방법

1) 자기고과

자기고과(self appraisal) 방법은 자기신고라고도 하는데, 자기가 자기 스스로를 평가하는 방법이다. 이는 능력개발을 목적으로 하며, 개인이 가진 결함의 파악과 개선에 효과가 있기 때문에 많은 조직에서 상위자가 고과를 할 때 참고자료로 사용한다.

2) 상위자에 의한 고과

이 방법은 직속상사가 하위자를 고과하는 것으로, 상위자는 하위자를 비교적 잘 알고 있는 장점이 있으나 고과가 주관적으로 되기 쉽다. 실제로 거의 모든 고과가 이에 속하며, 수직적 · 하향식 고과라 할 수 있다.

3) 동료에 의한 고과

이 방법은 동료가 동료를 평가하는 것으로, 상사보다는 동료가 더 정확히 평가할 수 있으므로 동료들에 의한 평가가 가장 적절할 수도 있다. 특히, 호텔이나 외식산업에 있어서 팀워크의 역할이 중요하고 다른 종업원들과 접촉하는 빈도가 많기 때문이다. 그러나 동료들은 친구로서 혹은 경쟁자로서 편파적으로 평가할 수 있으므로 동료에 의한 평가는 반드시 상위직급의 관리자에 의한 평가를 수반할 때 유용성이 있다. 이는 수평적 고과라 할 수 있다.

4) 하위자에 의한 고과(부하에 의한 고과)

하위자가 상위자를 고과한다는 것은 상위자로서 볼 때 내키지 않는 일이고, 하위자는 보복을 두려워하기 때문에 아직 보편화되어 있지는 않다. 이 방법은 부하직원의 평가 결과를 가지고 관리자의 해고를 결정하지는 않지만 관리자 개발의 목표달성을 위해서는 좋은 방법이다. 부하에 의한 고과의 성공여부는 종업원, 관리자 그리고 조직에 대한 신뢰에 달려있다. 그러므로 부하직원에 의한 고과는 반드시 계량화되어 있어야 한다.

5) 인사관리 전문가에 의한 고과

인사고과의 객관성을 유지하기 위해 고과전문가에게 맡기는 것으로, 현장토의법이나 평가센터(assessment center)법에 의한 고과 등이다.

6) 고객에 의한 고과

호텔 · 외식산업 관리자는 고객을 만족시키는 것이 서비스 조직의 최고의 목적이므로 고객에 의한 평가가 가장 최선의 방법이라고 생각할 수도 있다. 이러한 고객평가는 종업원의 교육훈련이 필요한 때를 결정하는 유용한 방법이다. 고객에 의한 평가는 평균보다 극단적으로 강조되는 경향이 있고 또한 정확한 직무의 책임을 지우기가 어렵다.

표 6-3 **자기고과의 예**

자 기 관 찰 표

20 년 월 일

<table>
<tr><td>1. 직무 만족도(표기방법의 해당항목 선택기재)
(1) 업무의 양은? ( )
(2) 업무의 질은? ( )
(3) 직무수행 시 나의 능력발휘도는? ( )
(4) 업무상 나의 재량권은? ( )
(5) 업무에 대한 나의 흥미는?( )
(6) 종합적인 현직무의 만족도는? ( )</td><td>* 표기방법
A : 매우 많다(높다, 좋다)
B : 많다
C : 보통
D : 적다(낮다, 나쁘다)
E : 매우 적다(낮다, 나쁘다)</td></tr>
<tr><td colspan="2">2. 전환 배치 희망
(1) 희망 직무 또는 부서 / 업장 :
(2) 전환 배치 희망시기
- 3개월 이내( ) - 6개월 이내( ) - 1년 이내 ( )
(3) 전환 배치 희망 사유 :</td></tr>
<tr><td colspan="2">3. 자기개발
(1) 지난 6개월 동안 자신의 능력개발을 위해 특별히 관심을 두고 연구했거나 학습했던 분야는?

(2) 향후 자신의 능력개발을 위해 특별히 연구하고 교육받고 싶은 분야가 있다면?</td></tr>
<tr><td colspan="2">4. 고충 및 애로사항 :</td></tr>
<tr><td colspan="2">5. 건의사항 :</td></tr>
</table>

2. 인사고과기법

1) 전통적 인사고과법

(1) 서열법(ranking method)

서열법은 근무성적이나 능력에 대해 피고과자들을 비교하여 순위를 정하여 평가하는 방법이다. 종업원비교법, 성적순위법 또는 우열순위법이라 불리기도 하는데 고과요소별로 서열을 정하여 이를 종합평가하는 단순서열법(straight ranking method), 가장 우수하거나 가장 열등한 사람을 뽑고 나머지 사람들 중에서 또 우수한 사람들을 뽑아나가는 교대서열법(alteration method) 그리고 두 사람씩 쌍을 지어 비교하면서 서열을 정하는 쌍대비교법(paired comparison method) 등이 있다. 이 방법은 도입과 실시가 용이하고 비용이 적게 들어 많이 이용되나 평가대상이 너무 많거나 적어도 곤란하며, 같은 직무 외에는 비교하기가 곤란하다. 또한 중간 이하의 평가를 받은 피고과자에게 심각한 영향을 주어 사기저하 및 능률저하를 초래할 수 있다.

표 6-4 서열법의 예

고과요소 / 피고과자	직무의 양	직무의 질	서비스	환대성	청결성	지식 기능	합계	순위
A	1	4	3	5	2	4	19	4
B	3	1	2	3	5	1	15	1
C	4	3	4	2	1	3	17	2
D	2	5	5	1	3	5	21	5
E	5	2	1	4	4	2	18	3

(2) 평정척도법(ranking scales method)

이 방법은 고과방법 가운데 가장 오래되었고 널리 사용되어온 방법으로서, 평가요소마다 주어진 측정척도에 따라 수, 우, 미, 양, 가 또는 A, B, C, D, E 등으로 피고과자에 대한 평가를 표시하는 방법이다. 이 방법은 계량화가 가능하고 가중치를 부여하여 분석적 고과를 할 수 있는 반면, 고과요인의 선정과 구성이 어려우며 서열자료의 계량화하는 문제 등이 있다.

표 6-5 **평정척도법 예**

	1	2	3	4	5
직무수행 기술능력	우수	양호	평균	평균미달	불량
직무수행 행동능력	우수	양호	평균	평균미달	불량
출근율	우수	양호	평균	평균미달	불량
동료들과의 협동심	우수	양호	평균	평균미달	불량

(3) 대조 리스트법(check-list method)

이 방법은 미국의 프로브스트(V.B.Probst)가 고안한 것으로 종업원을 평정하는 데 있어서 적절하다고 판단되는 평가의 표준행동을 미리 리스트로 작성해 두고, 이 리스트에 따라서 특정 개인의 행동을 단순히 긍정 또는 부정만을 파악하여 예, 아니오로 체크함으로써 개인을 평가하는 방법이다. 평가항목에 가중치를 부여하기 때문에 가중대조표법이라고도 하는데, 항목의 비중은 고과자에게 비밀로 하는 것이 보통이다. 이 방법은 타부서와 비교가 가능하고, 고과요소가 실제의 일과 밀접하여 판단하기 쉬운 반면, 행동견본의 선택이 어렵고, 점수화 절차가 복잡하다.

표 6-6 대조리스트법의 예

고과요소	가(yes)	부(no)
1. 근무시간을 잘 지킨다.		
2. 책임감이 있다.		
3. 자기개발에 노력한다.		
4. 팀워크에 적극적으로 기여한다.		
5. 업무관련사항을 완전히 파악하고 있다.		

(4) 강제 할당법(forced distribution method)

이는 고과의 범위와 수를 정해놓고 피고과자를 소정의 비율에 맞추어 할당하는 방법으로 강제선택법이라고도 한다. 따라서 이것은 피고과자의 수가 많다고 할 때 고과결과가 정규분포를 이룰 수 있다는 가정 하에서 채택되는 방법이다. A 10%, B 20%, C 40%, D 20%, F 10%와 같은 비율로 배정하여 평가하는 방법이 그 보기이다. 이 방법의 목적은 고과자의 중심화경향이나 관대화 경향을 방지하는데 있다. 그러나 피고과자 집단 간에 능력의 차이가 심할 때와 능력수준이 아주 비슷할 때에는 합리적인 고과가 되지 못한다.

2) 현대적 인사고과법

(1) 자기 신고법(self description method)

이 방법은 전통적인 고과방법에서 고과자가 피고과자를 객관적으로 평가하는데는 한계가 수반되기 때문에, 피고과자 자신이 자기신고서를 작성하게 함으로써 자신의 참모습을 직장인의 관점에서 스스로 평가할 수 있도록 한 방법으로 자기평가(self appraisal)방법이라고도 한다. 오늘날 많은 기업에서 이 방법을 통하여 개인의 업무수행능력이나 업적, 기타 문제점을 체크하고 이를 자기계발에 활용토록 하고 있으나 이 방법 역시 주관적인 특성을 나타낸다든지 할 경우 신뢰성에 문제가 된다. 그러나 이 방법은 성취목표와 평가기준을 개인이 잘 알고 있을 때 스스로의 업적을 평가해보도록 함으로써 자기계발의 효과를 얻을 수 있기 때문에, 종업원 동기부여를 기대하는 상사들은 부하의 교육 · 훈련 목적으로서 이를 널리 이용한다.

(2) 중요사건 서술법(critical-incident appraisal method)

이 방법은 피고과자가 평소에 보여준 주요한 사건을 유심히 관찰 · 기록해 두었다가 고과자료로 활용하는 기법으로 중요사례기법이라고도 한다. 예를 들면, 피고과자가 중요한 전화내용을 잊었다거나 불손한 태도로 고객을 대함으로써 호텔 이미지를 훼손하는 등 바람직하지 않은 행동을 하거나 또는 사전에 중요한 결함을 발견하여 예방조치를 함으로써 기업 손실이나 목표달성에 공헌을 하는 등 바람직한 행동을 한 경우를 말한다.

표 6-7 중요사건 서술법의 예

<table>
<tr><th colspan="3">바람직하지 못한 사실</th><th colspan="3">바람직한 사실</th></tr>
<tr><td colspan="6">〈항목 : 기민성〉</td></tr>
<tr><td colspan="3">a : 문제를 잘 몰랐다.
b : 문제의 원인을 간과했다.
c : 특정상황을 알지 못했다.</td><td colspan="3">A : 발생과 더불어 알았다.
B : 문제의 원인을 알았다.
C : 문제가 될 상황을 알았다.</td></tr>
<tr><td>일시</td><td>항목</td><td>발생할 사실</td><td>일시</td><td>항목</td><td>발생한 사실</td></tr>
<tr><td></td><td></td><td></td><td></td><td></td><td></td></tr>
<tr><td></td><td></td><td></td><td></td><td></td><td></td></tr>
<tr><td colspan="3">- 적색으로 기입
- 긴급을 요하는 보고임에도 긴급조치를 취하지 않았다.</td><td colspan="3">- 청색으로 기입
- 즉시 보고함으로써 상황의 악화를 사전에 방지하였다.</td></tr>
</table>

이 방법은 고과자가 특정한 행위의 예를 가지고 종업원에게 피드백할 수 있으므로 종업원 개발목적을 위해서는 가치가 있다고 볼 수 있다. 따라서 이 기법을 효율적으로 활용하기 위해서는 종업원들에게 고과대상 행동이라든가 평소의 직장생활 태도 등에 관하여 주의를 환기시키고, 특히 실패의 경험으로 기억될 주요사건에 관하여는 수시로 피드백을 해주어야 한다. 이 방법은 장기간에 걸쳐 부하를 평가하므로 효율적인 평가가 가능한 반면, 실패한 사건에 매달려 부하를 평가한다거나 수시 평가를 해야 하기 때문에 심리적인 부담이 많고, 복잡한 업무나 부하의 수가 많을 때 평가의 어려움이 있다.

(3) 행위기준고과법(BARS : behaviorally anchored rating scales)

이 방법은 평정척도법의 결점을 보완하기 위한 시도에서 개발된 것으로 중요사건 서술법과 평정척도법을 결합하여 평가의 정확성과 타당성을 높이려는 것이다. 이 방법은 직무에서 요구되는 효과적인 또는 비효과적인 중요한 사실들을 추출하여 행동기준을 마련하므로 행동기대고과법(behavioral expectation scales)이라고도 한다. 이 방법에 의한 평가를 할 경우 직무를 중심으로 관찰 가능한 행동에 기초하여 평가할 때 유효성을 기대할 수 있다.

이 방법에 의해 평가할 경우 피고과자는 실제로 자신이 수행하는 직무의 중요한 내용을 대표하는 표본으로 구성되어 있는 성과영역에서 평가를 받으므로 타당성이 높아지게 되며 구체적인 장점은 다음과 같다.

❶ 특정 직무를 중심으로 구성되었기 때문에 직무에 대한 구체적 기준이 무엇인지 명확히 알 수 있다.
❷ 비교적 이용하기가 쉬우며, 보다 객관적이고 정확한 평가가 가능하다.
❸ 여러 고과자들에 의한 평가의 일관성을 증가시킨다.
❹ 중요사건법을 활용하므로 피고과자에게 유용하게 피드백된다.
❺ 평정척도법보다 신뢰성이 있다.
❻ 종업원의 강점과 약점에 대한 보다 유용한 정보를 제공한다.

한편, 이 방법 역시 다음과 같은 한계가 있다.

❶ 평가척도를 개발하는 데 많은 시간과 비용이 소요된다.

❷ 결과가 아닌 직무행위를 측정한다.

❸ 직무가 자주 바뀌는 경우 적용하기가 곤란하다.

❹ 소규모기업에 적용하기 어렵다.

표 6-8 **행위기준고과법 예**

기준행동	거의 그렇지 않다	그렇지 않다	보통 이다	그렇다	거의 항상 그렇다
1. 계산대 뒤에서 휴대폰을 보고 있다.	1	2	3	4	5
2. 고객이 접근해 오자마자 동료직원과의 이야기가 멈춘다.	1	2	3	4	5
3. 음식 주문이 되고 난 후 곧 고객에게 음료수를 제공한다.	1	2	3	4	5
4. 손으로 머리를 만진다.	1	2	3	4	5
5. 고객이 거스름돈을 요구해도 미소로 대한다.	1	2	3	4	5
6. "과일을 드시겠습니까?" 등과 같이 제안을 한다.	1	2	3	4	5
7. 고객이 들을 수 있는 거리에서 동료직원에 관하여 불평한다.	1	2	3	4	5

(4) 자유서술법(essay)

이 방법은 종업원의 업적을 고과자가 간단한 이야기체로 기술하는 업적평가의 방법이다. 이 방법은 일상적인 매일 매일의 업적보다는 종업원의 업무에 있어서 극단적인 행동에 초점을 두고 평가하는데, 이 방법은 고과자가 기술능력을 갖추었을 때 이용된다.

(5) 목표관리법(MBO : management behavior object method)

이 방법은 종업원이 상사로부터 각종 정보를 제공받아 자신의 목표를 측정 가능한 목표로 설정하고, 상사와 협의하여 조직목표와 비교 수정하여 목표를 확정하고 업무를 수행하며, 기말에 업무수행과정과 결과를 목표와 비교 평가하고 상황적 요인을 검토하며, 문제점 및 개선점을 공동으로 검토하는 방법이다. 이 방법은 피고과자의 참여로 동기가 부여되고 목표와 책임이 명백하여 피고과자의 전반적인 능력을 고과할 수 있는 것이 장점인 반면, 시간 · 비용 · 노력이 많이 든다는 것이다. 이 방법의 주요 과정은 다음과 같다.

표 6-9 MBO 평가의 예

호텔 : 조사기간 :	관리자의 이름 : 조사자 :	
성과목표	결과의 측정기준	결과
(1) 시장점유	판매객실 수	3% 증가
(2) 고객서비스	긍정적인 고객의견 비율	90~94% 증가
(3) 객실판매이익	객실 부서의 수익	1% 증가
(4) 종사원 사기	불평비율	5% 감소
(5) 교육개발	교육완료 수	10% 증가
(6) 건강과 안전상태의 유지	사고의 수	10% 감소
(7) 호텔 외부관계 유지	리더위치의 수(호텔 외부)	변화없음

❶ 공동목표의 수립

고과자와 피고과자가 고과기간 동안 달성할 목표를 함께 수립한다. 이때의 목표는 일상목표(routine goal), 혁신적 목표(innovative goal) 그리고 개인적 개발목표(personal development goal)로 구성된다.

❷ 정기적 피드백(periodic feedback)

정기적으로 업적결과와 목표달성도를 고과자와 피고과자가 공동으로 분석함으로써 필요 시 목표달성을 위한 대안을 강구한다.

❸ 기말평가(evaluation at the end)

기말에 고과기간 중의 성과목표와 실적을 비교함으로써 그 차이와 원인을 공동으로 분석 · 평가하고, 이들 미래 목표와 계획에까지 연계시켜 MBO의 사이클을 유지한다.

(6) 인적평정 센터법(HAC : human assessment center method)

평가를 전문적으로 하는 센터를 개설하고 피고과자를 며칠 간 합숙시키면서 심리검사 · 면접 · 사례연구 · 시뮬레이션 등을 실시하여 여러 명의 고과자, 심리학 전문가들에 의해 다수평정절차를 실시하는 것이다. 이 방법은 중간 경영층의 관리자 양성에 유용한 방법이다.

그림 6-2 **평가에 대한 불만**

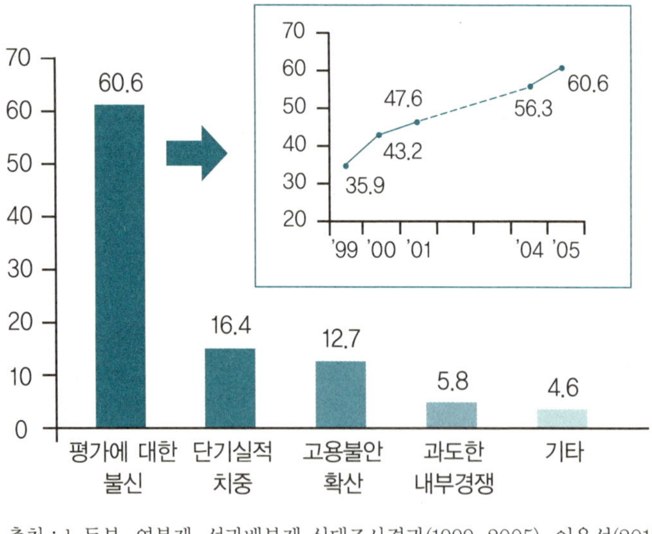

출처 : 노동부. 연봉제-성과배분제 실태조사결과(1999-2005), 이용석(2017). 인사관리시스템 3.0. 클라우드나인.

표 6-10 인사고과의 기법

방법	내용
서열법 (ranking method)	• 종업원의 능력과 업적에 대하여 순위를 매기는 방법 • 교대서열법, 쌍대비교법 등
기록법 (filling out method)	• 종업원의 근무성적의 기준을 객관적으로 정해놓고 이를 기록하는 방법 • 산출기록법, 정기시험법, 근태기록법, 가감점법 등
평정척도법 (graphical rating method)	종업원의 자질을 직무수행상 달성할 정도에 따라 사전에 마련된 척도를 근거로 하여 평정자로 하여금 체크할 수 있도록 하는 방법
대조법 (checklist method)	• 설정된 평가세부 일람표에 따라 체크하는 방법 • 프로브스트 방법(일람표에 체크만 함) • 오드웨이 방법(체크후 이유 기록)
강제할당법 (forced distribution method)	미리 정해놓은 비율에 맞추어 피고과자를 강제로 할당하는 방법(예 : 최하 10%, 하 20%, 중 40%, 상 20%, 최상 10%)
업무보고법 (performance report method)	피고과자가 업적을 구체적으로 적어서 평가를 받는 방법
중요사건서술법 (critical incident appraisal method)	기업목표 달성의 성패에 미치는 영향이 큰 중요한 사실을 중점적으로 기록, 검토하여 피고과자의 직무태도와 직무수행능력을 개선토록 유도하는 방법
자기신고법 (self-description method)	피고과자로 하여금 자신의 적성, 능력, 희망, 애로점을 기술하게 하여 인사 자료로 활용
면접법 (interview method)	피고과자의 업무수행능력과 잠재력을 면접을 통해 찾아내어서 작업의 개선이나 책임의 명확화, 직무요소의 우선순위 등을 결정하는 방법
목표관리법 (management by objectives)	• 해당 종업원이 직속상사와 협의하여 작업목표를 결정하고 이에 대한 성과를 부하와 상사가 같이 측정하고 또 고과하는 방법 • 종업원은 참여의 기회를 갖게 되고 상사는 지원의 기회를 갖게 됨
평가센터법 (assessment centers method)	평가를 전문으로 하는 평가센터를 만들고 여기에서 다양한 자료를 활용하여 고과하는 방법

3. 인사고과의 운영

인사고과를 운영하는데 있어서 가장 중요한 성공의 요소는 다음과 같다.

첫째, 경영자의 적극적인 참여와 후원이 필요하다. 아무리 좋은 인사고과 제도를 갖고 있다고 해도 경영자가 고과에 관심을 갖지 않거나 고과 결과를 제대로 활용하지 않는다면 성공을 기대하기 어려울 것이다.

둘째, 고과자를 누구로 몇 명으로 할 것인가이다. 지금까지는 상위자에 의한 복수고과가 일반적이었으나 최근에는 하위자에 의한 고과, 동료에 의한 고과를 실시하기도 하고 단순한 복수고과에서 탈피하여 직속상사의 평가에 중점을 두는 호텔기업도 있다.

셋째, 철저한 고과자의 훈련이다. 즉 인사고과의 실시에 있어서 평가할 능력과 자격을 갖추게 하는 것은 주관적인 판단을 할 수밖에 없는 인사고과의 숙명적 결함에 비추어 무엇보다 긴요한 일이라고 할 수 있다.

넷째, 고과실시 절차 등을 차질이 없도록 면밀하게 수립하고 고과운영지침 등을 통해 고과과정에 지켜야 할 요건을 명확하게 해야 한다.

전통적으로 우리나라의 많은 기업에서 채택해온 인사고과제도에서 볼 수 있었던 특성과 문제해결을 위해 제도상 또는 운용상 유의해야 할 점은 다음과 같다.

1) 평가기준의 명확화

인사고과를 실시하는 기준이 명확해야 하며, 인사고과의 목적 · 평정방법 · 평정요소 · 가중치 · 평정단계(척도) 등의 내용이 명확해야 한다. 또한, 평정기준을 피고과자에게도 반드시 알려주어서 평정기준에 대한 이해부족 또는 고과에 대한 불안이나 불신 등을 예방해야 한다.

2) 고과자의 복수화(다면적 고과)

피고과자의 평과를 1인이 할 것이 아니라 2인 이상의 고과자가 평가를 하고, 직속상사, 피고과자, 피고과자의 동료 등 고과자를 다양하게 함으로써 고과자의 주관이나 자의에 의한 평정의 잘못을 최소한으로 줄이도록 해야 한다.

3) 공사혼동의 배제와 업적중시의 고과

인사고과에 있어 개인적 친분관계 또는 감정적인 것에 좌우되어서는 안되며, 업무상의 업적 · 근무태도 · 능력에 한정하여 평가해야 한다. 단, 직무수행과 직접적인 것처럼 보이는 것 중에서 조직의 명예, 체면을 손상시키거나 조직의 업적성장에 악영향을 미치는 행위를 한 경우는 직무와 상관이 없더라도 상황에 따라 적적한 조치를 취해야 한다.

4) 능력개발 목적에 이용

인사고과의 활용에 있어 승급 · 승진 · 상여 등 주로 통제적 목적을 위해 사용하기보다는 비통제적인 목적으로 활용 폭을 넓히고 인사고과 결과를 종업원의 근로의욕 향상 및 능력개발을 위해 상담 · 지도 · 의사소통을 촉진시키기 위한 목적으로 사용하여야 한다.

5) 편견요소의 제거와 고과자의 훈련

평가나 지각에 편견을 줄 수 있는 고과자의 특성 · 피고과자의 특성 · 고과가 이루어지는 상황 등이 인사고과와 근무평정에 영향을 미치지 않도록 편견요소들을 가능한 한 배제시켜야 한다. 그리고 여러 가지 오류를 사전에 막기 위해서 기업은 고과자에 대한 주의 깊은 훈련과 계속되는 보완훈련이 필요하다.

■대한항공의 평가체계

- 대한항공의 평가제도는 일을 통해 나타나는 개개인의 역량과 회사에 대한 기여도 측정을 중심으로 구성되어 있습니다.
- 공정하고 객관적인 평가제도를 운영함으로써 투명한 인사관리를 구현하고 있으며, 단순한 사정(査定)을 뛰어넘어 직원 육성을 위한 평가제도를 확립하고 있으며, 또한 평가 결과의 Feedback 을 통하여 개인 역량의 향상을 도모하고 있습니다.

◉ 운영기반

평가원칙	객관성, 공정성
평가방식	상, 하위자간의 쌍방향 Communication
평가운영환경	Web을 기반으로 한 On-Line System

◉ 운영체계

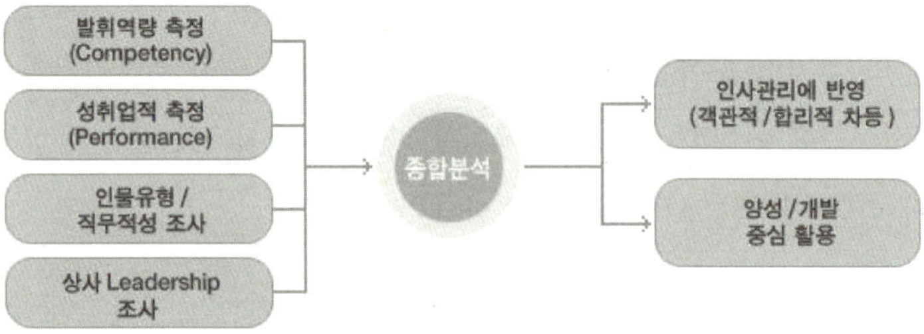

자료 : http://recruit.koreanaair.co.kr

■아시아나항공의 성과관리 체계

◘ 성과관리 프로세스

아시아나항공의 성과관리 프로세스는 회사에 대한 업적과 개인의 역량에 대한 평가를 중심으로 이루어지며,

이미 결정된 사후적인 결과에 대한 평가 뿐만 아니라 본질적인 성과창출을 선도할 수 있도록 유도하고 있습니다. (목표설정 및 중간점검/코칭 프로세스 강화) 또한, 공정하고 객관적인 평가시스템을 통해 보다 투명한 성과주의 인사제도를 운영하고 있습니다.

자료 : http://recruit.flyasiana.com

제3절 인사고과의 한계와 개선방향

인사고과의 수행에는 고과자, 즉 평정자와 평정상황 그리고 피고과자와 고과제도에 따라 많은 오류가 발생하고 평정오차 또는 고과오차를 유발한다. 이는 사람이 사람을 평가하는 것이기 때문에 평가상의 오류가 야기될 수밖에 없는 한계이긴 하지만 이들 오류를 최소로 줄일 수 있도록 노력함으로써 평가의 객관성을 유지하여야 한다.

1. 인사고과의 오류

1) 상동적 태도(stereotyping)

상동적 태도, 즉 고정관념은 사람에 대한 경직적인 편견을 가진 지각으로서 타인에 대한 평가가 그가 속한 사회적 집단에 대한 지각을 기초로 해서 이루어지는 것을 말한다.

사람에 대한 평가를 어떤 범주(성 · 연령 · 종교 · 지역 등)에 따라 내린다는 것은 잘못이며, 많은 인간관계의 영역에서 판단을 그르치게 만들게 되므로 이러한 범주로 인해 능력발휘를 할 수 있는 기회를 제한해서는 안 된다.

2) 현혹효과(halo effect)

현혹효과 또는 후광효과란 한 분야에 있어서 어떤 사람에 대한 호의적 혹은 비호의적인 인상이 다른 분야에 있어서의 그 사람에 대한 평가에 영향을 주는 경향을 말한다. 이때 한 가지 부정적인 인상 때문에 그 사람을 비호의적으로 평가하는 것을 가리켜 뿔효과(horns effect)라 한다. 종업원의 외모가 단정하면 예의도 바르고 서비스를 잘할 것이라고 판단하는 것은 현혹효과의 전형적인 예가 될 수 있다.

3) 대비오류(contrast errors)

대비오류는 피고과자를 평가함에 있어서 피고과자의 특성을 자신이 지닌 특성과 비교하여 평가하는 오류를 말한다. 대비오류를 줄이기 위해서는, ① 평가자는 평가를 할 때 자기의 평가기준을 고집하는 자기중심의 평가를 삼간다. ② 자기신고법이나 자기평가법 등을 도입하여 부하가 기입한 자료를 참고로 자기 자신의 평가편차를 파악하고 그 요인을 조정한다.

4) 논리적 오류(logical errors)

논리적 오류는 평가자가 논리적으로 관계가 있다고 생각되는 특성 사이에 나타나는 오류로서, 각 평가요소 간의 상관관계가 있는 경우에 상대적으로 높은 평가요소가 있으면 다른 요소도 높게 평가하는 것이다.

이러한 논리적 오류를 감소시키기 위해서는, ① 평가요소에 대한 정의와 설명을 충분히 한다. ② 평가자는 인사고과의 운용기준을 반드시 지키며, 주관적인 판단이나 추측에 의하여 평가해서는 안 된다. ③ 유사한 평가요소에 대해서는 가능한 한 시간을 두고 평가를 한다.

5) 근접 오류(proximity errors)

근접오류 또는 근접효과는 공간적 또는 시간적으로 근접하여 평가를 하는 경우 나타나는 오류이다. 이러한 근접오류를 감소시키기 위해서는, ① 고과표의 설계에 있어서 유사한 요소를 가능한 한 간격을 두어 배열한다. ② 시간적 근접착오를 방지하기 위해 평가요소를 하나씩 배열한다.

6) 규칙적 오류(systematic errors)

규칙적 오류는 가치판단상의 규칙적인 심리적 오류로서 항상 오류(constant errors)라고도 한다. 이는 고과자가 고과의 목적에 따라 후한 평정을 한다든가, 또는 이와 반대의 경향을 나타내는 것을 말한다. 대체로 고과의 목적이 관리에 있을 경우 자기 부문의 종업원을 후하게 평가하고, 통제의 목적일 경우 박한 평정을 하는 것이 그 예이다.

7) 순위 오류(order errors)

순위오류 또는 순위효과는 피고과자를 인지하고 평가함에 있어서 쉽게 기억할 수 있는 인상의 특징, 특히 순위에 좌우되는 것을 말한다. 순위효과에는 초기효과(primacy effect)와 최근효과(recently effect)가 있다.

❶ 초기효과는 초기의 인상에 따라 그 사람의 전반적인 인상을 갖는 경향을 말한다.

❷ 최근효과는 최근의 태도 · 실적 · 능력 · 어떤 특성을 중심으로 평가하려는 오류로서, 피고과자의 과거의 성과나 행동보다도 최근에 일어난 일에 더 많은 영향을 받음으로써 평가상의 오류를 범하는 것이다.

8) 관대화 경향(leniency tendency)

관대화 경향 또는 엄격화 경향은 피고과자를 실제보다 과대 또는 과소평가하는 것으로서 집단의 평가결과의 분포가 한쪽으로 치우치는 경향을 말한다. 이러한 관대화 경향의 원인은 집단 가운데 우수한 사람이 많아서 후한 평가를 하는 경우와 고과자의 후한 기질에 의한 경우가 있다.

관대화 경향 또는 엄격화 경향을 방지하기 위해서는 ① 평가방법으로서 분포비율에 의한 강제할당법(상대평가)을 사용하는 것이 효과적이다. ② 고과자에게 평가 전에 주의 깊은 평가를 하도록 훈련을 시킨다.

9) 중심화 경향(central tendency)

중심화 경향은 집단화 경향이라고도 하며, 평가가 보통 또는 척도상의 중심점에 집중하는 경향을 말한다. 이의 원인으로는, ① 고과자가 평가방법을 이해하지 못하였거나 평가능력이 부족하여 중간 척도에 평가한 경우, ② 피고과자를 잘 알지 못하기 때문에 적당히 중간척도에 평가한 경우, ③ 낮게 평가할 경우 피고고자와의 감정적 대립을 우려하여 중간으로 평가한 경우와 소홀한 평가를 한 경우 등을 들 수 있다.

이상의 오류 외에도 평가의 요소가 명백히 기술되지 않고, 평가기준이 명확하지 못하는 등 평가의 애매성(ambiguity), 부하들의 업적에 대해서 한정된 견해와 왜곡된 지식을 갖는 등 인식의 차이가 생길 때 오류는 발생하게 된다. 그러나 인사고과에서 나타나는 오류들을 제거하기 위하여 아무리 여러 제도적 장치를 마련한다고 하여도 충분하지 않다. 따라서 인사고과에 있어서는 다음과 같은 점이 기본적 전제로서 지켜져야 한다. ① 인사고과제도는 그 사용과 이해가 편리해야 한다. ② 인사고과제도는 가능한 한 객관적이어야 한다. ③ 인사고과제도는 공정한 것이어야 한다. ④ 인사고과제도는 종업원의 개인적 자질만에 의해서 이루어지면 안 되며, 직무성과에 의해서만 이루어져야 한다.

인사고과에서 중요한 것은 공정한 평가자로서의 태도를 취하는 것이다. 인사고과의 도구와 절차들도 고과자들의 공정한 태도를 전제로 할 때 그 유효성이 높아진다.

2. 인사고과의 개선 방향

전통적으로 우리나라의 기업은 연공서열주의에 기초한 인력관리 때문에 근속연수나 학력 등이 중요시되어 왔다. 그러나 서구식 능력주의가 인력관리의 새로운 제도로 도입되면서 인사고과제도도 능력주의의 그것으로 바뀌어 가고 있다.

과거의 인사고과가 개인의 성과, 단기적 재무성과, 일반적 의사소통방식으로 고과자 및 관리자 중심으로 이루어진 반면, 현대에 들어서는 전략적 성과평가로서 기업의 성과, 장단기 성과의 조화, 쌍방향 의사소통, 평가자의 역할이 코치 및 지도자의 역할로 변화하는 추세이다.

우리나라 관광기업이 추구해야 할 바람직한 인사고과의 전개방향을 제시하면 다음과 같다.

1) 처우 중심의 인사고과에서 다목적 인사고과로

인사고과를 주로 승진을 위한 자료라든지 또는 임금책정을 위한 자료 등 단일 목적으로 활용해온 것을 ① 승진 · 승격 · 승급 · 상여금 등 공평한 인사처우 실현에 활용, ② 종업원 능력이나 적성을 분석 · 평가하여 적재적소 배치를 할 수 있도록 인사이동에 활용, ③ 현재 혹은 장래의 직무수행능력과 본인의 능력발휘도를 비교해봄으로써 교육훈련 및 개발에 대한 필요성과 전략을 강구하는데 활용해야 한다.

2) 인사고과를 공정처우의 기초 자료로 활용

과거 연공서열형 임금구조의 보상체계에서 벗어나 능력과 업적에 따른 임금책정 등 능력주의 보상체계에 활용하고, 고과가 객관적으로 이루어짐으로써 공정한 처우를 할 수 있는 기초 자료로 활용해야 한다.

3) 획일적 인사고과에서 목적별 인사고과로

인사고과에서 얻어진 자료를 인력관리의 모든 면에 공통적으로 활용하기보다는 목적별 인사고과를 도입해야 한다. 즉, 종업원의 승진이나 교육훈련 기초 자료로 활용할 경우에는 종업원의 잠재능력에 중점을 두고 평가해야 하고, 임금지급의 기초 자료를 얻기 위한 것이라면 현실적인 기여도를 참작하여야 한다. 예를 들면, 현장에서는 직무수행능력을 체크할 수 있는 항목을, 관리계층에서는 판단력이나 통솔력을 측정할 수 있는 관리능력 체크 항목을 중심으로 고과를 하여야 한다.

4) 비밀주의 고과에서 공개주의 고과로

인사고과를 비밀주의에 의해 실행할 때 상벌 목적의 고과자료는 얻어낼 수 있지만 종업원의 개발을 자극시킬 수 없다. 공개주의에 의한 고과를 할 경우 부하의 자기개발과 능력신장을 도모할 수 있고, 교육적 효과도 높일 수 있으며 부하의 참여의식 또한 제고시킬 수 있으므로 고과결과를 공개해야 한다.

5) 인사부 중심의 고과에서 직무 현장라인 중심의 고과로

종래에는 인사부가 인사고과의 모든 업무를 담당하고, 직무현장 부서의 상사 등은 고과에 대해서 소극적인 경우가 많았다. 그러나 현장 라인의 상사는 부하들과 일상적인 상호작용을 하기 때문에 부하에 대한 평가가 비교적 정확하고, 상사의 지휘 · 명령권 확보나 리더십 발휘에 도움을 줄 수 있다. 그러나 감정의 개입이나 사적인 관계성이 개입될 수 있으므로 고과의 객관성을 저해할 가능성도 있다. 따라서 인사고과는 인사부만에 의한 고과방법에서 탈피하여 자기고과, 상위자고과, 동료고과 및 하위자고과가 함께 이루어질 수 있도록 개선되어야 하며, 또한 인사관리자나 전문가에 의한 고과가 함께 병행됨으로써 보다 전문화되고 객관적인 고과를 할 필요가 있다.

표 6-11 ○○호텔 인사고과표의 예

대리급 이하 사원용

20 년 상 / 하반기

근 무 평 가 표
(PERFORMANCE EVALUATION)

평가 기간	20 년 월부터 20 년 월까지

* 피평가자 인적사항

성 명 : (Name)	사원번호 : (Employee No.)
부 서 : (Dept.)	업 장 : (Outlet)
직 위 : (Position)	담당직무 : (Job)
입사일 : (D.O.E)	현부서/업장 근무일 : (Date in present position)

근 무 평 가 표
(PERFORMANCE EVALUATION)

	항목	세부사항	배점					자기 평가	1차 평가	2차 평가	조정
			탁월	우수	보통	부족	열등				
능력 Ability	업무지식 Job Knowledge	담당업무를 수행하는데 필요한 전문지식 및 관련지식의 폭과 깊이	A	B	C	D	E				
	이해판단력 Judgement	회사방침, 지시에 대랑 핵심 파악능력과 신속 정확한 상황 대처능력	A	B	C	D	E				
	기획창의력 Initiative	담당업무를 수행하기 위한 단계, 순서 등을 구체적으로 전개하고 창조성과 독창성을 발휘하여 새로운 방법을 찾아내는 능력	A	B	C	D	E				
태도 Attitude	책임성 Dependability	업무수행 및 그 결과에 대해 성실하고 책임감 있는 태도를 취하는 정도	A	B	C	D	E				
	직무의욕 Interest	담당업무에 대해 가지고 있는 관심도와 업무수행에 임하는 열의 및 의욕	A	B	C	D	E				
	협조성 Cooperation	담당업무수행을 위하여 관련부문, 고객, 상사와 동료에게 이해와 협조를 얻어내는 정도	A	B	C	D	E				
	근태 Punctuality	출근시간을 잘 지키며 근무시간에 충실한 태도를 취하는 정도	A	B	C	D	E				
업적 Job Performance		기간에 담당한 업무의 양과 담당업무를 수행한 결과의 질적 수준	A	B	C	D	E				

* 필히 피평가자와 상기 각 평가항목관련 면담을 한 후 서명하시기 바랍니다.

(1차 평가자) 성 명 : 서 명 :

(2차 평가자) 성 명 : 서 명 :

■ 대한항공의 평가제도

- 대한항공의 평가제도는 일을 통해 나타나는 개개인의 역량과 회사에 대한 기여도 측정을 중심으로 구성되어 있습니다.
- 공정하고 객관적인 평가제도를 운영함으로써 투명한 인사관리를 구현하고 있으며, 단순한 사정(査定)을 뛰어넘어 직원 육성을 위한 평가제도를 확립하고 있으며, 또한 평가 결과의 Feedback 을 통하여 개인 역량의 향상을 도모하고 있습니다.

운영기반

평가원칙	객관성, 공정성
평가방식	상, 하위자간의 쌍방향 Communication
평가운영환경	Web을 기반으로 한 On-Line System

운영체계

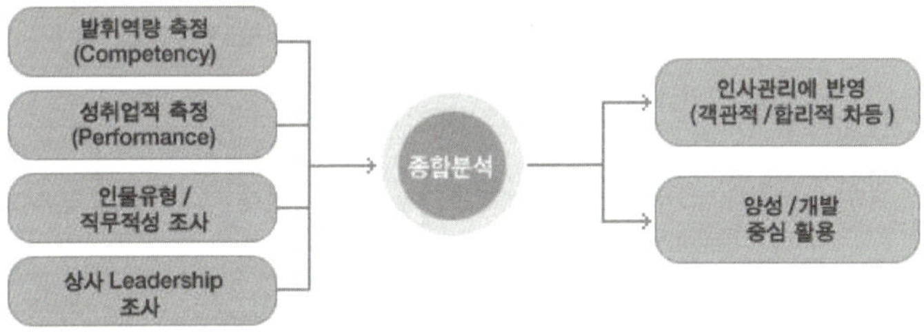

평가요소

역량부문

- 직급/직종별로 요구되는 기대역할에 따라 5가지 역량범주로 구분하여 평가항목을 차등적용하고 있습니다.

성과부문

- 수행한 업무의 수준 및 결과에 대하여 측정하며, 2가지 기준을 적용하고 있습니다.

기여도	수행한 업무의 결과가 회사목표 달성에 얼마나 기여했는지를 측정합니다.
난이도	수행한 업무가 당사자의 직급, 기대 역할에 비해 얼마나 높은 수준이었는지를 측정합니다.

인물유형, 직무적성부문

- 업무수행을 통하여 보여지는 행동유형, 조직 적응도를 판단하는 것으로서 적재적소에 배치 여부, 양성, 직무전환 등을 위한 자료로 활용하게 됩니다.

상사 Leadership 부문

- 부하직원이 해당 관리자의 조직관리에 대한 만족도와 관리스타일을 측정하는 것으로서 조직 활성화의 차원에서 실시하고 있습니다.

자료 : 대한항공 http://recruit.koreanair.co.kr

■아시아나 항공의 성과지향 인사제도

ASIANA AIRLINES

성과지향 인사제도

색동 고운 날개 만큼이나 아름다운 미소와 아름다운 마음으로 더 나은 서비스를 위해 365일 변화하는 기업입니다.

기본운영체계 | 성과관리시스템 | 보상체계

□ 기본 운영체계

아시아나항공의 인사제도는 양성/평가/보상이 연계되어 업계 1등 가치를 창출하는 시스템을 지향합니다.

아시아나항공은 기존의 연공서열 및 평등 개념을 탈피하여 업적과 능력, 직무의 난이도 등에 따른 차등보상을 확대하여 모든 인사제도를 '역량'과 '업적'을 중심으로 하는 성과주의에 입각하여 체계화하고 있습니다.

이러한 성과주의 인사제도가 제대로 정착하기 위해서는 평가제도가 뒷받침 되어야 하는 바, 아시아나항공은 공정하고 객관적인 성과관리 시스템을 도입하여 운영하고 있습니다. 또한, 단순히 성과의 평가와 보상을 넘어 기업의 성패와 직결되는 직원 개개인의 성과향상을 도모하기 위해 경력 및 역량 개발 프로그램을 함께 운영하고 있습니다.

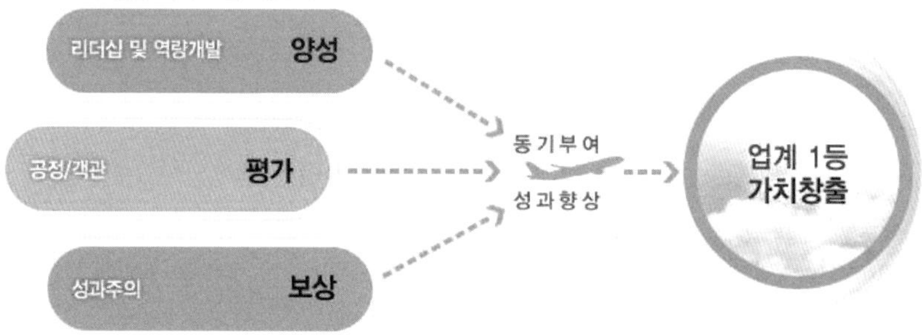

자료 : 아시아나항공 https://recruit.flyasiana.com

□ 직급체계

아시아나항공의 직종은 업무의 특성에 따라 크게 일반직, 정비직, 캐빈서비스직, 운항직, 운항관리직으로 나뉘며, 직무 전문성 및 역량 강화를 위해 직종별 직급체계를 운영하고 있습니다.

일반직	정비직	캐빈서비스직	운항직	운항관리직
부장	수석기술감독	수석사무장	기장	선임운항관리감독
차장	선임기술감독	선임사무장	부기장	운항관리감독
과장	기술감독	사무장	수습부기장	선임운항관리사
대리	선임기술사	부사무장		운항관리사
사원	기술사	승무원		

□ 직원 경력개발제도(CDP: Career Development Path)

아시아나항공은 미래에 필요한 리더급 인재양성, 핵심분야 전문가 양성, 준비된 인재의 적시활용 등 조직내 인적자원의 합리적인 개발을 통해, 조직의 경쟁력을 강화하고 조직 구성원의 인적자산 가치를 향상시키기 위해 직원 경력개발제도를 운영하고 있습니다.

직무 및 역량 중심	> 직무 중심의 경력개발 > 직무에서 요구되는 역량과 개인 역량의 적합 여부 판단 및 필요역량 개발
체계화된 경력개발	> 설정된 경력경로에 의한 경력 개발 > 경력개발 계획에 근거한 기회의 제공 및 지원
경력개발 점검 및 수정	> 매년 평가 종료후 경력 계획 UPDATE > 실행사항 진척 관리

자료 : 아시아나항공 https://recruit.flyasiana.com

■호텔 기업 취업 정보 사이트

취업정보	사이트
롯데호텔	http://job.lotte.co.kr
신라호텔	https://www.shillahotels.com
조선호텔	http://job.shinsegae.com
인터콘티넨탈 코엑스	https://www.iccoexd.com
그랜드 워커힐 서울	https://www.walkerhill.com

■여행사 · 항공사 취업 정보 사이트

취업정보	사이트
하나투어	http://www.hanatourcompany.com
모두투어	http://www.modetournetwork.com
여행박사	http://www.tourbaksa.com
대한항공	https://recruit.koreanair.co.kr
아시아나항공	https://recruit.flyasiana.com

■외식사업 · 커피전문점 취업 정보 사이트

취업정보	사이트
CJ푸드빌	https://www.cjfoodville.co.kr/recruit
비알코리아	http://www.brkorea.co.kr/careers
T.G.I.프라이데이스	https://www.tgif.co.kr/recruit
스타벅스코리아	http://job.shinsegae.com
커피빈	http://www.coffeebeankorea.com

제7장

교육훈련관리와 능력개발

관광인적자원관리

제7장

교육훈련관리와 능력개발

제1절 개인 능력개발의 의의

종업원을 모집, 채용한 다음에 해야 할 일은 직무 · 조직에 대한 적응능력을 개발하는 것이다. 종업원은 채용시점에서 완벽할 수 없으며, 따라서 훈련과 교육이 실시되어야 하고, 이는 조직에 있어 필수적인 것이다. 만약 조직적인 개발계획이 없다면 능력개발은 대부분의 경우 자기계발과 직무 경험에 의해서 얻을 수밖에 없다. 능력개발에는 특정 직무에서의 기능향상과 전체 환경의 이해를 위한 일반적 지식의 훈련 · 교육이 포함된다.

교육훈련(education)이란 비관리직 종업원들로 하여금 특정목적을 달성하기 위하여 기술적인 지식과 숙련을 습득하게 할 수 있도록 체계적이고 조직화된 절차에 의하여 단기적인 교육을 시키는 것을 말한다.

한편, 능력개발(development)이란 관리직 종업원들이 전사적 관점에서 필요로 하는 개념적 · 이론적 지식을 습득할 수 있도록 체계적이고 조직화된 절차에 의하여 장기적인 교육을 시키는 것을 말한다.

조직의 계획적인 교육훈련의 실시는 생산성의 증가, 종업원 모럴의 향상, 원가절감 그리고 외부환경 적응을 위한 안전성과 유연성을 가져온다. 또한 종업원에게는 그들 생애의 일부를 형성하는 직업선택을 현명하게 할 수 있도록 유도한다.

제2절 교육훈련의 필요성

교육훈련은 직무 기술을 전제로 하여 이루어지기 때문에 그 직무가 필요로 하는 직무 요건이 밝혀져야 하고 현재의 직무기술에서 미흡한 부분은 교육훈련에 의해 보충되어야 한다. 일반적으로 부분적인 교육훈련보다는 전반적인 교육훈련이 중요하며, 그 계획과 실시 및 효과를 얻는 것에 주력해야 한다.

종업원의 자질을 개발하고 직무에 대한 적응성을 높임으로써 보다 나은 직무와 자격을 갖출 수 있도록 조직적 · 체계적으로 유도하는 것이 교육이다. 그러므로 교육훈련은 현장 또는 하위 종업원에서부터 감독자, 관리자, 그리고 경영자에 이르기까지 기업 내의 모든 사람에게 필요하며 일정 시기마다 계속적으로 실시되어야 한다. 특히, 신규 종업원에게도 교육훈련을 실시하여 기업의 전반적인 실정을 이해시키고, 자기가 담당할 직무에 필요한 제 요건에 관하여 지시를 받을 수 있게 하며, 근무시의 제반 안전관리와 사고에 대한 주의력을 갖도록 하는 것은 매우 중요한 일이다.

또한, 교육훈련은 새로운 지식과 기술을 익히게 하여 상품 판매에 기여하게 한다. 그러므로 신입 종업원으로부터 경영자에 이르기까지 모든 계층이 교육훈련 대상이 되며, 경영자의 입장에서 보면 교육훈련을 통하여 경영목표 달성을 위해 종업원을 조직화하는 의의가 있으며, 종업원 측에서 보면 개인이 가지고 있는 자아에 대한 인식과 개인의 생활을 기업 환경에 적응시킴으로써 능력향상의 기회를 얻게 된다. 이렇게 향상된 종업원의 능력을 기업 경영에 투입시킴으로써 종업원은 물론 기업 양자의 존재가치를 살려 서로를 위해 계획되고 운영되는 적극적인 성과를 기대할 수 있게 된다. 따라서 교육훈련을 실시하는 목적과 효과는 다음과 같다.

1) 교육훈련의 목적

교육훈련은 지식과 기능을 전달함으로써 유능한 인재를 육성하고, 그를 통하여 조직의 기술축적의 달성과 동시에 구성원의 태도개발 및 변화를 꾀하여, 조직의 목표달성을 위한 경영자와의 충분한 의사소통을 이룩하며, 구성원과 자기 발전의 욕구충족을 기하고 또 능력개발을 통하여 성취동기를 유발하는데 중요한 목적이 있다.

❶ 특정 직무에 필요한 지식 향상, 기술 향상, 태도 적응

❷ 종업원의 인격완성 및 생활향상

❸ 기업에게는 종업원의 능률향상 및 인재육성

❹ 궁극적으로는 기업의 유지 · 발전

그림 7-1 **교육훈련의 목적**

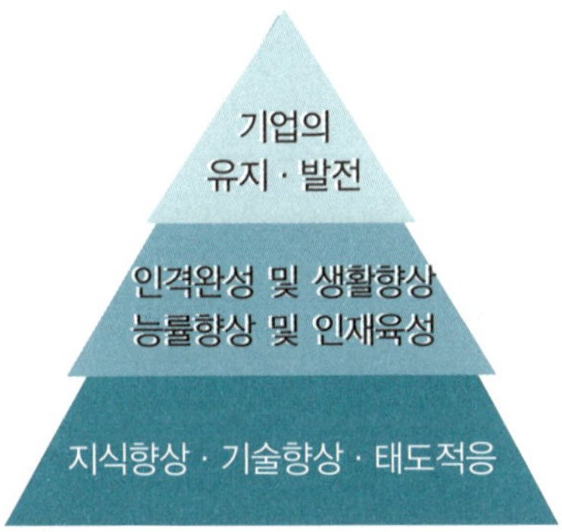

2) 교육훈련의 효과

❶ 시간 · 재료 낭비의 감소 및 불량품 감소
❷ 작업방법의 개선
❸ 결근율과 직장 이동률의 감소
❹ 직무 습득 기간의 단축
❺ 감독자의 부담 감소
❻ 기계 유지비의 감소
❼ 품질 개선
❽ 승진에 대한 자극
❾ 사고율의 감소
❿ 의사소통의 개선
⓫ 사기의 향상

3) 교육훈련의 내용

관광산업은 인적 · 물적 서비스를 제공하는 기업이기 때문에 종업원의 교육훈련을 서비스가 보다 효과적으로 달성하기 위해 필요한 지식, 기능, 태도의 향상에 초점을 맞추어야 한다. 또한, 실제 직무수행에 있어서 부족한 점과 개선할 점, 문제의 해결 방법, 행동의 변경 등에 관한 훈련이 필요하다. 따라서 서비스제공이라는 관광산업의 특수성에 비추어 볼 때 교육훈련에는 다음과 같은 내용이 포함되어야 한다.

❶ 서비스를 제공하는 사람의 인격향상을 위한 교육
❷ 현재경영에서 중시하는 고객 지향적 사고에 대한 교육
❸ 판매향상을 위한 서비스 및 인간적 기술
❹ 상품 지식

4) 교육훈련의 실행절차

❶ 교육훈련의 필요성 인식

❷ 교육훈련 목표설정

❸ 교육훈련 계획의 수립(교육훈련과정 개발) : 일정, 대상자, 담당자, 교육내용

❹ 교육훈련의 준비

❺ 교육훈련의 실시

❻ 교육훈련의 평가

그림 7-2 **교육훈련 전개 과정**

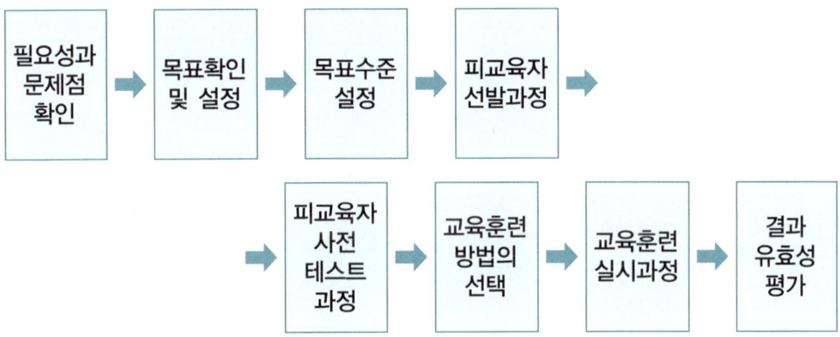

■아시아나 항공의 HR 비전과 역량강화

□ HR 미션

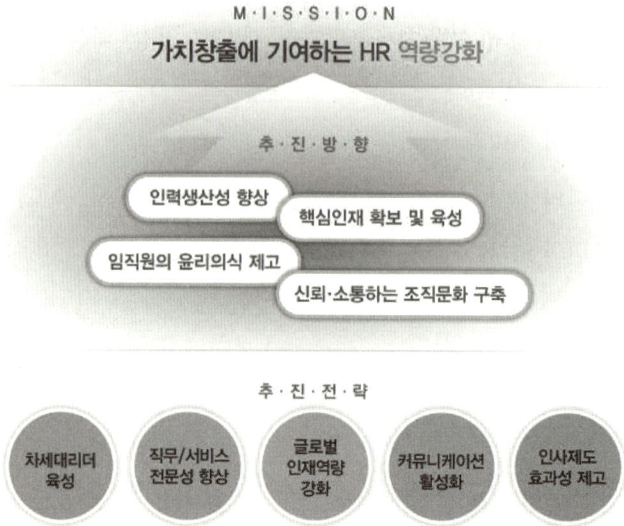

□ HR 미션

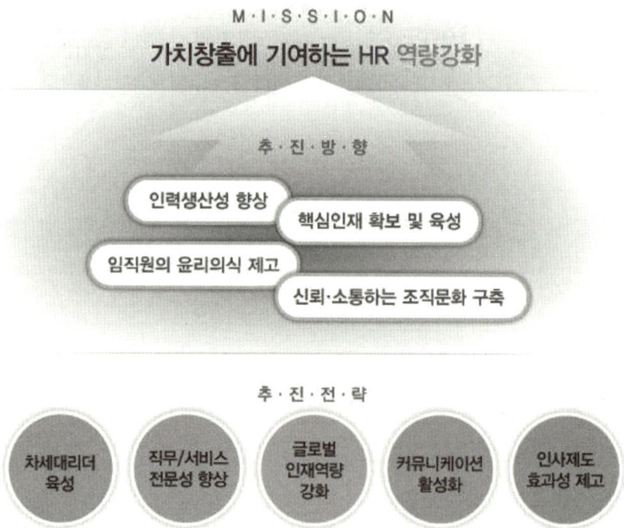

자료 : 아시아나항공 https://recruit.flyasiana.com

제3절 교육훈련의 종류

교육훈련은 기업 내의 기초교육과 재교육으로 구분하여 실시하게 된다. 기초교육은 신입 종업원이 기업의 전반적인 업무에 대한 것과 자신이 근무해야 할 위치에서 필요한 전문지식을 교육받는 것이고, 재교육은 기존 종업원들을 대상으로 시대의 흐름에 따라 변화해 가는 데 적응할 수 있도록 하는 교육이다.

이러한 교육은 기업 내에서 실시하는 자체 교육훈련과 외부 교육훈련으로 구분하며, 호텔의 경우 기업 자체에서 하는 교육훈련은 총지배인이나 부서의 전문가나 책임자가 실시하거나 외부로부터 전문가를 강사로 초청하여 실시하게 된다. 그리고 외부의 교육훈련은 종업원을 전문교육기관에 보내서 교육하는 방법이다. 이러한 교육훈련은 신입 종업원, 감독자, 중간관리자, 경영자 교육훈련 등 계층과 직능별로 구분해서 실시하게 된다.

1. 훈련대상에 따른 분류

교육훈련은 누구를 대상으로 하여 실시하느냐에 따라서 입직훈련과 현직자훈련으로 나눌 수 있다.

1) 입직훈련(orientation training)

입직훈련은 회사에 처음 들어온 신입 종업원들에 대하여 직무에 종사하기에 앞서 기업에 대한 제반 사항과 기본정책 그리고 자신이 맡아야 할 직무에 대한 지식과 기술 및 근무태도, 호텔에 대한 친근감과 업무에 대한 흥미, 집단생활에 있어서 지켜야 할 규칙 등 일반적인 사항을 습득시킬 목적으로, 입사 후 수습기간 중 실시하는 훈련이다.

신입사원에 대한 훈련의 내용으로는 회사의 전반적인 사항에 관한 것과 소속부서에 관한 사항으로 대별할 수 있으며, 입직훈련의 주요 내용은 다음과 같다.

❶ 회사와 조직 자체에 관한 사항 : 회사의 연혁, 발전, 경영특성, 제품과 서비스에 관한 것
❷ 인사방침 : 신입사원이 회사에 대해서 기대할 수 있는 것과 회사가 종업원에 대해서 기대하고 있는 것
❸ 고용의 조건 : 일반적인 규칙, 조합, 규약의 조항
❹ 종업원 이용 시설 및 물적 시설 : 사용 가능한 복지후생조건, 주차시설 등
❺ 근로조건 : 직무의 성격, 작업시간, 임금, 승진기회 등
❻ 감독자에 관한 사항 : 감독자, 노조원에 대한 소개
❼ 당해 부문의 규정과 규칙
❽ 타부문과의 관계
❾ 직무에 대한 상세한 기술 : 책임기준, 작업시간, 임률, 작업장, 시설 등
❿ 기업(호텔)의 기초 교육 : 호텔경영관리, 현관업무, 객실업무, 식당업무, 주장업무, 호텔회계, 호텔서비스, 안전관리, 업장별 실무실습 등

2) 현직자훈련

신입 종업원은 물론 현직 종업원들에 대해서도 교육훈련을 철저히 해야 하는데, 현직자 훈련에는 훈련의 대상자에 따라서 종업원훈련, 감독자훈련, 관리자훈련 및 경영자훈련 등이 있다.

(1) 종업원훈련(employee training)

이것은 현장에서 근무하는 종업원을 대상으로 하여, 그들이 작업에서 필요로 하는 직무 기능(job skill)과 종업원으로서 갖추어야 할 교양 요건을 쌓도록 하는 훈련을 말한다. 즉, 직무현장에서 필요로 하는 직무요건(job requirement)에 부응할 수 있는 숙련을 키움으로써 변화하는 기술을 새로 습득할 수 있도록 하는 것이다.

(2) 감독자훈련(supervisory training)

이것은 종업원을 감독 · 통제하는 감독자의 대인 관계성, 원가절감의 방법 개선, 사고방지, 기록유지 등 기업의 합리화를 꾀할 수 있도록 제반 지식을 체득시키는 교육훈련이다.

감독자는 작업현장에서 종업원을 일상적으로 지도 · 감독함으로써, 종업원의 작업능률을 개선할 수 있게 하는 생산성 개선의 대변자이다. 주임, 계장, 또는 부서지배인 등 직접 업무를 담당하면서 종업원을 감독, 지휘, 통솔하는 사람이다. 이들은 작업자와 관리자를 연결해주는 역할을 하기 때문에 계획과 실시를 연결시켜주며, 부하의 교육훈련 및 통솔자로서 부하에 대한 기능훈련을 시키고 또 통솔하는 역할을 한다. 미국에서는 감독자 훈련 프로그램으로서 TWI(training within industry)를 통해 커다란 효과를 거두기도 하였다. 감독자들은 직무기술, 인간관계기술, 그리고 훈련기술 등을 골고루 갖추고 있어야 하며, 훌륭한 통솔력과 판단력, 사고력과 추진력을 갖출 수 있도록 교육을 해야 한다.

감독자 훈련에서 실시되는 주요 교육내용은 다음과 같다.

❶ 지식(업무 및 호텔에 대한 전반적인 지식)
❷ 서비스 작업을 지도할 수 있는 기능
❸ 서비스 작업방법의 개선 기능
❹ 부하 통솔 기능

TWI 방식

TWI는 감독자를 조직적?합리적으로 훈련시키기 위한 단기훈련방식으로 특별훈련을 받은 지도자(instructor)가 10여명의 소집단을 이룬 감독자를 교육훈련시키는 것이다.

① TWI의 기능교육
- JI(job instruction) : 작업지도
- JM(job method) : 작업개선
- JR(job relations) : 작업관련 부하통솔

② 감독자가 갖추어야 할 자질
- 직무에 대한 지식
- 직책상 필요한 지식
- 작업지도의 기능
- 작업방법개선의 기능
- 부하통솔의 기능

③ 교육방법 : 토론식 교육방법(discussion method)

(3) 관리자훈련(middle manager training)

관리자훈련은 중간관리층, 즉 부장과 차장 그리고 과장, 지배인 등에 대한 훈련으로 일련의 계획적 방식을 통하여 능력향상과 자기계발을 추구하도록 계획된 교육훈련을 말한다. 이들 중간관리자들에게는 관리적 지식과 기능 그리고 인간관계기술 등이 모두 필요로 하는데 그들은 상하를 연계시키는 링커(linker)로서의 역할을 담당하기 때문에 타협과 조정의 능력도 갖추도록 해야 한다. 또한 관리자는 집단적인 조직개발이나 목표관리에 관한 능력이 중요시되기 때문에 환경변화에 대응할 수 있도록 관리자의 자기능력 개발에 관한 교육훈련이 대단히 중요하다.

MTP 방식

MTP(management training program) 방식은 관리자층을 대상으로 비교적 광범위한 경영 문제를 취급하며, 경영원칙과 관리자로서 필요한 관리기술의 지도를 목적으로 실시한다.

① MTP의 교육
- 조직의 이해와 운영
- 작업의 개선
- 인간관계의 조정
- 회의의 진행방법
- 작업의 관리
- 부하의 훈련
- 관리의 원칙
- 직장의 사기

② 교육방법 : 토론식교육법, 강의 · 토의 · 역할연기법 · 사례연구법 등

(4) 경영자훈련(top manager training)

이것은 최고경영자들에 대한 훈련으로서 경영전반에 관한 전문적인 지식과 숙련을 갖추도록 훈련하는 것이다. 또한 최고경영자는 분석력 · 판단력 · 추진력 · 기획력 · 통합력 및 의사결정능력이 필요하므로 이것을 키워나갈 수 있는 훈련이 뒷받침되어야 한다. 그러나 경영자훈련에 있어서 무엇보다도 중요한 것은 그들이 높은 성취동기(achievement motive)를 갖도록 훈련하는 일이다.

이외에도 경영자는 다음과 같은 전반적인 면에서의 잠재력을 키울 수 있도록 능력개발의 훈련을 쌓아야 한다.

❶ 현재의 직무성과를 개선할 수 있도록 현직 수행에서 필요로 하는 지식과 능력을 키운다.

❷ 자기분야에서 보다 큰 지위의 일을 떠맡게 될 경우 능력의 부족함이 없도록 회사의 전반적인 업무에 대한 지식과 능력을 키운다.

❸ 총괄경영자의 지위에 대비해서 중역의 역할을 수행함에 부족이 없도록 훈련을 쌓는다.

❹ 조직 운영에서 다른 사람에게 더 큰 영향력을 행사하고 존경을 받을 수 있도록 개인의 성격과 태도의 수정을 위한 훈련을 실시한다.

ATP 방식

ATP(administrative training program) 방식은 최고경영층을 대상으로 하는 경영강좌의 한 방식으로서, 일본에서는 CCS(civil communication section)강좌라고도 하며, 이를 변형한 것이 AMP(advanced management program) 방식이다.

2. 훈련장소에 따른 분류

교육훈련은 그것이 실시되는 장소에 따라 직장 내 훈련과 직장 외 훈련으로 구별된다.

1) 직장 내 훈련(OJT : on the job training)

OJT는 직장훈련, 직장 내 훈련 또는 현장훈련으로서, 현장의 직속상사에 의해 이루어지는 직무훈련이다.

OJT훈련에 대한 책임은 주로 감독자에게 맡겨지는데 경우에 따라서는 감독자가 아닌 고참 종업원에 의해 이루어지기도 하며, 호텔 등의 서비스직 종업원에게 적당한 방법이다. 이 방법은 훈련 대상자들이 현장에서 실감 있는 훈련을 받음으로써 교육훈련의 효과가 커진다는 장점도 있으나, 업무에 지장을 줄 수 있다.

OJT 훈련에서 사용하는 방법에는 직무순환법(job rotation), 코칭(coaching)과 멘토링(mentoring), 실연(demonstration) 등이 있다.

표 7-1 OJT의 단계

단계	실시사항
훈련자의 준비	1. 과업을 분해한다. 2. 훈련방법을 선택한다.(예 : 시범)
피훈련자의 준비	1. 피훈련자를 안정시킨다. 2. 훈련을 개인의 욕구와 관련시킨다.(예 : 승진)
과업의 제시	1. 과업의 전반을 제시한다. 2. 이미 알고 있는 것에서 모르는 것으로, 쉬운 일에서 어려운 일 순으로 진행한다. 3. 개인차에 따라 속도를 조절한다. 4. 전체 과업을 복습하고, 각 단계를 설명한다. 5. 훈련자가 무엇을 할 것인가를 말하게 한다.
실습	1. 실습하기 전에 각 단계를 설명한다. 2. 진행에 대해 피드백한다.
사후지도	1. 진행에 따라 칭찬을 계속한다. 2. 피훈련자가 성숙함에 따라 칭찬의 빈도, 시기를 달리한다.

직무훈련(JIT)은 고유 직무를 수행하는 동안 트레이너들이 종업원들을 훈련시키는 과정의 연속이라 할 수 있는데 트레이너들이 훈련을 준비시키고, 작업과제를 제시하며, 실습시간을 부여하고, 후속지도를 하는 것을 도와준다. JIT의 성공 여부는 훈련받는 사람들 스스로 훈련과정을 받아들일 수 있는 능력 하에 달려 있다.

직무순환은 여러 과업을 서로 바꿔서 수행할 수 있으며, 작업자들을 작업흐름에 큰 지장이 없이 업무 간에 순환이 가능하도록 하는 것으로 지도를 받는 것 보다는 관찰하고 실제로 행함으로써 더 많은 학습을 할 수 있기를 기대하는 것이다.

OJT의 가장 대표적인 형태인 코칭과 멘토링은 1 : 1 교육의 한 형태로 코칭은 종업원과 감독자 사이에서 실시되며 종업원들의 직무성과에 초점을 맞추고, 효과적인 직무실행을 유지하기 위한 행동을 취하게 하여 직무수행 상에서의 문제를 올바르게 수정해 준다.

멘토(mentor)는 지원 또는 도움을 제공하는 조직이나 중견사원을 말하는데, 멘토는 도전적이고 교육적인 임무를 제시하며, 역할모델과 카운슬러로서의 역할도 하게 된다. 멘토는 더 많은 하급 직원들(mentee)이 각종 요령을 배우는 것을 도와주고 책임감을 높일 수도 있게 한다.

2) 직장 외 훈련(Off-JT : off the job training)

직장 외 교육훈련이란 직무 외 훈련으로서 교육훈련을 담당하는 전문스탭의 책임하에 이루어지는 것으로서 직장 내 교육훈련 이외의 모든 교육훈련을 말한다. 이것은 조직 내에 있는 훈련센터나 연구소 등과 같은 특정의 교육훈련시설을 통해서 하는 것은 물론, 정기적 내지 부정기적 강습회나 강연회의 개최 혹은 조직 외의 전문적인 훈련기관에 위탁하여 수행하는 경우도 있다. 따라서 내용적으로 볼 때 Off-JT는 집합교육으로서의 성격을 갖고 있고, 현장의 작업과는 직접적인 관련을 갖지 않는 보편적이고 일반적인 작업에 대한 사고 방식이나 작업의 개선방식 및 인간관계의 중요성 등과 같은 것을 교육훈련하는 데 적합하다. 이는 현장 작업과 관계없이 예정된 계획에 따라 훈련할 수 있다는 장점이 있으나 그 결과를 곧 현장에서 활용하기 어렵다는 단점이 있다.

Off-JT에서 사용할 수 있는 교육훈련방법은 실습장(vestibule)훈련, 강의식(lecture) · 회의식(conference)훈련, 시뮬레이션(simulation), 역할연기(role playing), 감수성훈련(sensitivity training) 등이 있다.

표 7-2 OJT와 Off-JT의 장 · 단점

훈련	장점	단점
OJT	1. 훈련이 추상적이 아니고 실제적이다. 2. 실시가 Off-JT보다 용이하다. 3. 상사나 동료 간의 이해와 협동정신을 강화 · 촉진시킨다. 4. 낮은 비용으로도 할 수 있다. 5. 훈련을 하면서 일을 할 수 있다. 6. 구성원의 습득 정도와 능력에 맞게 훈련할 수 있다.	1. 우수한 상사가 반드시 우수한 교사는 아니다. 2. 많은 구성원을 한꺼번에 훈련할 수 없다. 3. 통일된 내용과 같은 수준의 훈련을 할 수 없다. 4. 원재료의 낭비를 초래한다. 5. 일과 훈련 모두 소홀히 할 가능성이 있다. 6. 전문적인 고도의 지식과 기능을 가르칠 수 없다.
Off JT	1. 현장 직무와 관계없이 예정된 계획에 따라 실시할 수 있다. 2. 많은 종업원을 동시에 교육할 수 있다. 3. 전문적인 지도자가 실시한다. 4. 업무부담에서 벗어나 훈련에 전념하므로 훈련효과가 높다.	1. 교육훈련결과를 현장에 바로 활용하기가 어렵다. 2. 작업시간이 감소한다. 3. 비용이 많이 든다.

제4절 교육훈련의 방법

교육훈련에 있어서는 무엇을(교육주제), 누가(교육주체), 어떻게(교육훈련의 기법) 교육할 것인가 하는 것이 고려되어야 한다. 교육훈련의 기법에는 여러 가지가 있으며, 교육훈련의 내용과 담당자에 따라 기법이 달라진다.

교육훈련은 피훈련자의 기능(skill), 태도(attitude) 및 지식(knowledge)의 개발과 변화를 추구한다. 일반적으로 피훈련자의 태도개발을 위해서는 참가방식의 기법을, 기능개발을 위해서는 실습방식의 기법을 그리고 지식개발을 위해서는 지시방법의 기법들을 많이 사용한다. 지시, 실습 및 참가방법을 기반으로 해서 지금까지 교육훈련에 이용되는 방법들은 다음과 같다.

1) 강의식 훈련(lecture method)

이는 특정 분야 또는 대상에 대해 다수인들을 동시에 훈련시켜야 할 때 사용되는 방법으로, 교육훈련을 위한 시간이나 비용을 절약할 수 있는 반면, 피훈련자들이 소극적으로 훈련에 임할 수 있고, 훈련자에 의한 일방적 커뮤니케이션이 불가피하므로 피교육자로부터의 피드백에 의한 반응을 기대하기 어렵다는 단점이 있다. 그러나 이 방법은 지식 전달에 효과적이기 때문에 많은 기업이 활용하고 있고, 특히 신입 종업원의 입직훈련에 도입이 용이하므로 다른 교육훈련과 병행해서 사용할 경우 효과적인 방법이다.

2) 시청각 교육(audio-visual method)

이 방법은 강의식의 이론 설명만으로는 이해하기 어려운 경우 보조 교재를 사용함으로써 교육의 효과를 높이는 방식으로 인상을 강화시켜 교육에 대한 흥미를 일으키도록 하는 교육방식이다.

이 방법은 비용이 많이 들고 내용이 고정화되어 있다는 문제점이 있으나, 입직훈련으로서 호텔의 상품, 서비스의 시설 및 유형 등을 교육하기에 적합하다.

3) 회의식 훈련(conference training)

이 방법은 피교육자를 일정한 장소에 모아 특정 문제에 관하여 지식, 경험, 견해 등을 발표하고 의견을 서로 교환하며 문제점에 대한 토의를 하기 위해 공식적인 회합을 갖는 훈련방법이다.

회의식 방법은 여러 가지가 있으며, 비교적 소수의 인원이 고정된 토의 절차없이 자유롭게 토의하는 자유토론 방식과 사회자에 의해 질의 응답과 토의를 진행하는 정형식 토론방법이 있다.

정형식 토론 방법에 이용되는 대표적인 방법은 다음과 같다.

(1) 배석토의법(panel discussion)

토의 문제에 관해 전문가(4~6명의 panel member)가 사회자의 사회 하에 참가자 앞에서 자유롭게 토의 하는 방법이다. 이 방법은 참가자들의 사고에 새로운 예비지식과 견해를 주어 토의문제에 대하여 멤버의 사고를 향상시키는 데 이용되며, 형식적 결론을 내는 것을 목적으로 하지 않는다.

(2) 콜로퀴(colloquy)

이 방법은 배석토의법의 한 형식으로 3~4명의 전문가 외에 참가자대표도 참가하여 구성된다. 토의는 참가자대표의 질문과 전문가의 응답 형식으로 진행되며, 필요에 따라 청중은 사회자의 진행 하에 토의에 참가하는 방식이다. 이 방법의 특징은 배석토의법을 일보 발전시켜 전문가의 지식 · 의견 · 정보를 참가자들의 요구에 따라 나오게 할 수 있는 점이다.

(3) 포럼(forum)

이 방법은 새로운 자료와 견해를 제공하여 청중으로 하여금 그 문제에 대하여 생각하려는 의욕을 일으키게 하며, 참가자들의 궁금한 점을 밝혀 주고 필요한 정보 · 지식을 줌으로써 청중의 태도와 의견의 표명을 촉진하기 위해 사용된다. 특히, 특정한 문제에 대해 양론이 있는 경우에 많이 활용되는 공개토론이다.

(4) 심포지엄(symposium)

이 방법은 수명이 한 문제를 각각 다른 전문적 각도에 비추어 짧은 강연(약 10분)을 한 후에 참가자들이 질문, 의견을 내놓는 방법이다.

(5) 버즈 세션(buzz session)

이 방법은 필립스(J.D.Philips)가 고안한 방법으로 토의집단이 너무 커서 시간의 제약과 다수인에서 오는 압박감으로 토의를 제대로 진행하기 어려운 경우 소집단으로 편성하여 다수의 사람을 토의에 참석시키기 위한 것이다. 토론을 할 때, 대집단은 6명(5~10명)의 소집단으로 나누어 6분(5~10분)간 자유로이 토론한 후 각 집단에서 1명의 대표자가 참가자 전원에게 발표하고, 이것을 토대로 사회자의 사회 하에 토의를 한다.

그림 7-3 Buzz Session의 토의절차

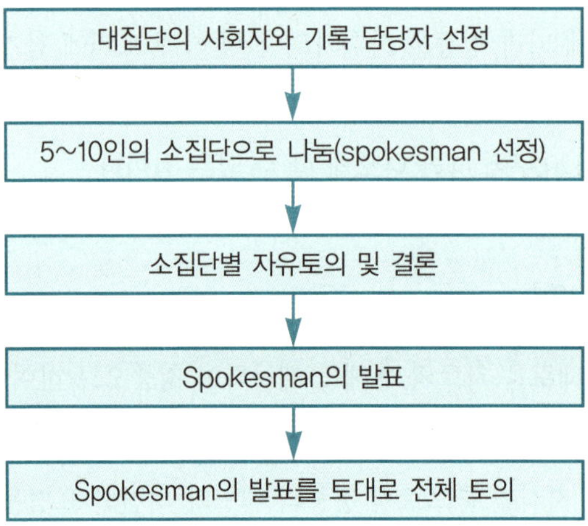

4) 직무순환 훈련(job rotation training)

이 방법은 각자의 담당 직무를 순차적으로 교체함으로써, 호텔의 직무 전반을 이해하고 지식 · 기술 · 경험을 풍부하게 하도록 만드는 훈련방법으로 개인을 여러 분야에 노출시킴으로써 개인에게 폭넓은 경험을 제공하는 것이다.

직무순환의 이점은 실제적인 상황에서 훈련이 이루어진다는 것이며, 언제나 새로운 안목으로 그 직무에 임하므로 능률향상과 새로운 발전적 사고를 가져올 수 있는 반면, 직무를 짧은 기간 동안에 숙련시키기 곤란하며, 변화로 인한 부정적 태도가 나타날 수 있다는 문제점이 있다.

5) 실습장 훈련(vestibule training)

실습장이란 독립된 별개의 훈련장소를 말하는 것으로 특정 직무에 대한 실무를 단기간에 걸쳐 훈련할 수 있도록 준비하고, 거기에서 신입종업원 등에게 훈련하는 방식으로 신입직원들에게 똑같은 시간에 똑같은 일을 배울 수 있도록 교육시키는데 적당한 훈련 방법이다. 이 훈련의 목적은 현장교육에 있기 때문에 OJT보다는 훨씬 적극적이고 계획적인 훈련이다.

6) 사례연구법(method of case study)

이 방법은 1871년 미국 하버드대학의 법과대학 랑델(C.C.Langdell) 교수에 의해서 창안된 연구 방법이다. 기업 경영에서 발생한 구체적 · 현실적인 사례를 활용하여 피훈련자의 학습의욕을 자극하는 방법으로 실제 사례를 배부 · 토론함으로써 판단력, 지식, 태도, 분석능력 등을 양성하고 문제해결능력을 배양시키기 위한 것이다. 좋은 사례는 그 자체가 해결의 방법을 암시하는 것이 아니고, 토의의 기초로서 구체적 상황에 적응하여 유용하고 건설적인 사고를 포착할 수 있어야 한다.

7) 역할연기법(method of role playing)

이 방법은 심리극(psychodrama)의 형태로서 2인 혹은 그 이상의 피교육자들이 다른 사람들 앞에서 자신에게 할당된 역할을 실연(demonstration)해 보임으로써 행동의 옳고 그름을 판단함으로써 인간관계기술을 익고, 자신의 행동에 대해서 통찰할 기회를 가짐으로써 잘못된 행동이 있을 경우 이를 수정할 수 있도록 하는 것이다.

이 방법의 장점은 ① 실연에 의한 학습을 할 수 있도록 돕고, ② 인간의 감수성과 그 상호작용면을 중요시하여 인간관계 기법을 배울 수 있도록 하고, ③ 훈련의 효과를 즉시 알 수 있고, ④ 훈련대상자들이 흥미를 가지고 자발적으로 훈련에 참여하는 효과를 얻을 수 있다.

8) 모의경영연습(business game)

모의경영연습 혹은 경영게임이란 종업원에게 경영에 관한 기본적인 운영 전략을 주지시키는 방법으로 활용된다. 이 방법은 피훈련자들이 훈련의 목적에 도달하기 위하여 성원 상호 간에 대해서 또는 그들이 접하는 환경에 대해서 어떤 태도를 가져야 할 것인가에 관하여 통찰을 하도록 하기 위하여 채택되는 훈련 방법을 말한다. 이 방법에서는 강의실에서 모의실행기법이 주로 채택되며, 컴퓨터를 이용한 수학적 모델을 이용하여 경쟁이 될만한 몇 개 회사를 중심으로 팀을 구성해서 게임을 벌인다.

경영게임을 통해서 경영의사결정 방법이나 경영 전반에 대한 지식을 학습뿐만 아니라, 문제에 대한 분석과정 및 시행착오적 결정과정을 통해서 경영에 대한 교육을 하기도 한다.

9) 브레인 스토밍(brain storming)

이 방법은 미국의 광고회사(BBDO)의 부사장이었던 오스본(A.F. Osborn)에 의해서 처음으로 개발된 아이디어 창안을 위한 능력개발기법으로서 자유연상에 의한 아이디어 착상법이다. 이 방법에서는 다수인이 집단회의를 열고 자유스러운 분위기에서 연쇄반응에 의한 아이디어를 창출케 함으로써 질보다는 양에 치중한 아이디어를 개발하는 기법이다.

이 방법에서는 다음과 같은 원칙이 중요시된다.

❶ 타인의 아이디어에 대한 비판 금지

❷ 자유분방한 회의 분위기 조성

❸ 아이디어 개선과 결합을 위한 최선책의 강구

브레인 스토밍의 효과는 다음과 같다.

❶ 인간관계 개선

❷ 모티베이션 개선

❸ 적극적인 근무태도의 형성

❹ 진취적인 태도 유발

❺ 자기개발력 증진

10) 인 바스켓(in-basket) 훈련

이 방법은 교육훈련상황을 실제 상황과 비슷하게 설정하는 것으로서 주로 관리자의 의사결정능력이나 계획능력을 향상시키고, 잠재능력을 평가하기 위해 널리 쓰이는 방법으로 서류함 기법이라고도 한다. 이 방법에서는 피훈련자에게 우선 가상적 회사의 제품, 조직, 주요인물 등에 대한 정보를 제공하고, 다음에 회사업무에 관한 문서, 데이터 등이 제공되는데 피훈련자는 이것들을 검토한 다음 한정된 시간 내에 메모를 작성하거나, 필요한 기록을 하고 또한 과업을 지시하게 됨에 따라 여러 가지 의사결정에 관해 분석 및 평가를 받게 된다.

이 방법에 의해 개발되는 능력은 다음과 같다.

❶ 우선순위를 정하고 사항과의 연관, 추가적 정보요구 등에 대한 상황판단 능력 향상

❷ 문서작성 기법, 회의 개최 계획, 실시한 조치에 대한 설명능력 향상

❸ 의사결정과 대책실시에 대한 자발성 등이다.

11) 감수성훈련(ST : sensitivity training)

감수성훈련은 경영자의 능력개발을 위해서 가장 많이 이용되는 훈련방법이다. 이는 1~2주일 동안 계속적으로 만나는 소집단에서 발생하는 행동을 대면 학습하는 과정이 포함되는데 실험실훈련(laboratory), 집단역학(group dynamics), T그룹(T-grouping)훈련, 대면집단(confrontation)훈련 등으로 불리기도 한다.

이 훈련은 집단 생활을 통해 조직성원들로 하여금 그들 자신을 보다 잘 이해하도록 하고, 다른 사람들에 대한 이해력을 키우며, 집단화과정에 대한 통찰력을 얻을 수 있도록 함은 물론 특수한 행동기술을 개발하도록 하는 것이다. 이 훈련을 통해서 인간의 감수성과 지각을 개선시킬 수 있고, 정서적 적응력 및 대인적 지각과 감성을 키울 수 있다. 또한 커뮤니케이션 능력 및 우호적인 인간관계의 개발이 가능하므로 집단 혹은 팀의 구성원으로서 보다 효과적으로 일하는 방법이나 리더로서의 역할을 보다 원만히 수행하는 방법도 습득할 수 있다.

이 훈련의 구체적 목적은 다음과 같다.

❶ 타인과의 솔직성 증가

❷ 타인에 대한 보다 많은 배려

❸ 개인차에 대한 관용도의 증가

❹ 집단과정에 대한 이해

❺ 경청기술의 향상

❻ 신뢰와 지지의 증가

지금까지 살펴본 교육훈련 방법 외에도 현장에서 도입될 수 있는 기법으로 재학 중인 학생을 관심 있는 호텔 등 관광 기업에 일시적으로 근무하여 체험하게 하는 인턴십(internship), 산학협동의 한 방법으로 OJT와 대학 또는 교육기관 등과 교대로 교육하는 샌드위치 코스(sandwich course) 등의 훈련이 있다.

■CJ 푸드빌 인턴 매니저

CJ 푸드빌

인턴 매니저

인턴 매니저란?
점포운영의 오퍼레이션 리더 및 코칭역할 수행(매니저 승진 前 직급)

담당 직무	담당 업무	공통 업무
Floor(홀)	고객 응대 및 서비스	오픈 / 마감 업무 신입사원 코칭
Kitchen(주방)	조리 및 품질 · 위생 업무	

채용절차

지원자접수 → 서류전형 → 면접전형 → 점포실습 및 입문교육 → 최종합격

인턴 매니저 인사제도

시간제 선택 근무가 가능하며, 인턴매니저로 채용 기회가 부여됩니다.	Floor 또는 Kitchen 의 Operation을 수행합니다.		Floor/Kitchen 의 Operation을 수행하고 점포 관리 역량을 학습합니다.		
Staff	Specialist	Trainer	Captain	Manager	Store Manager
		1년차	2년차	3년차	

※ Fast Track : 인턴매니저 각 직급별 6개월 발탁승진 가능

· **Trainer**
· **Specialist**
Floor 또는 Kitchen의 Operation을 수행합니다.

· **Staff**
시간제 선택 근무가 가능하며, 인턴매니저로 채용 기회가 부여됩니다.

자료 : https://www.cjfoodville.co.kr/recruit

■CJ 푸드빌 현장 스탭

현장스탭이란?
외식전문기업 CJ푸드빌에서 근무하는 현장스탭은 언제나 제일 먼저 고객을 응대하는 CJ푸드빌의 얼굴입니다. CJ푸드빌의 현장스탭은 파트타임으로 시간제 선택근무가 가능합니다.

외식 (빕스, 비비고, 제일제면소, 푸드월드(로코커리, 빕스버거 등), 계절밥상, 푸드오클락, N서울타워)

Floor(홀)

안내, 주문, 서빙, 계산, 홀정리 등 고객서비스 및 점포 오퍼레이션 업무를 담당합니다.

Kitchen(주방)

조리, 식재 준비, 식기세척 등 점포 오퍼레이션 업무를 담당합니다.

프랜차이즈 (뚜레쥬르, 투썸플레이스, 투썸커피)

Floor(홀)

안내, 주문, 서빙, 계산, 홀정리 등 고객서비스 및 점포 오퍼레이션 업무를 담당합니다.

Kitchen(주방)

샌드위치&케이크 제조 등의 업무를 담당합니다.

현장스탭 인사제도

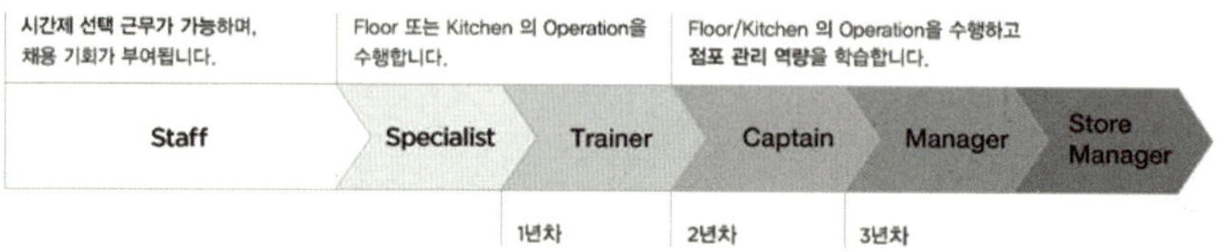

※ Fast Track : 각 직급별 6개월 발탁승진 가능

자료 : https://www.cjfoodville.co.kr/recruit

■대한항공의 인력 양성조직과 체계

◎ 양성조직

- 대한항공에서는 양성에 대한 다양한 욕구를 충족시키기 위해서 다양한 Program을 개발, 운영하고 있으며 글로벌 인적자원을 육성하는데 최상의 환경을 제공하고 있습니다.

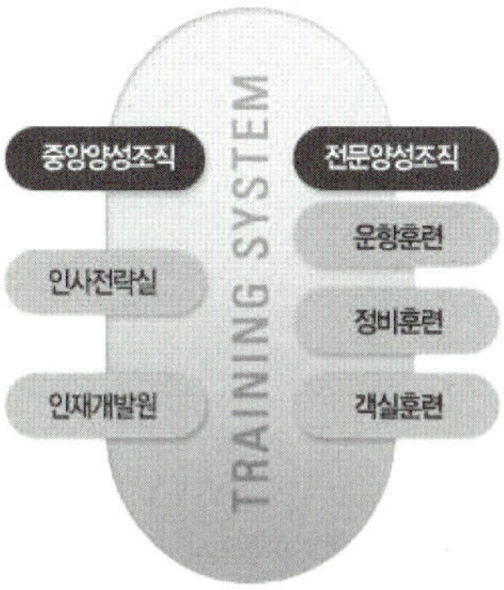

- 인사전략실과 인재개발원에서 양성에 관한 기본 계획을 수립하고, 통합교육을 담당하고 있습니다.
- 교육의 전문성을 높이기 위해서 특성화된 전문교육기관을 운영하고 있습니다.
- 또한 U (Ubiquitous) - Learning 을 구현하기 위해서 Cyber Campus를 운영하고 있습니다.

◎ 기본양성 체계

- 대한항공의 기본적인 양성체계는 회사 및 해당 직급에서 요구하는 역할에 따라 단계별로 구성되어 있습니다.
- 양성 Program 은 Management Development 교육, Global 역량강화교육, 직무능력향상교육, 조직활성화교육 이렇게 크게 4가지로 구분할 수 있습니다.

구분	기대역할 활용목표	Management Development	Global 역량 강화	직무능력향상	조직활성화
임원	경영능력제고	경영능력 향상과정			
고급 관리자	전략적 활용	관리능력 개발 과정 MBA	해외주재	전문기관 교육	Communication Excellence School
중간 관리자	직무 확충 직무 활용	경영일반 과정	해외양성파견	CDP (Career Development Plan) 전담조직 또는 현장을 통한 교육	
실무자	직무적성 확인 Job Skill 배양	문제해결능력 향상 과정 항공경영 기초과정	영어 / 제 2 외국어		

자료 :대한항공 https://recruit.koreanair.co.kr

■아시아나 항공의 직급 체계화 경력개발제도

□ 직급체계

아시아나항공의 직종은 업무의 특성에 따라 크게 일반직, 정비직, 캐빈서비스직, 운항직, 운항관리직으로 나뉘며, 직무 전문성 및 역량 강화를 위해 직종별 직급체계를 운영하고 있습니다.

일반직	정비직	캐빈서비스직	운항직	운항관리직
부장	수석기술감독	수석사무장	기장	선임운항관리감독
차장	선임기술감독	선임사무장	부기장	운항관리감독
과장	기술감독	사무장	수습부기장	선임운항관리사
대리	선임기술사	부사무장		운항관리사
사원	기술사	승무원		

□ 직원 경력개발제도(CDP: Career Development Path)

아시아나항공은 미래에 필요한 리더급 인재양성, 핵심분야 전문가 양성, 준비된 인재의 적시활용 등 조직내 인적자원의 합리적인 개발을 통해, 조직의 경쟁력을 강화하고 조직 구성원의 인적자산 가치를 향상시키기 위해 직원 경력개발제도를 운영하고 있습니다.

직무 및 역량 중심	> 직무 중심의 경력개발 > 직무에서 요구되는 역량과 개인 역량의 적합 여부 판단 및 필요역량 개발
체계화된 경력개발	> 설정된 경력경로에 의한 경력 개발 > 경력개발 계획에 근거한 기회의 제공 및 지원
경력개발 점검 및 수정	> 매년 평가 종료후 경력 계획 UPDATE > 실행사항 진척 관리

자료 : 아시아나 항공 https://recruit.flyasiana.com

■ 아시아나 항공의 인재육성체계

◻ 인재육성체계

아시아나는 글로벌 역량강화, 직무 전문성, 고객 서비스 향상을 위해 교육을 강화시켜 나가고 있습니다.

아시아나는 계층별 필요 역량에 기반한 리더십 Pipeline중심의 계층교육, 핵심인재 양성, 차세대리더 및 국제회의 전문가 양성 등을 통한 글로벌 역량교육을 강화하고 있습니다. 또한 직무자격제도를 통한 직무 전문성 교육을 강화하고 있으며, 현장의 서비스 대응능력 향상을 위한 고객 서비스 교육을 강화시켜 나가고 있습니다. 그 외에도 임직원이 참여하는 다양한 소통의 조직문화 교육을 실시하고 있습니다.

자료 : 아시아나 항공 https://recruit.flyasiana.com

■아시아나 항공의 직종별 양성체계

⊙ 직종별 양성체계

일반직

- 다직무를 경험한 유연한 관리자를 양성하기 위한 대한항공의 일반종합직 양성체계는 기본양성체계를 근간으로 하여 구성되어 있습니다.
- 대한항공 경력개발제도 (Career Development Plan)에 기초한 국내외 직무순환을 통해 풍부한 교육기회와 함께 다양한 업무 경험으로 양성되고 있습니다.

기술직

- 정비관련 전문 관리자 및 전문 Engineer & Mechanic 양성을 목표로 하는 기술직은 교육훈련체계와 직무이동체계를 통해서 양성되고 있습니다.
- 해당 정비업무에 관련된 지식을 습득하기 위한 교육훈련체계를 통하여 기본 교육과정 및 특수전문교육과정을 이수하고 전문자격을 취득하며, 계속적으로 보수교육을 받게 됩니다.
- 취득 된 전문기술은 직무이동체계를 통하여 완성되고 있는데, 현장 및 지원부서, 본부부서 실무와 해외 파견 등 직무 순환을 통하여 특정 정비분야의 Know-How를 축적하여 최고수준의 전문성을 갖추게 됩니다.

운항승무직

- 최고의 비행기술로 안전운항을 책임지는 조종사로서의 능력을 배양하기 위한 운항승무직은 첨단 훈련장비를 통한 최적의 훈련환경 속에서 양성되고 있습니다.
- 장, 단기적인 지속적인 투자와 더불어 선진제도의 도입을 통한 양질의 교육훈련체계를 유지하고 있습니다.
- 철저하게 양성된 조종기술은 수시심사와 Audit을 통하여 끊임 없이 재확인 하고 있습니다.

객실승무직

- 기내 안전을 바탕으로 승객에게 최상의 서비스를 제공할 수 있는 승무원을 양성하는 것을 목표로 하고 있습니다.
- 기내 서비스의 질적상향 표준화를 통한 최상의 서비스를 제공하기 위하여 상시 필수 서비스 교육을 실시하고 있습니다.
- 또한 기내방송교육과 국내선, 국제선, 상위클래스 교육 등 특성화 교육을 통하여 전문성을 강화하고 있습니다.
- 안전한 비행환경 확보를 위하여, 최신의 실물 훈련시설 환경 속에서 정기 및 수시 훈련을 실시합니다.

자료 : 아시아나 항공 https://recruit.flyasiana.com

■ 내일투어의 인재 육성

Career Management	회사발전과 경영환경 변화에 따른 구성원의 효율적 경력개발을 지원하는 통합인력관리 시스템으로 미래를 향한 구성원의 꿈과 희망을 스스로의 계획과 준비로 추진해갈 수 있도록 지원하는 제도 구성원에게는 전문성의 재고와 성장비전을 제시하고, 회사는 경영에 필요한 전문기능인을 양성하여 적재적소의 인력배치와 우수인재를 양성하는 제도	
Mentoring Service	신규입사 직원이 새로운 근무환경에 빠르게 적응하여 현업에 조기 정착할 수 있도록 3개월간 멘토를 선임하여 실질적이고 체계적인 지원이 이루어질 수 있도록 하는 제도	
Job Rotation	구성원들에게 보직변경 혹은 적성에 알맞은 직책 선택의 기회를 부여하고 우수인력을 선별, 육성하며, 구성원 개개인의 잠재능력 개발을 통해 업무생산성 및 만족도 향상을 위한 제도	
FIT Specialist	FIT 전문 코디네이터로 양성하기 위해 전문화 및 조직화를 통해 관련 업무지식을 정리/체계화하고 상호 교류를 통해 시너지효과를 창출할 수 있도록 지원하는 제도	
Education	입문교육	회사 시스템을 이해하고 업무를 수행하는 데 있어 기본적으로 알아야 할 사항
	전산교육	IT(항공,호텔예약, ERP 등 상품운영 프로세스에 필요한 통합전산과정)교육
	리더십 교육	리더로서 갖추어야 할 기본소양을 포함하여 FIT 개발 에 필요한 사항을 프로그램화하여 교육
	직무위탁교육	당사가 필요로 하는 분야에 대한 직무능력향상 교육
	자격취득 지원	FIT 전문가의 필수 자격 취득을 위한 교육
	교양 및 소양교육	서비스인으로서의 소양함양을 위한 교육과정
	기타 교육제도	현지답사, 어학연수 등 실시
Reward	인센티브 제도	연봉 및 급여 외 성과금 지급 년간 목표달성에 따른 특별 인센티브 제공 회사 기여도에 따른 개인별 차등 추가 지급
	우수팀/사원 시상	매월 판매왕(최다인원, 최대매출 부문 각각 시상), 드림팀 포상 연말 목표달성 시 팀별, 개인별 인센티브 지급
	해외연수 지원	평가심사를 통해 6개월 어학연수 및 1~3개월 장기휴가 지원 근속년수에 따른 장기배낭여행 지원 (15일/20일/1개월 해외 인스펙션)

자료 : 내일투어 https://www. nailtour.co. kr

제8장

임금관리

관광인적자원관리

제8장

임금관리

제1절 임금관리의 의의

1. 임금의 의의

일반적으로 임금(wage)이란 사용자의 입장에서 볼 때는 근로자가 제공하는 노동의 대가로 근로자에게 지급하는 보수(pay, fee)이며, 근로자의 입장에서 보면 생활의 원천이 되는 소득이 된다.

우리나라 근로기준법 제 2조에 의하면, 「임금이란 사용자가 근로의 대상으로 근로자에게 임금 · 봉급, 기타 여하한 명칭으로 지급되는 일체의 금품을 말한다」라고 되어 있다. 이때 임금의 의미는 임금 · 급료 · 수당 · 상여금 등도 포함하는 넓은 의미의 임금으로 경우에 따라 급료 · 급여 · 봉급 · 보수 등 여러 가지로 표현되어 왔다. 또 이들 용어는 일반적으로 ① 지급대상, ② 지급기간, ③ 지급방법을 기준으로 구별하여 사용되는 경향이 있다. 미국의 경우 고정급을 받는 사무직(exempt)의 기본급을 급여(salary)라고 하고, 시간당 임금을 받는 생산직(non-exempt)의 기본급은 임금(wage)으로, 회사로부터 받는 총액임금(직접보수, 간접보수 포함)을 보수(compensation)라고 한다. 즉, 임금이라고 하면 육체적인 노동을 위주로 하는 육체근로자(blue-color worker)에게 지급되는 시간급 또는 일당제의 명칭으로 노동의 반대급부를 장기적으로 지급하는 것을 총칭한다. 이와 반대로 봉급 · 급여 · 급료하고 하면 정신근로자(white-color worker)를 대상으로 근로의 반대급부를 장기적으로 지급하는 주급 · 월급 · 연봉 등의 형태로서 이를 총칭하여 봉급이라고 한다. 그러나 임금과 봉급은 다같이 노동을 통해서 얻어지는 소득이라는 관점에서 구분하여 사용하지 않고 총칭하여 임금이라고 부른다.

임금은 통상임금과 평균임금으로 구분되는데 '통상임금' 이란 근로자에게 정기적이고 일률적으로 소정 근로 또는 총 근로에 대해 지급하기로 정한 시간급 금액, 일급 금액, 주급 금액, 월급 금액 또는 도급 금액을 말한다(근로기준법 시행령 제6조 제1항). 통상임금은 평균임금의 최저한도 보장, 해고예고수당, 연장 · 야간 · 휴일근로수당, 연차유급휴가수당 및 출산전후휴가급여(고용보험법 제76조) 등을 산정하는데 기초가 된다. 또한, '평균임금' 이란 이를 산정해야 할 사유가 발생한 날 이전 3개월 동안에 그 근로자에게 지급된 임금의 총액을 그 기간의 총일수로 나눈 금액을 말한다(근로기준법 제2조 제1항). 근로자가 취업한 후 3개월 미만인 경우도 이에 준하며, 평균임금이 그 근로자의 통상임금보다 적으면 통상임금액을 평균임금으로 한다. 이는 퇴직급여, 휴업수당, 연차유급휴가수당, 재해보상 및 산업재해보상보험급여, 구직급여 등을 산정하는데 기초가 된다.

2. 임금관리

임금은 종업원의 입장에서 본다면 노동의 대가로서 얻은 소득이어서 이것은 그들의 생활을 유지하는 수입의 원천이 되며 이사, 총지배인, 부장, 과장, 계장, 종업원 등 근로자의 사회적 신분을 규정하는 사회적 의미를 갖고 있다.

기업의 입장에서 볼 때 임금은 비용이 되나, 보다 엄밀히 말한다면 이것은 기업 활동의 결과로서 얻은 성과의 선급부분이라 할 수 있다. 따라서 근로자

근로자의 개념

① 상용근로자(통상근로자)

- 일정 기간 동안 또는 기간의 정함이 없이 고용이 보장되는 근로형태
- 당사자 간에 소정근로일, 소정근로시간을 정하게 되며 그 시간에 대해 근로 제공의무와 임금지급의무가 발생하고, 소정근로일 결근 시 징계 대상이 됨.
- 시간제 근로자는 이 개념에 포함됨.

② 기간제근로자

- 기간의 정함이 있는 근로계약(기간제 근로계약)을 체결한 근로자

③ 일용근로자

- 근로계약을 명시적 또는 묵시적으로 1일 단위로 체결하여 계속 고용이 보장되지 않는 자로서 건설현장 근로자 등이 이러한 형식을 취함.
- 계약이 반복적으로 체결되어 지속되는 경우에는 상용근로자로 봄.
- 소정의 근로일이 없으므로 6일간 계속 근로하면 주휴일 부여, 1월간 계속 근로 하면 월차유급휴가를 부여하게 됨.

④ 임시직 근로자

- 일시적 필요기간 동안 고용이 보장되며 그 기간 동안 통상근로자와 똑같이 근로기준법의 적용을 받으며, 휴일?휴가 등은 소정 근로일을 기준으로 하게 됨.
- 업무가 한시적이거나 통상근로자가 휴가사용 등으로 일시적으로 업무의 공백이 생길 때 이를 보충하기 위해 고용되는 자

⑤ 아르바이트 근로자

- 자신의 여가시간을 활용하여 취업하는 자로서 시간제 근로자가 될 수 있음.

⑥ 타기업 파견 근로자

- 자사와의 고용계약에 따라 자사에 재직한 채로 회사의 명령에 의하여 타사에 파견되어 타사 지휘 감독에 따라 타사의 노무를 제공하는 것.

⑦ 시간제 근로자

- 1주의 소정 근로일 또는 소정 근로시간이 당해 사업장의 동종업무에 종사하는 통상근로자의 소정 근로일 또는 소정 근로시간에 비해 "상당한 정도 짧은 자"를 말함.
- 시간제 근로자를 고용할 때에는 임금, 근로시간, 기타의 근로조건을 명확히 한 근로계약서를 작성하여 근로자에게 교부하여야 함.

는 보다 많은 안정적인 임금지급을 요구하나, 사용자측은 종업원들이 기업 목적의 달성을 위해 바친 노력과 능률에 대응하는 수준에서 지급하려 한다. 기업 측에서는 임금이 기업의 주요 코스트이기 때문에 가능한 한 저율의 임금인상을 하려하고, 종업원 측에서는 이와는 반대로 임금이 주요 수입원이기 때문에 가급적 임금을 고율로 요구하게 되는 것이다. 이러한 임금이 가지는 양면적 기능 때문에 임금을 둘러싼 노사분규가 생기기 쉬우므로 이에 대한 임금관리는 인사관리상 중요한 내용이 된다.

1) 임금관리의 목적

임금관리는 상반되는 이해관계를 조정하여 상호이익의 방향으로 임금제도를 형성함으로써 노사관계의 안정을 도모하고 이를 바탕으로 노사협력에 의한 조직의 생산성 증진과 종업원들의 생활향상을 달성하는데 목적이 있다. 또한, 외부시장에서의 임금경쟁력은 우수한 인력유치와도 관련이 있고, 임금수준, 복리후생, 능력개발, 조직문화, 심리적 보상, 동기부여, 성과창출 면에서 임금관리의 중요성이 있다. 따라서 임금관리는 임금의 다양한 기능을 충족시키는 방향으로 운영되어야 한다. 임금의 최저수준은 생계비를 보장하는 것이어야 하며, 단기적 관점보다 장기적 관점에서 임금수준의 꾸준한 향상을 통하여 구성원들의 기대를 충족시키는 동태적인 관리의 관점을 중요시하여야 한다. 또한 임금관리는 효율적인 인적자원의 활용과 조직체 성과에 많은 영향을 주고 있으므로 개인과 조직의 가치창출과 공존을 위하여 다음과 같은 목표를 갖추어야 한다.

(1) 적절성

임금시스템은 사회경제, 노사관계, 법규의 관점에서 적절한 임금수준을 유지해야 한다.

(2) 안정성

근로자의 경제적 안정과 그들의 안전욕구(safety need) 충족에 기여해야 한다. 임금은 근로자의 생활안정, 기업의 개별경제 안정, 국가의 국민경제 안정에 기여하여야 하는 것이다.

(3) 공정성

전반적인 임금수준뿐만 아니라 조직구성원 각자에게도 그의 노력과 능력 그리고 기술, 기능 등 여러 기준에 의하여 공정한 임금이 지급되어야 한다.

(4) 타당성

임금은 개인과 조직의 관점에서 상호 이해할 수 있고 타당하다고 느껴져야 한다.

(5) 균형성

임금은 복리후생 등 여러 종류의 보상이 균형 있는 패키지를 구성하고 있어야 한다.

(6) 경제성

조직의 재력과 형편을 고려하고 일관성을 유지함으로써 조직체에 무리한 경제적 부담을 주어서는 안 된다.

(7) 동기유발

임금은 인센티브(incentive)와 관련하여 근로자의 생산성 제고에 기여하여야 한다.

그림 8-1 **보상체계**

<table>
<tr><td rowspan="6">보상</td><td rowspan="5">임금</td><td colspan="3">기본급</td><td>기준임금</td></tr>
<tr><td rowspan="3">수당</td><td colspan="2">정상근무수당</td><td rowspan="3">기준 외 임금</td></tr>
<tr><td colspan="2">초과근무수당</td></tr>
<tr><td colspan="2">특별근무수당</td></tr>
<tr><td>개인</td><td>집단</td><td>조직</td><td>인센티브</td></tr>
<tr><td colspan="4">법정 복지후생비</td><td>복지후생비</td></tr>
</table>

2) 임금관리의 영역

임금관리는 크게 임금수준(wage level)의 관리, 임금체계(wage structure)의 관리, 임금형태(wage payment methods)의 관리 세 분야로 나뉘어진다. 임금수준의 관리는 조직구성원에게 지불하는 평균 임률 · 임금액을 정하는 문제를 다루고, 임금체계의 관리는 개별임금총액의 문제를 다루며, 임금형태의 관리는 임금지급방법을 다룬다.

표 8-1 **임금관리의 영역**

임금관리의 영역	임금관리 기준	내용
임금수준의 관리	전체 종업원의 임금수준결정 (적정성의 원칙)	생계비조사, 임금조사, 지불능력
임금체계의 관리	개별임금총액의 형성 (공정성의 원칙)	연공급, 직무급, 직능급, 자격급
임금형태의 관리	구체적 지급방법 (합리성의 원칙)	고정급, 성과급

그림 8-2 **임금관리의 3요소(경영자 관점)**

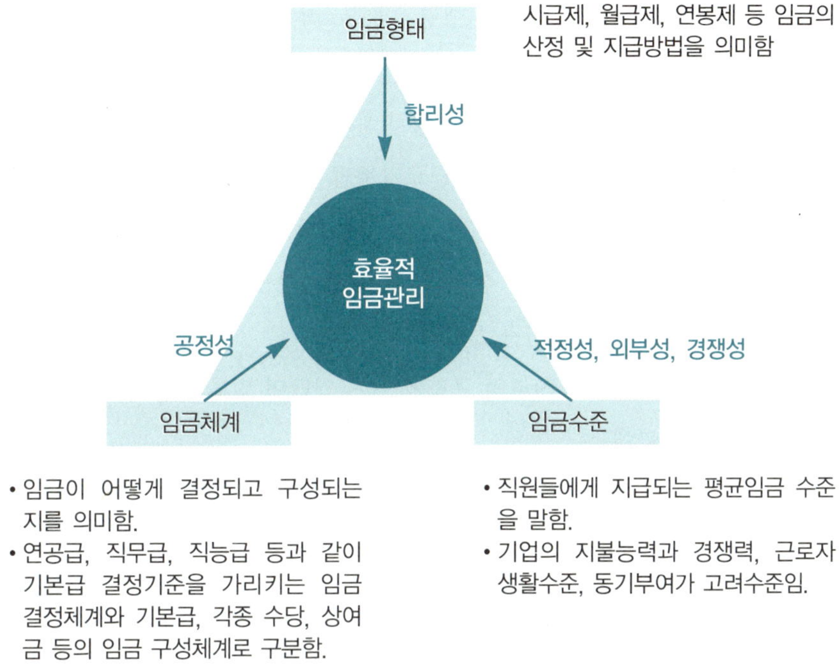

3) 임금관리 시 지켜야 하는 법률적 사항

(1) 임금의 계산

❶ 근로계약으로 당사자가 정한 임금을 근로의 실적으로 계산한다.

❷ 연장, 야간, 휴일에 근로할 경우 할증임금(통상임금의 50% 이상)을 계산한다.

❸ 근로자가 휴가사용 시 유급휴가수당을 계산한다.

(2) 임금대장의 작성

임금대장은 회사에서 근로자에게 지급한 임금, 상여금, 각종 수당을 종합하여 작성하고 지급한 기본 급여와 상여금, 퇴직금, 제 수당 등의 공제금액을 모두 기재하여야 한다.

임금대장에 기재할 사항은 임금과 가족수당 계산의 기초가 되는 사항, 임금액 그밖에 「근로기준법 시행령」 제27조제1항에서 정한 사항을 개인별로 기재하여야 한다.

❶ 사업장별로 임금대장을 작성 비치하여야 한다.

❷ 임금대장에 기록할 사항(근로기준법 시행령 제27조)

- 성명, 주민등록번호, 고용연월일, 종사하는 업무
- 근로일수, 근로시간 수, 임금 및 가족수당의 계산기간
- 휴일 · 연장 · 야간근로 시의 근로시간 수
- 근로기준법 제43조의 규정에 의거 임금의 일부를 공제하였을 경우 공제한 금액
- 기본급 · 수당 기타 임금의 내역별로 그 금액

(3) 임금의 지불(근로기준법 제43조)

- 임금은 매월 1회 이상 일정한 기일을 정하여 지급하여야 한다.
- 통화로 직접 근로자에게 그 전액을 지급하여야 한다.
- 임시로 지급하는 수당, 임금, 기타 이에 준하는 것은 제외한다.

표 8-2 **임금대장**

임 금 대 장																			
																			관리번호 : 0000
성명	주민등록번호	기능 및 자격		고용연월일		종사업무	임금계산기초사항								가족수당계산기초사항				
							기본시간급			기본일급			기본월급		부양가족수	1인당지급액		계산기간	
구분 / 월별	근로일수	근로 시간수	연장 근로 시간수	휴일 근로 시간수	야간 근로 시간수	기본급	제수당						현금	기타임금 / 현물		총액	공제액	영수액	영수인
							가족수당	연장근로수당	휴일근로수당	야간근로수당				품명	수량평가액				

제2절 임금의 결정 기준

일반적으로 기업의 임금관리에 관한 문제는 임금의 전반적인 수준과 개인의 임금격차에 관한 내용으로 구분할 수 있다. 임금수준에 영향을 미치는 요소는 국민경제, 노동생산성, 정부의 임금정책, 기업의 지급능력 등이며, 임금격차에 영향을 미치는 요소는 근로자 개인의 학력, 능력, 연령, 자격, 가족수 등을 들 수 있다.

1. 임금수준관리

임금수준(wage level)의 관리는 임금격차의 관리이다. 임금수준이란 종업원 1인에게 지급되는 평균 높이를 말하는 것으로 임금베이스(wage base)라고도 한다. 임금수준은 기업에서 지급되는 임금총액을 종업원의 수로 나눈 것, 즉 1인당 평균 노무비를 말하는데 이는 조직전체 임금의 상대적 수준을 나타내는 평균임금의 개념으로 쓰이기도 하고, 임금예산의 수준이란 뜻으로 쓰이기도 한다.

임금수준의 고저는 기업에 있어서 노무비 수준이 되는 동시에, 종업원 생활비의 높낮이가 되기 때문에 그 적정수준을 유지한다는 것이 그렇게 쉬운 일은 아니다. 그러나 임금수준의 적정선이 유지될 수 있을 때 기업과 종업원은 둘 다 만족할 수 있기 때문에 임금수준을 결정할 때는 신중을 기하여야 한다.

표 8-3 **통상임금과 평균임금(근로기준법)**

	통상 임금	평균 임금
정의	근로자에게 정기적 · 일률적으로 소정 근로 또는 총 근로에 대하여 지급하기로 정한 시간급 금액, 일급 금액, 주급 금액, 월급 금액, 도급 금액	평균임금이란 이를 산정하여야 할 사유가 발생한 날 이전 3개월간에 그 근로자에 대하여 지급된 임금의 총액을 그 기간의 총일수로 나눈 금액
적용	「통상임금산정지침」 제3조 - 연장, 야간, 휴일 근로수당 - 해고 예고수당 - 최저임금 - 연차휴가의 대체수당 - 기타 법에 "유급"으로 표시되어 있는 경제적 보상	- 퇴직금 - 휴업수당 - 재해보상(휴업보상, 장해보상, 유족보상, 장례비, 일시보상, 분할보상 등) ※ 제외되는 기간 및 임금 - 업무상 부상 또는 질병으로 휴업한 기간과 그 기간에 지급된 임금 - 사용자의 귀책사유로 인하여 휴업한 기간과 그 기간에 지급된 임금 - 수습사용 중의 기간과 그 기간에 지급된 임금 - 근로자가 취업한 후 3개월 미만인 경우도 이에 준한다.
산정방법	- 시간급, 일급, 주급, 월급	- 사유발생일 이전 3개월간의 임금총액/총일수

※ 임금총액
- 근로의 대상으로서 사용자가 근로자에게 지불하는 모든 것(현실적으로 지급된 임금뿐만 아니라 지급되어야 할 임금채권도 포함)
- 상여금은 산정사유발생일 이전 12개월 중에 지불된 금액을 그 기간 동안의 월수로 분할 산정하여 계산

2. 임금수준의 결정 요인

임금수준을 결정될 때 기업의 지불능력과 경쟁력, 근로자의 생활수준, 동기부여를 고려해야 하는데 일반적으로 임금수준의 결정요인으로는 ① 종업원의 표준생계비, ② 기업의 지급능력, ③ 사회일반의 임금수준, ④ 노동생산성 등을 들 수 있으며, 이외에도 기업의 외부환경요인과 내부환경요인에 의해서 영향을 받기도 한다.

1) 표준생계비

임금은 종업원과 그 가족의 생계를 위한 기초 수단이며, 그것은 노동의 재생산을 위한 수단이기도 하다. 생계비(cost of living)는 근로자들의 생계를 유지하기에 필요한 임금의 하한선을 결정하는 데 도움을 준다. 표준생계비란 종업원의 생계만을 보장할 수 있는 최저임금으로서의 생존임금이 아니라, 그들의 문화적인 생활을 보장할 수 있는 생활임금(living wage)을 뜻한다. 따라서 그것은 인플레이션 시에 물가상승을 커버해 나갈 수 있는 실질임금인 것이지, 단순한 명목임금(nominal wage)은 아니다. 생계비를 측정하는 방법에는 실태생계비조사와 이론생계비조사가 있다.

2) 기업의 지급능력

기업이 많은 임금을 종업원에게 지급할 수 있을 때, 종업원의 경제적 만족은 커질 것이다. 그러나 기업은 종업원에게 무한정으로 임금을 지급할 수는 없다. 호텔기업은 종업원들이 기업 내에서 실현하는 생산성을 통해서 얻을 수 있는 이익을 감안하여 종업원에게 임금을 지급하여야 하기 때문에 기업이 종업원에게 지급할 수 있는 임금의 최고수준은 종업원의 한계생산력과 그에게 지급하는 실질임금의 수준이 일치할 때이다. 다시 말해서 기업이 종업원에게 제공하는 유인이 종업원이 기업에 바치는 공헌과 같을 때에 한한다. 호텔기업은 그 자체의 존속을 위해서 약간의 이익, 즉 최저필요이윤 또는 적정이윤을 확보하여야 하기 때문이다. 임금이 이와 같이 기업의 지급능력에 준해서 지급될 때 그것은 임금수준의 최고액을 나타낸다.

3) 사회일반의 임금수준

임금수준은 사회적 균형이 유지되도록 책정되어야 한다. 임금은 동종기업, 동종산업은 물론이고 이종산업 간에 있어서까지도 동일노동에 대해서는 동일임금을 지급할 수 있도록 하여야 한다. 이러한 적정임금은 능력과 업적을 기초로 하되, 남녀별, 지역별, 직업별, 산업별, 규모별로 그 격차가 없는 것을 이상으로 한다.

4) 노동생산성(labor productivity)

생산성(productivity)의 개념은 여러 의미로 쓰이지만, 대체적으로는 노동생산성을 뜻하는 것으로 이해되며, 임금수준을 높이기 위해서는 노동생산성을 높여야 한다. 따라서 노동생산성의 향상은 임금수준을 향상시키기 위한 기본 요건이 된다. 노동생산성의 향상 없이 임금수준만을 높인다는 것은 불가능하므로 높은 임금수준을 유지하기 위해서는 종업원의 노동생산성을 제고 시켜야 한다.

5) 경쟁기업의 임금수준

관광 기업 중 호텔 기업은 등급에 따라 임금수준도 서로 대등한 관계를 형성하게 되므로 동일 업종 기업의 임금수준은 한 기업의 임금수준을 결정하는데 실질적으로 영향을 준다.

6) 사회 · 경제적 영향

임금은 사회적 생활양식으로부터 크게 영향을 받는다. 임금수준은 국민경제상황과도 깊은 관계가 있어 경제수준 및 경제성장률이 높을수록 임금수준은 일반적으로 높고, 경제가 침체되어 있으면 임금수준은 낮아진다. 또한 취업률과 노동시장 상황 역시 임금수준에 영향을 미치므로 노동시장의 수요공급사정을 알려면 임금조사(wage survey)를 할 필요가 있다.

7) 정부의 규제

원칙적으로 임금은 노동의 수요 · 공급과 시장원리에 따라 노사간의 임금 교섭을 통하여 정해지는 것이 순리이겠으나 정부가 임금의 가이드라인을 정하여 권고하는 등의 정책을 펼쳐왔고, 또한 정부의 최저임금법이나 임금조정법 등 임금과 관련된 각종 법규들이 임금수준의 결정에 영향을 준다. 이는 정부가 종업원들의 최소한의 생활을 보장하여 것은 사회문제를 해소하고 산업평화를 유지하기 위해서도 꼭 필요하며, 종업원들의 기본생활에 대한 안정을 도모하기 위하여 법률이나 노사 간의 단체협약, 기타의 방법으로 임금지급의 최저수준을 정하고 있다.

이상의 요인 외에도 임금수준의 결정요인으로는 조직의 규모와 역사, 경영방침, 노동조합의 영향 등이 있다.

한편, 우리나라 호텔기업의 임금인상률 결정방식을 보면 호텔의 규모가 클수록 단체교섭에 의한 방식을 채택하는 비중이 현저히 증가하고 있는 반면, 규모가 작을수록 회사의 임금관리 방침에 의한 방식을 채택하는 경우가 많다. 또한 임금인상률 결정기준으로는 경영수지상태 또는 기업의 인건비 지불 능력, 노사관계 안정 또는 노사의 임금합의, 타 기업 임금인상률, 물가상승 또는 생계비 상승률이 대표적인 것으로 나타났다.

제3절 임금체계

1. 임금체계의 의의

임금체계(wage structure)란 임금이 어떻게 결정되고 구성되는 지를 의미하는 것으로 지급되는 임금의 구성내용, 즉 임금의 지급항목과 내용을 말한다. 임금의 기본 체계를 직무지향적으로 할 것인가, 인간지향적으로 할 것인가, 이 두 가지를 혼합할 것인가를 다루는 것이다. 따라서 임금체계는 이 세 가지 기본적인 구성체계 아래서 어떠한 형태로 임금을 지급할 것인가를 다루는 임금형태보다는 상위개념에 속한다.

임금체계는 연공급, 직무급, 직능급 등과 같이 기본급 결정기준을 가리키는 임금결정체계와 기본급 · 각종 수당, 상여금 등의 임금구성체계로 구분한다. 임금체계는 종업원의 만족과 협동을 가장 효율적으로 끌어내면서 기업의 노무비도 가장 효과적으로 유지할 수 있도록 구성되어야 한다. 따라서 임금지급의 기본원리는 고정된 시간에 의해서 기본생활급을 종업원에게 보장하되, 능력이나 능률에 따라서 추가급을 지급함으로써 생활의 보장과 능률의 자극을 동시에 도모할 수 있는 임금체계가 유지되어야 한다.

2. 임금체계의 결정기준

1) 기준임금(standard wage)

기준임금이란 근로계약에 의하여 제시된 일정 작업조건 하에서 일정 근로시간 동안 제공된 정상적인 근로에 대해 지급되는 임금으로서 정해진 금액이 지급되는 고정적이고 안정적인 임금을 말한다. 기준임금은 급여체계의 중심이 되며, 기본급과 제 수당이 포함되며, 생활보장급(본인급, 가족수당), 능력급 · 근속급이 기본임금에 포함된다.

그림 8-3 **임금체계**

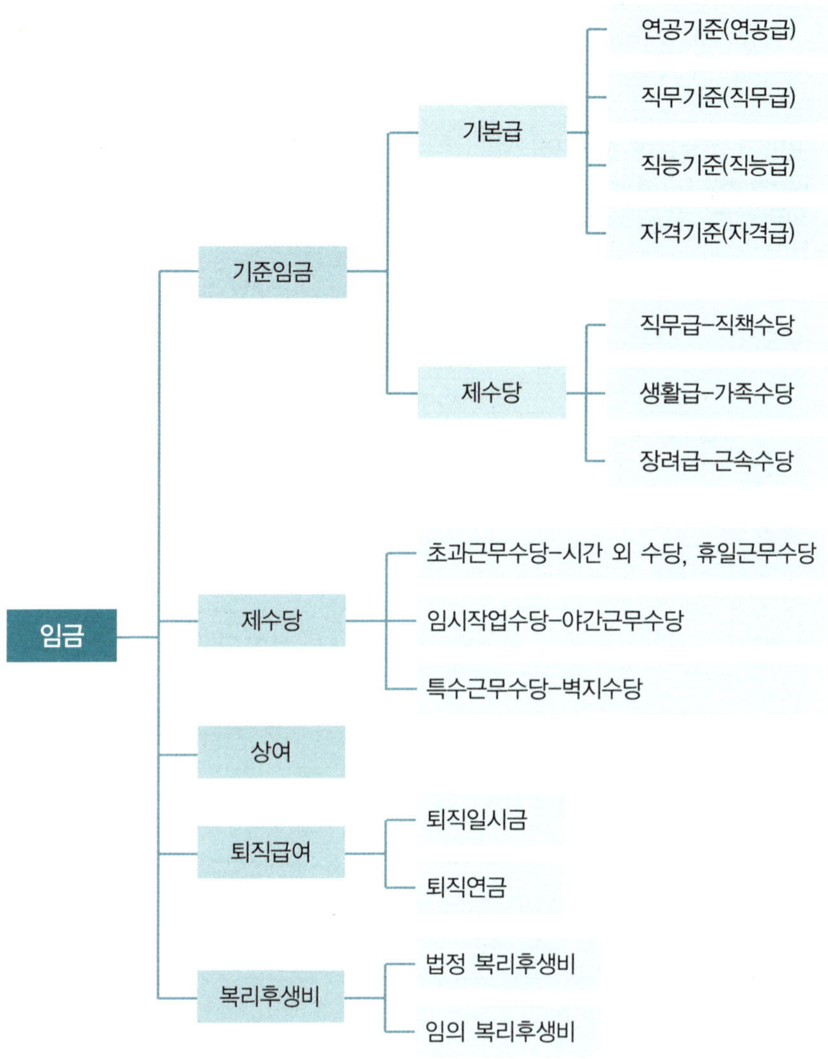

(1) 기본급의 범위

우리나라에서 기본급이라 함은 기본적으로 지급되는 급여로 "본봉"을 의미하나 근로계약, 취업규칙, 단체협약 등에 의하여 소정근로시간 또는 법정근로시간에 지급하기로 정하여진 기본임금을 말한다. 즉, 임금을 인상하거나 인상을 협의하는 과정에서 인상 및 협의대상이 되는 범위를 말하는 것이다.

따라서 여기에는 본봉은 물론이고 고정급의 형태를 취해 실질적으로 본봉과 똑같이 취급되고 있는 각종 수당이 포함되는 경우가 많다.

표 8-4 **기본급의 결정기준**

	연공급	직무급	직능급	자격급
임금 결정 기준	연령, 근속기간, 학력, 성별, 경력 등	직무의 중요도, 난이도, 기여도에 따라 직무의 질·양에 대한 상대적 가치평가	직무수행 능력에 따라 개별임금을 결정	자격취득에 따라 임금지급을 제도화
특징	연공요소가 많아짐에 따라 기본급이 높아짐	"동일직무 동일임금" 지급의 원칙	연공급의 속인적 요소와 직무급의 속직적 요소의 절충	직무급과 연공급의 절충
장점	• 생활보장, 고용안정 • 연공존중, 동양적 질서확립 • 가족주의적 인간관계	• 동일노동·동일임금에 따른 공정한 임금지급 • 직무기준에 따른 합리적 인사관리	• 근로자의 능력신장 • 유능한 인재확보 • 동양적 풍토에 적합	• 자아발전의 욕구충족 • 근로의욕 향상 • 연공에 따른 자동 승급 방지 • 직무중심의 경직성 방지
단점	• 소극적 근무태도 • 젊은층의 사기저하 • 인건비 부담	• 절차가 복잡 • 연공중심의 풍토에서 오는 저항 • 인적자원관리의 융통성 결여	• 직무수행능력저하자의 근무의욕상실 • 직무표준화·직무분류가 미비시 비효과적	• 자격기준의 형식성 • 시험제도로 인한 인간관계 저해의 우려

❶ 연공급

이는 종업원의 근속연수에 따라서 자동적으로 승급이 보장되는 정기승급 제도이다. 이 임금의 계산에 있어서는 종업원의 학력, 연령, 근무연수 등이 주로 감안된다. 연공급은 직장 내 경영질서의 유지, 고용 및 생활의 안정, 기업에 대한 일체감 조성 등의 장점이 있으나 젊고 유능한 인재의 사기저하, 소극적이고 안이한 직무태도 조성, 불합리한 인건비의 상승 등의 문제점을 안고 있다.

❷ 직무급

이는 조직 속에서 어떤 직무가 갖는 상대적 가치를 평가하는 직무평가에 의하여 일정 직무가 갖는 질적 요건에 기초를 두고 임금을 지급하는 것이다. 직무급은 '동일노동 · 동일임금의 원칙'에 입각하여 직무의중요성, 난이도 등에 따라서 각 직무의 상대적 가치를 평가하고, 그 결과에 의거하여 그 가치에 알맞게 지급하는 임금을 말한다. 직무에 상응하는 임금을 지급함으로써 임금의 공정성을 기할 수 있고 애로직무(bottleneck job)에 대한 우대로서 노동생산성을 자극할 수 있으며, 일괄적으로 임금을 지급하는 연공서열급에서 생기게 되는 노무비의 손실을 방지함으로써 인건비의 효율을 증대시킬 수 있다.

❸ 직능급

이것은 종업원의 직무수행능력을 기준으로 임금을 지급하는 것으로 일단 학력이나 근속연수를 기준으로 삼으며 직무수행능력을 주된 기준으로 한다. 즉, 연공급의 속인적 요소와 직무급의 속직적 요소를 절충한 방법으로 보다 유익한 급여체계를 유지하기 위한 방법이다.

❹ 자격급

이 방법 역시 직능급과 마찬가지로 연공급과 직무급의 절충형으로서, 특징은 종업원에게 자격취득 요건을 사전에 제시하고, 요건을 갖출 때 그에게 임금의 차이를 두게 하는 제도이다. 특히 이 제도는 무사안일에 빠지기 쉬운 연공급의 단점을 커버하고 종업원의 자기발전을 기함으로써 직업에 대한 도전력을 길러낼 수 있도록 직무요건을 강조한다.

❺ 종합급

직무 혹은 직책의 위상, 직무적 요소와 속인적 요소를 종합적으로 고려하여 결정하는 방법이다.

표 8-5 **급여 관련 용어**

구분	관련용어
기본급 결정주기	연봉제, 월급제, 주급제, 일급제
기본급 결정률	호봉제, 밴드제
기본급 결정기준	직무급, 역량급(능력급), 경력급(연공급), 성과급(merit pay)

(2) 수당의 종류

우리나라에서 지급하는 수당은 크게 법정수당과 임의수당이 있다. 법정수당이란 근로기준법에 명시된 각종 근로조건과 관련하여 지급사유가 발생하면 반드시 지급해야 하는 수당을 말하며, 임의수당이란 기업이 특정 목적을 가지고 지급하는 것이기 때문에 경영여건에 따라 신축성 있게 조절 지급할 수 있는 수당이다.

표 8-6 **법정수당과 임의수당**

법정수당	임의수당
휴일수당, 연장근로수당, 야간근로수당, 휴일근로수당, 주휴수당, 연차수당, 월차수당, 생리수당 등	직책수당, 직무수당, 근속수당, 능률수당, 물가수당, 지역수당, 주거수당, 통근수당, 가족수당, 장려수당, 판촉수당 등

(3) 기본급과 수당의 차이

기본급과 수당의 차이를 몇 가지 관점에서 살펴보면 다음과 같다.

❶ 기본급은 상규적이며 기본적 성격을 갖는 데 비해 수당은 임시적, 보조적 성격을 띤다.

❷ 기본급은 근로자의 모든 조건을 종합하여 그 금액을 결정하나, 수당은 특유의 조건만을 반영하여 금액과 종류가 결정된다.

❸ 기본급은 여타 수당의 산정기초로 활용되는 데 비해 수당은 기본급을 기초로 하여 파생된 급부이다.

❹ 기본급은 전체 종업원을 대상으로 하는 데 비해 수당은 적용 대상이 개별적 성격을 갖는다.

2) 기준 외 임금

기준 외 임금이란 근로계약에서 정한 계약 근로시간이나 근로조건 이외의 근로를 하였을 때, 이에 대하여 부가급의 형태로 지급하는 특별임금이다. 따라서 기준임금이 정상임금이라고 한다면 기준 외 임금은 특별임금이 되며, 이에는 다음과 같은 세 가지 수당이 포함된다.

(1) 초과근로수당

이는 통상시간 이외의 노동시간, 즉 잔업시간, 휴일근무시간, 기타 근로에 대해서 지급되는 것으로, 이는 통상임금의 50% 이상을 가산 지급하여야 한다. 여기서 통상임금이란 근로자에게 정기적, 일률적으로 소정근로 또는 총근로에 대하여 지급하기로 정해진 시간급 금액, 주급금액, 월급금액 등을 말한다.

(2) 임시작업수당

이는 야간근무 등과 같이 근무 자체의 질적 조건이 나쁜 작업을 수행할 때 지급되는 특별수당이다.

(3) 특수근로수당

이는 벽지수당 등과 같이 특수한 조건 하의 근무에 대한 수당을 말한다.

총액임금제도와 최저임금제도

(1) 총액임금제도

총액임금제(total wage system)는 근로자가 1년간 고정적으로 지급받는 기본급과 각종 수당, 상여금 등을 합산하여 12로 나눈 액수를 기준으로 임금인상률을 결정하는 제도이다. 이는 1992년 임금교섭지도지침을 통해 발표한 임금정책으로 임금체계를 합리화하여 각종 명목의 수당 신설로 인한 임금의 편법 인상을 막고 고임금 업종의 임금인상을 억제하기 위한 것이다. 총액임금에는 고정기본급 · 직무수당 · 정기상여금, 연월차수당 등 지급금액이 확정되어 있는 수당은 모두 포함되며, 연장근로수당 · 야간근로수당 · 휴일근로수당 등과 경영성과에 따라 지급되는 성과급적 상여금 및 특별상여금은 제외된다.

(2) 최저임금제도

최저임금제도란 근로자의 생활안정과 근로능력향상을 목적으로 국가가 노 · 사간의 임금결정과정에 개입하여 근로자에게 임금의 최저수준을 보장하고, 사용자에게는 최저임금 수준 이상의 임금을 지급하도록 강제하는 제도를 말한다.

최저임금제도에서의 "근로자"란 직업의 종류와 관계없이 임금을 목적으로 사업이나 사업장에 근로를 제공하는 자(최저임금법 제2조)로서 상용근로자는 물론 일용근로자, 파트타임근로자, 외국인근로자 등 고용형태나 국적 · 연령 등에 관계없이 적용한다. 또한, 15세 미만인 자(중학교에 재학 중인 18세 미만인 자 포함)가 고용노동부장관이 발급한 취직인허증을 소지하지 않은 경우에도 근로기준법위반의 문제와 상관없이 적용된다.

자료 : http://easylaw.go.kr

'수습알바도 최저임금 적용'

환노위, 최저임금법 개정안 의결

국회 환경노동위원회는 28일 전체회의를 열고 수습으로 근무하는 아르바이트 근로자의 최저임금을 보장하는 내용의 최저임금법 일부 개정법률안을 의결했다. 법안은 법제사법위원회를 거쳐 30일 본회의에 상정된다. 개정안은 현행법상 수습 기간에 있는 단순 노무자의 최저임금을 10% 내에서 감액할 수 있도록 한 규정을 삭제하는 내용을 담고 있다. 현행법은 1년 이상 계약을 체결한 근로자에 대해 3개월 미만의 수습 기간을 둘 수 있고, 이 기간은 업무 숙달 과정이라는 점을 인정해 최저임금보다 낮은 임금을 지급할 수 있도록 정하고 있다. 의결된 개정안이 법제사법위원회를 거쳐 본회의에서 통과되면 패스트푸드점, 주유소 등에서 일하는 단순 노무 근로자는 수습 기간에도 10% 감액된 최저임금이 아닌 최저임금 전액을 받게 된다. 더불어민주당 간사인 한정애 의원은 "그동안 최저임금 감액 규정을 악용하는 사업주가 많았다"면서 "법이 개정되면 3개월 동안 부당하게 최저임금 이하의 월급을 받던 마트 직원, 주유소 · 편의점 아르바이트생 등을 구제할 수 있을 것"이라고 말했다.

자료 : 매일경제. 2017. 3. 28.

'알바 수습직원 최저임금 보장법' 법안 처리

앞으로 편의점과 식당, 카페 등의 종업원 · 아르바이트생들은 수습 기간에도 최저임금을 보장받을 수 있게 된다. 국회는 31일 오후 8월 임시국회의 마지막 본회의를 열고 이 같은 내용의 '최저임금법 개정안'을 비롯해 무쟁점 법안 20여건을 처리했다. 우선 숙련 기간이 필요 없는 단순 노무 업무 직종 근로자에 대해선 3개월 수습 기간에도 최저임금 전액을 지급하는 법안이 국회를 통과했다. 현행 최저임금법에 따르면 1년 이상의 계약을 체결한 경우 3개월 미만의 수습근로자에게는 최저임금 이하의 임금을 지급할 수 있도록 돼 있다. 그러나 일부 사업주들이 이 규정을 악용하는 사례가 발생하면서 단순 노무업에 대한 최저임금 감액지급 규정을 삭제한 것이다.

자료 : 아시아경제. 2017.08.31.

3. 우리나라 기업 임금체계의 특징과 한계

우리나라 기업의 전통적인 임금체계는 연공급을 그 기본으로 하고 있으며 연공급이 가지고 있는 임금관리상의 경직성으로 인해 환경변화에 대응하여 유연하게 인건비를 관리할 수 있는 가능성을 크게 제약하고 있으며 능력과 성과를 고려할 수 있는 여지 또한 매우 적다.

연공급에 기초한 임금체계는 인적자원의 서비스에 의존하는 기업으로서는 과중한 인건비의 부담 때문에 유연한 관리를 제약하여 경쟁력을 저하시키고, 기업 내의 보상관리에 있어 성과와 능력을 보상과 연결시키기 어렵다.

1) 임금체계의 특징

(1) 임금체계는 크게 기본급과 다양한 수당 그리고 상여금의 세 가지로 구분된다

기본급은 직급과 근속연수에 따라 증가하는 호봉에 의해 결정되며, 상여금은 다시 기본급에 연동되어 비례적으로 결정되는 것이 관행이다.

(2) 전통적인 임금체계는 임금구성과 관련하여 기본급의 비중이 매우 낮고 제수당이나 상여금의 비중이 높다

기업들이 기본급의 비중을 낮게 책정하는 것은 퇴직금을 포함한 다른 모든 임금항목 산정의 기준이 되는 기본급의 비중을 낮춤으로써 인건비를 줄이려고 한데 그 원인이 있고, 정부의 임금 가이드라인을 회피하기 위해 다양한 수당 항목들을 신설하면서 제수당의 비중을 높여온 것이 사실이다.

(3) 임금체계가 매우 복잡하다

기본급이 낮은 대신 임금보전을 위해 도입된 수당이 보통 10여 가지를 상회하고 있고, 상여금 역시 원래의 상여금의 기능을 상실한 채 고정급으로 운영되고 있다. 그 결과 종업원들은 자신의 임금이 어떤 기준과 항목을 통해 최종 결정되는지에 대해 이해하기 곤란하다.

이와 같은 문제를 해결하기 위하여 많은 호텔 · 외식 기업에서 영업 부서에 근무하는 종업원을 중심으로 직무급 또는 직능급체계로 전환하여 운영하고 있으나 아직도 연공급 체계를 관리하고 있는 실정이다.

우리나라 호텔기업이 경직적인 임금체계를 가지게 된 데에는 여러 가지 원인이 있는데, ① 한국의 전통적 유교 가치관에 의한 위계질서를 강조하고 있고, ② 인력시장이 특급호텔과 일반호텔 및 외식산업으로 구분되어 특급호텔의 경우 노동조합의 강력한 임금인상 요구에 따른 고임금정책을 유지하였었다. ③ 호텔기업 상호 간에 동질성을 유지하려는 경향과 정부의 획일적인 노동경제정책들이 임금정책에 많은 영향을 줌에 따라 호텔기업들 간에 인사제도나 임금제도가 차별화되기 힘들었다. 따라서 우리나라 호텔기업이 개인의 성과와 조직성과의 향상을 유도하기 위해서는 종업원의 능력 · 노력 · 성과 등을 반영한 공정한 보상이 이루어져야 하므로 임금체계에 대한 새로운 검토와 도입방안을 모색해야 한다.

2) 임금제도의 개선방향

❶ 개인별 능력에 따른 임금결정을 신축성 있게 적용함으로써 종업원의 사기앙양을 제고시켜야 한다.

❷ 동일조건의 동일근로에 대하여 동일임금 지급제도를 도입하여 임금격차를 해소시킨다.

❸ 승진 및 승급에 있어 연공에서 벗어나 능력과 성과를 중심으로 한 성과주의 보상체계로 전환하여야 한다.

❹ 다양한 각종 수당을 기본급으로 통합 · 흡수하여야 한다. 임금인상은 수당의 신설 또는 증액보다는 기본급 제고의 조정방법으로 개선하여야 한다.

⑤ 상여금에 있어 일정률 또는 근속에 따른 차등 운영이 아닌 성과배분의 성격으로 전환 · 운영되어야 한다.

⑥ 대부분의 임금인상이 매년 부문별 · 직종별 동일 인상률을 적용하고 있으나 차등 운영하여 직무의욕 고취와 동시에 서비스의 생산성을 제고시킨다.

그림 8-4 **임금체계의 문제점과 개선방향**

문제점	→	개선방향
• 동기부여 기능의 상실 • 우수인력의 확보 및 유지곤란 • 인건비의 지속적 상승	→	• 성과지향형 보상체계 • 합리적인 인건비 • 단순화된 임금형태

제4절 임금형태

1. 임금형태의 의의

임금형태(method of wage payment)란 임금을 구성원에게 지급하는 방식, 즉 임금지불방식을 말한다. 임금은 시간에 따라서 지급할 수도 있고 성과에 따라서 지급할 수도 있다. 어떤 방법에 의해서 임금이 지급되던 그것은 관리적 유효성을 증대시키고 또 종업원의 만족을 보장할 수 있어야 한다. 이러한 목적을 달성하기 위하여 임금지급의 방법을 결정함에 있어서 고려해야 할 조건은 다음과 같다.

① 종업원의 노력에 일치하는 적절한 임금의 지급

② 종업원의 업적에 일치하는 공정한 임금의 산정

❸ 종업원의 능률향상에 적합한 임금증가와 기업의 노무비를 절하시킬 수 있는 임금

❹ 종업원의 생활안정과 노동력의 재생산 고려 등

기업에서 일반적으로 채택하고 있는 임금의 지급형태를 분류하면 다음과 같다.

그림 8-5 **임금형태**

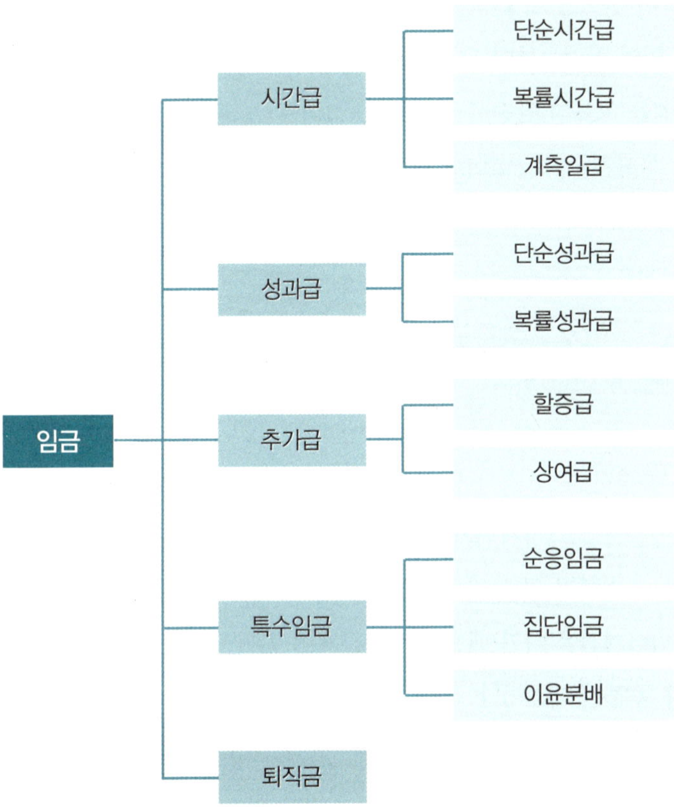

2. 시간급

시간급(time payment, time-rate plan)은 정액급이라고도 하는 것으로서 수행한 작업의 양이나 질과 관계없이 단순히 근로시간을 기준으로 하여 임금을 산정 · 지불하는 방식이다. 근로시간을 1시간, 1주일, 1개월, 또는 1년 기준으로 하느냐에 따라서 시간급, 주급, 월급, 연봉 등이 있다. 시간급제는 종업원의 입장에서 보면 일정액의 임금이 확정적으로 보장된다는 장점이 있고, 기업의 입장에서는 근로일수 및 근로시간수가 산출되면 임금계산을 간단히 처리할 수 있으므로 공정을 기할 수 있는 장점이 있다. 그러나 근로자를 자극할 수 없어 작업능률이 오르지 않는다는 문제점이 있다.

시간급에는 고유의 단순시간급(single time-rate plan)과 약간의 자극급을 가산한 복률시간급(multiple time-rate plan), 시간급과 자극급을 가미한 계측일급(measured day work)이 있다.

3. 성과급

성과급(out-payment, piece-rate plan)은 종업원이 실제로 거둔 근로의 성과를 측정하고 그 결과에 따라 임금을 산정 · 지급하는 제도로서, 종업원들의 작업능률을 개선시키기 위한 임금이다. 이 방법은 작업수행에 소요된 작업시간은 고려하지 않고 작업성과와 수량만 계산하여 이에 일정한 임률을 적용하여 임금계산을 하기 때문에 성과급제에 있어 임금은 개인의 성과와 비례한다. 즉 종업원 개인이나 집단이 수행한 작업성과나 능률에 따라 임금이 차별적으로 지급되는 형태로 능률급 또는 업적급이라고도 한다.

성과급에는 단순성과급(single piece-rate plan), 복률성과급(multiple piece-rate plan)이 있다. 그리고 저능률자의 생활보장을 위해 기본적인 일급은 보장하고 작업성과를 증대시킴에 따라 성과급을 지급하는 일급보장성과급(guaranteed piece-rate plan) 등이 있다.

성과급제의 장단점은 다음과 같다.

1) 성과급의 장 · 단점

(1) 성과급의 장점

❶ 작업성과와 임금이 정비례하므로 합리적 사고에 기초한 임금이라 할 수 있으므로 근로자에게 합리성과 공평감을 준다.

❷ 생산성 향상, 원가절감, 근로자의 소득증대 및 작업능률을 자극할 수 있다.

❸ 직접노무비가 일정하므로 노무비 계산이 용이하다.

(2) 성과급의 단점

❶ 정확한 작업량의 측정이 어렵다.

❷ 근로자가 수입증대를 위해 무리한 근로의 결과 심신의 과로를 초래할 수 있다.

❸ 근로자의 수입이 불안정하며, 특히 미숙련자에게는 불리한 제도이다.

❹ 작업량 증가에만 치중하므로 품질 보장이 어렵다.

2) 성과급제의 시행조건

호텔 및 외식산업의 경우 성과급제를 도입하고 있는 업체들이 늘어나고 있는데 성과급제를 채택하는 경우 다음과 같은 조건을 갖추고 있어야 한다.

❶ 작업단위의 측정이 가능해야 한다.

❷ 종업원의 노력과 작업량과의 관계가 명확해야 한다.

❸ 직무의 표준화가 되어 있어야 한다.

❹ 서비스의 질이 일정하여야 한다.

❺ 각 종사자에 대한 감독을 철저히 할 수 있어야 한다.

❻ 사전에 작업당 단위 노무비가 결정되어 있어야 한다.

표 8-7 **육체근로자와 지식근로자의 창출 성과 차이**

육체근로자 성과	지식근로자 성과
유형의 결과물(제품, 이동, 환경 등)	무형의 겨로가물(개념, 아이디어, 정보)
그 자체로서 중요함	그 자체로서는 의미가 없고 무엇인가에 기여해야 함
양이 중요함 품질에 대한 판단이 어렵지 않음	양은 별로 중요하지 않고 품질이 중요함 품질에 대한 판단이 어려움

4. 추가급

이것은 종업원에게 기본임금을 시간급에 의해서 지급하되, 종업원이 표준 이상의 작업성과를 올렸을 경우 할증급 또는 상여금의 형태로 부가임금을 지급하는 제도이다. 이는 근로자에게는 최저수준의 임금을 보장하면서도 일정률의 추가급을 지급함으로써 근로자의 수입안정과 능률증진이라는 두 가지 목적을 동시에 달성하고자 하는 방식이다.

1) 할증급제

할증급(premium plan)이란 임금의 기본 수준을 유지 · 보장하면서, 어떤 작업을 수행하는 데 있어서 필요로 하는 표준시간을 정하고 그 시간 이내에 작업을 수행하였을 경우 절약시간에 따른 할증급을 지급하는 방식으로 절약임금분배제라고도 한다.

2) 상여급제

할증급은 절약임금의 분배분으로서 간주되는데 대하여, 상여급에 있어서 상여급(bonus)은 절약임금과는 관계없이 기본급에 대한 일정률로 산정된다는 점에서 차이가 있다.

상여급으로 지급되는 상여금(bonus)은 정기적으로 지급되는 통상임금 이외에 일정한 시기 또는 조건에 따라 지급되는 금품으로 지급조건에 따라 임금으로 보아야 할 경우이다. 단순히 사용자의 은혜적 급부에 지나지 않는 경우가 있을 수 있다.

상여의 본질은 첫째로 기업이 종업원의 노력에 대해 특별히 배려하는 은혜적인 조치로서 주는 것, 둘째로 단순한 종업원의 노력에 대해서 지급되는 것이 아니라, 업적 또는 성과가 뛰어난 경우 이에 대한 대가로서 지급되는 것, 셋째로 기업 이윤을 분배하는 것, 넷째로 기본급을 나누어서 후불적으로 지급함으로써 종업원의 능력을 자극하기 위한 수단으로 보는 관점이 있다.

상여급은 그것이 어떤 의미로 지급되든지 기본급 외에 특별히 가산해서 종업원의 경제적 동기를 자극하고 그에 따른 만족을 확보하려고 한다는 것이다.

표 8-8 **종업원에 대한 인식의 변화**

구분	기본급	인센티브
결정시점	성과창출 전	성과창출 후
결정기준	기대성과	실제성과
결정대상(특징)	수준(누적식)	지급률(비누적식)

5. 특수 임금제

1) 집단성과급제(group incentive plan)

집단성과급제는 성과가 목표에 도달하거나 목표를 상회하는 경우 경영성과의 일정 부분을 집단별로 임금을 산정하여 지급하는 제도로서 종업원에게 현금, 주식, 복지기금 등의 형태로 사후에 배분하는 변동적 보상제도이다. 이 제도는 근로자 상호 간 긴밀한 연결과 전체적 조화를 이루어 팀워크를 통해 작업 전체의 능률을 올리기 위한 임금제도이다. 집단성과급제의 대표적인 형태로는 스캔론 플랜(Scanlon plan)과 럭커 플랜(Rucker plan)이 있다.

스캔론 플랜은 매출액에 대한 인건비의 비율을 일정하게 정해놓고(예 : 과거 인건비 평균 등) 생산성 향상 등으로 인건비 지급이 이보다 적을 경우 그 절약 금액을 적정비율로 방식이다. 일반적으로 영업 중심의 기업에서 채택한다.

럭커 플랜은 부가가치(혹은 생산액)에 대한 인건비의 비율을 일정하게 정해 놓고 생산성 향상 등으로 인건비 지급이 이보다 적을 경우 그 절약 금액을 적정비율(약 40%)로 지급하는 방식이다. 일반적으로 생산중심의 기업에서 채택한다.

표 8-9 **스캔론 플랜과 럭커플랜**

구분	내용
스캔론 플랜 (Scanlon Plan)	- 1940년대 초 미국의 스캔론에 의해 고안된 제도 - 회사의 생산활동 수준을 줄이지 않고서도 노무비를 절약하려는 의도에서 설계된 것으로 매출액에 대한 인건비의 절약분을 종업원에게 배분해주는 제도 〈분배 방법〉 ① 임금비율(임금정수 : 노무비비율)의 결정 : 임금총액÷총매출액 ② 총임금예산=해당기간의 매출액×임금비율 ③ 절약임금액(분배자원)=총임금예산-실제임금액(기지급액) ④ 분배방식 - 분배자원 : 유보액 : 25%, - 분배액 : 75%(회사 : 25%, 종업원 : 75% - 각자의 기본급에 따라 분배)
럭커 플랜 (Rucker Plan)	- 1930년경 럭커가 고안한 제도 - 생산성(경영성과)의 척도를 부가가치에 두고 각 기업의 부가가치 중에서 차지하는 노무비율(부가가치분배율을 미리 책정)과 실제 비율을 비교하여 그 차액에 해당되는 금액을 종업원에게 분배하는 방식 〈분배 방법〉 ① 임금 분배액의 결정 : 부가가치×임금상수(0.39395) ② 증분 임금액의 결정 : 임금 분배액-기지급 임금액 ③ 분배 기금의 산정 : 전월 누계+금월의 증분 입금액

(1) 장점

❶ 종업원은 자신이 기술적으로 어려운 애로작업을 맡더라도 개인적인 손해를 보지 않는다.

❷ 집단 내에 협력과 팀워크 체제가 유지됨에 따라 특별한 감독 없이도 종업원 스스로가 작업을 원만히 수행한다.

(2) 단점

❶ 숙련자, 비숙련자의 노력에 따른 임금이 합산되어 있으므로 숙련자의 불만을 야기하기 쉽다.

❷ 종업원 개인에 대한 자극의 효과가 약하고 개인적 노력도나 창의성을 활용할 수 없다.

2) 이윤분배제

이윤분배제(profit-sharing plan)는 기본임금 이외에 영업기마다 이윤의 일부를 구성원에게 부가적으로 지급하는 제도이며, 노사관계의 개선, 작업능률의 증진, 근로자의 생활안정을 목적으로 한다. 이 제도에서는 이익달성 또는 초과 시 지급하게 되므로 이익이 발생하지 않을 경우 배분되지 않는다.

(1) 이윤분배 방법

❶ 종업원에게 시가보다 낮은 가격으로 주식을 분배하여 결산기마다 그 주식에 해당하는 이익을 배당하는 주식참여제도

❷ 영업장 또는 구매부서 등에 대한 매출액의 일부를 지급하는 방법

❸ 기업측이 종업원의 복지후생을 위한 공동기금에 이윤의 일부를 출연하는 방법 등

(2) 이윤분배제도의 효과

❶ 기업측과 종업원과의 협동정신을 강화하여 노사관계의 개선에 도움이 된다.

❷ 종업원은 자기의 이윤배당액을 증가시키려고 작업에 열중하게 됨에 따라 능률증진을 기할 수 있다.

❸ 종업원의 이윤배당 참여권과 배분율을 근속연수와 관련시킴으로써 종업원의 장기근속을 장려하게 된다.

이윤분배제는 구성원의 능률을 자극하는 효과적인 제도라고 할 수 있는데 성과급제가 개인의 작업능률과 직결된 임금계산방법이라면, 이윤분배제는 조직이윤과 관련되어 사전적으로 그 실시가 공표된 종업원의 이윤배당 참여제도이다.

3) 슬라이딩 스케일제도(sliding scale plan)

이것은 임률결정에 영향을 미칠 기본 요인을 정하고, 이 요인이 변동하면 임금률도 거기에 순응하여 자동적으로 변동하는 것으로 순음임금제(sliding system of wage) 또는 물가연동제(indexation system of wage)라고도 한다. 따라서 이것은 고정임률제가 아닌 변동임률제라고 할 수 있으며, 이는 물가인상에 따른 종업원의 실질생계비, 즉 실질임금을 보장하기 위해서 채택된 것이다.

순응임금제의 유형은 변동임률의 기준에 따라 다음과 같은 것들이 있다. ① 근로자의 생계비지수의 등락에 따른 생계비순응임금제(cost of living sliding scale plan), ② 기업이윤의 증감을 기준으로 임금을 정하는 이윤순응임금제(profit sliding scale plan), ③ 판매가격의 등락을 기준으로 임금을 정하는 판매가격순응임금제(selling sliding scale plan) 등이 있다.

6. 퇴직금제도

퇴직금제도란 사용자가 계속근로기간이 1년 이상인 근로자에 대하여 30일분 이상의 평균임금을 퇴직금으로 퇴직하는 근로자에게 지급하는 제도이다. 사용자는 퇴직하는 근로자에게 급여를 지급하기 위하여 퇴직급여제도 중 하나 이상의 제도를 설정하여야 한다(근로자퇴직급여보장법 제4조 제1항).

퇴직이란 종업원의 개인적인 사정에 의하여 사용자와의 근로계약의 소멸, 즉 고용관계의 종식을 가져오는 행위이다. 개인적인 사정이란 정년, 사망, 근로계약의 만료, 기타 일신상의 사정을 뜻하며, 이러한 사유에 의해서 종업원이 근로계약을 파기할 때 기업에 의해서 종업원에게 지급되는 일체의 급여, 즉 퇴직일시급과 퇴직연금을 일괄해서 이를 퇴직금이라고 한다. 퇴직금은 퇴직수당, 퇴직위로금, 퇴직공로보상 등으로 불린다.

퇴직금에 관해서는 의견이 분분한데 기업측은 퇴직금이 퇴직자에 대한 공로보상이라는 의미로 이해하고 있으며, 이에 반해 노동조합측은 재직 중에 지급해야 할 임금을 후불 지급하는 것이라는 견해와 퇴직후의 일정기간 동안 퇴직자의 생계를 보장하기 위해 지급되는 생계비라는 견해를 갖고 있다.

이상과 같이 노조측과 사용자측의 엇갈린 입장에서 퇴직금은 근로계약상의 규제조항에 포함될 수도 있고 그렇지 않을 수도 있다.

퇴직금의 계산에 있어 일반적으로는 퇴직자가 평상시 받던 임금액과 근속연수에 따라서 지급률을 정하여 퇴직금을 계산하는 방법이 가장 보편적으로 사용된다.

오늘날 많은 기업에서는 퇴직금의 재원조달 방법으로 종업원들의 매월 급여에서 퇴직연금으로서 일정액을 유보시키거나 또는 퇴직급여충당금을 임의 준비금으로서 사내 유보시킴으로써 퇴직금의 재원을 마련하고 있다.

근로자퇴직급여보장법(퇴직급여법) 제8조 제1항에서는 "사용자는 계속 근무연한 1년에 대하여 30일분 이상의 평균임금을 퇴직금으로써 퇴직자에게 지급하여야 한다"고 규정하고 있다.

7. 연봉제

연봉제는 근속연수와 나이에 관계없이 전년도의 능력, 실적 또는 공헌도를 평가하고 이를 기준으로 계약에 의해 연간 임금수준을 결정하는 능력중시형의 임금지급체계이다. 즉 연봉제는 임금체계라기 보다는 임금지급형태의 한 방법이다. 연봉제의 장단점은 다음과 같다.

1) 연봉제의 장점

❶ 능력과 실적이 임금과 직결되므로 종업원의 동기부여로 인한 의욕적 근무와 사기앙양을 유도할 수 있다.

❷ 우수한 인재의 확보가 가능하다.

❸ 임원뿐만 아니라 중간관리자에게도 연봉제를 도입함으로써 달성한 업무와 연봉을 비교해 경영감각을 기를 수 있다.

❹ 복잡한 임금체계와 임금구조를 단순화하여 임금관리의 효율성이 높아진다.

❺ 연봉협상을 위한 상사와 부하 간의 의사소통이 이루어진다.

2) 연봉제의 단점

❶ 연공서열제 및 선임자 우대의 고용문화에 익숙한 중간관리층 이상의 구성원들에게는 상당한 문화적 충격이 있다.

❷ 경쟁으로 인한 개인주의는 종업원 간의 갈등과 사기저하를 초래할 수 있다.

❸ 단기적 업적과 결과가 중시되기 때문에 장기적인 안목과 관련된 부분에 대한 배려가 소홀해질 우려가 있다.

❹ 연봉 불만으로 인한 퇴직 가능성이 늘어나므로 고용이 불안해질 수 있다.

우리나라 기업들이 도입하고 있는 연봉제 형태를 보면 연공서열제하의 급여수준을 능력급제가 실시되는 초년도의 연봉으로 설정하여 출발은 같게 하되 향후 개인의 능력과 성과에 따라 급여에 차이가 나도록 하는 체계를 띠고 있다. 우리나라 기업들이 시행하고 있거나 도입을 검토하고 있는 연봉제는 순수한 연봉제와는 다소 거리가 있는데 이는 연공서열급을 토대로 능력급을 가미한 한국형 연봉제라고 할 수 있다.

■ 대한항공의 보상체계

| 보상체계 COMPENSATION SYSTEM

COMPENSATION SYSTEM

- 대한항공의 보상체계는 구성원의 기본적인 삶의 질을 보장함과 동시에 업무수행결과에 따른 합리적인 차등/성과주의를 원칙으로 하고 있습니다.
- 단순한 금전적 보상 뿐만 아니라 다양한 복리후생제도 등을 제공함으로서 직원의 생활수준 향상을 지원하는 TOTAL COMPENSATION 을 지향하고 있습니다.
- 또한 일반적인 복리후생제도 외에도 항공사만이 가질 수 있는 고유의 복리후생제도를 운영함으로써 보다 폭 넓은 혜택을 받을 수 있으며, 직장인으로서의 자부심을 느낄 수 있습니다.

◎ 운영체계

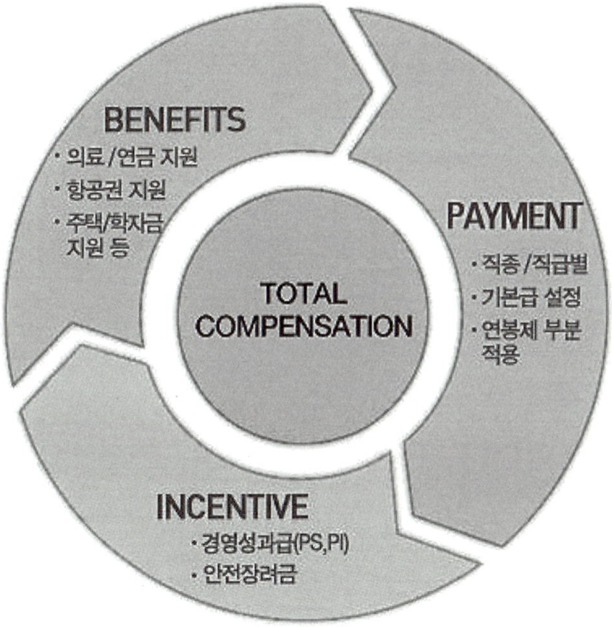

자료 : https://recruit.koreanair.co.kr

■아시아나항공의 보상체계

ASIANA AIRLINES

◘ 보상체계

아시아나항공은 구성원들이 안정적인 삶을 누리고 맡은 바 직무에 최선을 다할 수 있도록 다양한 보상을 제공하고 있습니다.

업무성과에 따른 합리적 차등을 원칙으로 하고 있으며, 금전적 보상 외에 다양한 복리후생을 제공함으로써 삶의 질 향상을 꾀하고 있습니다.

연봉제

일반직군 전체와 정비, 캐빈서비스, 운항관리직 관리자에 대해 성과에 따른 연봉제를 실시하여 차등보상 및 동기부여를 하고 있습니다. 연봉은 개인의 업적, 역량평가 및 조직의 평가결과에 따라 결정됩니다.

포상제도

성과 보상 및 동기 유발을 위한 다양한 직원 포상 제도를 실시하고 있습니다. 정기적인 포상뿐 아니라 성과에 대해 적시에 보상하는 비정기적 포상을 통해 직원들에게 지속적인 성취감 및 동기를 부여하고 있습니다.

> **창립기념 포상**
아시아나상, 모범사원상, 우수서비스상, 공로상, 비행안전상

> **월례포상**
색동사원상, 색동서비스상, 색동안전상

> **초일류 금호아시아나인상**
품질부문, 환경안전부문, 항공안전부문, 서비스부문

차등승호

연봉제 미적용 대상 직종에 대하여는 차등승호제를 실시하여 고성과자에 대한 동기부여 및 차등보상을 가능하게 하고 있습니다.

승격포인트 제도

매년 인사평가 등급에 따른 차등 승격포인트 제공으로 우수 인재에 대한 발탁/조기승격 기회를 부여하고 있습니다.

자료 : 아시아나항공 https://recruit.flyasiana.com

제9장

복리후생관리

관광인적자원관리

제9장

복리후생관리

제1절 복리후생관리의 본질

1. 복리후생의 의의

관광기업에 있어서 복리후생(welfare service, employee benefit and service programs)이란 종업원과 그의 가족의 생활수준을 증진시키기 위하여 제공하는 임금 이외의 간접적인 모든 급부를 총칭하는 것으로 간접보상에 속한다. 복리후생은 기업이 자체의 부담과 책임 하에서 마련하는 급여로서 구성원의 노동력 재생산, 즉 노동력의 확보 · 유지 · 배양을 원활히 하기 위한 것일 뿐만 아니라 경영공동체 형성의 기반으로서도 필요하다.

복리후생을 증진하는 주체는 기업 측이 되는 것이 보통이지만, 실제의 관리운영을 반드시 기업이 담당할 필요는 없다. 현실적으로 기업 측과 종업원 측이 공동관리를 하는 경우도 많으며, 종업원 측의 자치적 운영에 일임하는 경우도 있다. 원래 호텔종업원에 대한 복리후생제도는 온정적 · 은혜적 의미에서 사용자의 자유의사에 의한 임의적 제도로서의 성격을 가진 것이었으나,

산업사회의 발전과 특히 노사관계의 변화로 말미암아 오늘날에 있어서는 국가의 입법에 의하여 강제되는 법정제도로서의 성격을 띠게 되었다.

복지후생이 종업원에 대한 생활보장적 · 은혜적 시책으로서의 성격을 지니고 있는 이상, 호텔이 임금 이외의 수단에 의하여 종업원의 노동력을 조달 · 유지 · 발전시켜 종업원이 가진 능력을 호텔에 대하여 최고로 발휘케 하여 생산성 향상을 도모하고, 호텔을 번영토록 하는 동시에 종업원의 경제적 · 문화적 생활향상과 심신건강의 유지 증진 등으로 종업원의 복지를 개선하는 것을 목적으로 한 시책의 총칭이라고 할 수 있다.

2. 복리후생의 목표

복리후생이 갖는 기본적인 목표는 직장에 대한 소속감과 애사심을 높여 경영공동체를 구축하며, 노동력의 재생산을 확보하고 노사관계를 개선하려는 데 있다. 복리후생제도가 갖는 보다 구체적인 목표는 다음과 같다.

1) 직장이동의 감소(reduced turnover)

호텔의 직접적인 임금체계 외에 각종의 부가적인 복리후생제도를 도입 · 활용함으로써 종업원들의 회사에 대한 참여의식을 강화하고 멤버십 정신을 기르며 애사심을 갖도록 함으로써 직장이동을 줄일 수 있다.

2) 사기의 개선(improved morale)

호텔측이 종업원에 대하여 보다 많은 관심을 가지는 계기가 되므로 종업원의 사기가 향상되고, 이를 통해 충성심(royalty)이 제고될 수 있으므로 조직의 생산성이 향상될 수 있다.

3) 안정성의 제고(enhanced security)

종업원에 대한 보다 더 큰 경제적 안정을 도모해 근로생활의 질 향상을 가져올 수 있다.

표 9-1 **복리후생 증진에 의한 노사쌍방의 효과**

종사원	사용자
① 사기가 양양된다. ② 복리에 대한 인식이 깊어진다. ③ 불만의 원인이 감소된다. ④ 경영자와의 관계가 개선된다. ⑤ 고용이 안정되고 수입이 증가한다. ⑥ 건설적으로 참가하는 기회 등이 늘어난다. ⑦ 기업의 방침 및 목적에 관하여 이해가 커진다. ⑧ 지역사회의 시설 및 기관에 대한 종사원 개인으로서의 관심과 이해가 촉진된다.	① 생산성의 향상과 원가절감이 된다. ② 팀워크의 정신이 왕성해진다. ③ 결근, 지각, 사고, 불만 및 노동이동률이 감소된다. ④ 인간관계가 개선된다. ⑤ 채용 및 훈련비용이 절감된다. ⑥ 종사원과 건설적으로 일할 기회가 늘어난다. ⑦ 기업의 방침과 목적을 과시할 기회가 늘어난다. ⑧ 회사의 PR을 할 계기가 있어 지역사회와 지도자와의 협력기회가 늘어난다.

3. 법정 복리후생과 법정 외 복리후생

복리후생제도는 여러 가지 유형이 있으나 법률에 의한 시책의 의무화 여부에 따라 법정복리후생과 법정 외 복리후생으로 구분하다.

1) 법정 복리후생(legally required benefits)

이것은 종업원에 대한 복리후생의 배려가 사회보장 정책적인 의미, 또는 사회보험 정책적인 의미에서 이루어져야 한다는 것을 뜻한다. 국가는 기업에게 사회보험비용을 부담시키고 이것을 기초로 종업원의 복리향상에 이를 활용하여야 한다.

(1) 의료보험(medical insurance)

피보험자 내지 그의 가족에 관한 질병보험의 급여는 현물급여를 원칙으로 하며, 이 제도는 종업원의 질병을 치료할 수 있도록 지원함으로써 질병의 예방과 조기발견 및 치료에 도움을 주기 위한 제도이다.

우리나라의 건강보험은 국민의 질병부상에 대한 예방, 진단, 치료, 재활과 출산 · 사망 및 건강증진에 대하여 보험 서비스를 제공하여 국민 건강을 증진시키는데 그 목적을 두고 있다.

(2) 연금보험(pension insurance)

연금보험은 근로자를 노령화의 위험에서 해방시키고 안전한 직장생활을 할 수 있도록 하기 위한 것으로 종업원의 근무능력을 상실하였을 때나 사망했을 때 그 자신과 그 가족의 생계지원을 하기 위해 채택되는 보험으로서 그 운영 주체에 따라 정부에 의한 공적 연금제도와 기업의 사용주에 의한 사적 연금제도로 나누어 볼 수 있다.

국민연금제도는 일상생활을 꾸려나가던 중 노령에 달하거나 퇴직하게 되거나 뜻하지 않은 사고나 질병 때문에 재해를 입게 되거나 사망 등으로 가족의 생계유지가 어렵게 된 경우에 국가가 책임을 지고 평생 동안 일정액의 연금을 지급함으로써 안정된 생활을 보장하는 제도이다. 국민연금제도가 필요한 이유로는 노령인구의 급속한 증가, 자녀의존으로부터 스스로 노후대비 준비, 각종 재해로 인한 본인과 부양가족의 생계안정 대책마련, 퇴직일시금제도의 노후생계보장기능 미흡 보완 등을 들 수 있다.

우리나라의 국민연금(national pension)은 정부가 직접 운영하는 공적연금제도로, 국민 개개인이 소득 활동을 할 때 납부한 보험료를 기반으로 하여 노령 · 폐질 또는 사망 등으로 인하여 소득을 가지지 못할 경우 본인과 그 가족의 생활 안정을 위해 미리 설정한 기준에 따라 장기간에 걸쳐 정기적으로 급여가 행해지는 사회보험제도이다.

국민연금법에 의한 급여의 종류로는 노령연금, 장애연금, 유족연금, 반환일시금이 있다. 노령연금은 기본적인 노후생활을 보장하기 위해 지급되는 연금으로 가입기간과 납부보험료에 따라 산정되는 기본연금액에 가족수당격인 부양가족연금을 더한 금액을 평생 동안 지급하며, 수급자가 연금을 받던 중 사망하면 배우자 등 유족에게 지급된다. 장애연금은 질병, 부상이 국민연금에 가입하고 있는 중에 발생하거나 또는 가입 전에 발생하였음에도 그 사실을 알지 못하고 가입 중에 최초 진단을 받아 완치 후에도 장애가 남을 경우에 장애등급에 따라 지급된다. 유족연금은 국민연금에 가입하고 있거나 연금을 받고 있던 사람이 사망하면 그에 의해 생계를 유지하던 유족들에게 지급하는 연금이다. 본인이나 그 유족의 청구에 의하여 연금 대신 반환일시금을 지급받을 수 있다.

(3) 재해보험 또는 산재보험(industrial insurance)

이는 예고 없이 닥치는 불의의 사고와 재해로부터 종업원을 보호하고, 직업병으로 야기되는 불행에 대해 종업원을 보호함으로써 근로생활의 안정을 도모하기 위한 것이다. 재해보험은 산업재해의 발생에 따른 근로자의 노동능력 회복과 가족 및 유족에 대해서는 현금급부를 통한 보상을 하는 것이다. 산재보험급여에는 요양급여, 휴업급여, 장해급여, 유족급여 등이 있다.

(4) 고용보험 또는 실업보험(unemployeement insurance)

고용보험은 전통적 의미의 실업보험사업을 비롯하여 고용안정사업과 직업능력사업 등의 노동시장 정책을 적극적으로 연계하여 통합적으로 실시하는 사회보장보험이다.

그림 9-1 우리나라의 고용보험

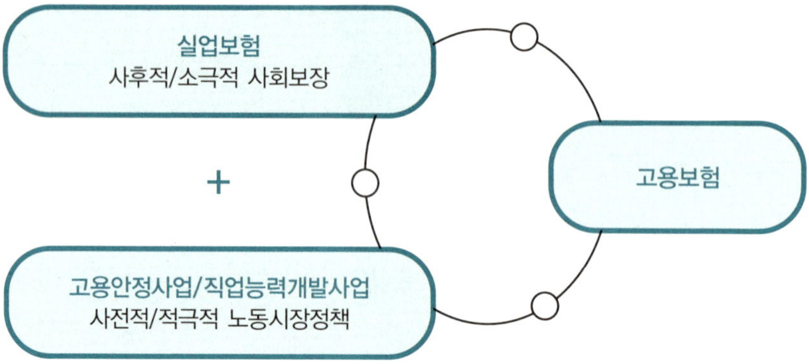

자료 : 고용보험 홈페이지 https://www.ei.go.kr

이는 예측을 불허하는 국내외 경제환경 변화 속에서 일자리를 잃고 생계를 위협받는 실업으로부터 예방하고 보호하며, 실업의 원인을 제거하고 실업자를 경제경로에 복귀시켜 종업원과 그의 가족, 나아가서는 국민경제의 안녕을 기하고자 하는데 그 목적이 있다.

실업보험은 사전보장으로서 직업상담, 직업소개, 직업훈련, 직장확보, 고용촉진 등을 들 수 있고, 사후보험으로서는 근로자가 실직한 경우에 생활안정을 위하여 일정 기간 급여를 지급하는 것이다.

실업급여는 고용보험사업의 하나로써 근로자가 실직한 경우에 근로자의 생활안정과 구직활동을 지원해주는 제도를 말한다. 이는 고용보험 가입 근로자가 실직하여 재취업 활동을 하는 기간에 소정의 급여를 지급함으로써 실업으로 인한 생계불안을 극복하고 생활의 안정을 도와주며 재취업의 기회를 지원해주는 제도로서 실업급여는 크게 구직급여와 취업촉진수당으로 나누어진다.

구직급여는 고용보험에 가입한 근로자가 해고 등의 사유로 실직한 경우에 근로자의 생활안정과 구직활동에 전념토록 하기 위하여 지급하는 급여로써 실업급여 중 가장 핵심이 된다. 구직급여는 실업상태에 있는 피보험자로 일정한 자격이 있는 자가 직장을 구하는 기간 중 일부 기간에 대해 지원을 하는데 목적을 두고 있다.

그림 9-2 **우리나라의 실업급여 체계**

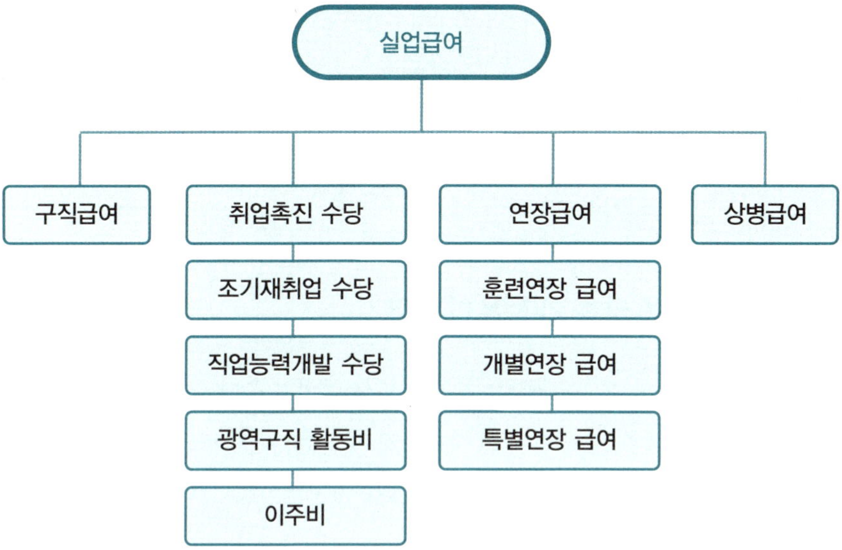

자료 : https://www.ei.go.kr

2) 법정 외 복리후생(not legally required benefits)

이는 법정복리후생 이외에 기업 자체에서 자발적으로 실시하는 임의적인 것으로 법정사회보험에 보다 더 추가적으로 혜택을 주는 것으로 주택, 생활지원, 보건위생, 문화체육, 공제, 금융 등의 지원이 있다.

표 9-2 **법정 외 복립후생의 예**

구분	내용
생활시설	① 주택시설 - 사택, 기숙사, 전셋집의 알선 등 ② 급식시설 - 식당, 식료품의 배급 등 ③ 기타 - 수유실, 생활상담소, 피복대여, 침구대여 등
경제시설	① 구매시설 - 매점, 배급소, 소비조합, 쿠폰제도, 각종 수리시설 등 ② 금융시설 - 주택대금, 경조관계 등 임금제도(예 : 적금제도) ③ 공제제도 - 경제관계 급부금, 재해위로금 ④ 기타 - 결혼식장 등의 시설 알선 등

구분	내용
보건위생시설	① 진료시설 – 의무실, 진료소, 병원, 요양소 등 ② 보양시설 – 휴양소 등 ③ 보건시설 – 목욕, 이발소, 미용실, 방역, 냉난방, 환기, 환경위생 등
문화 · 체육시설	① 문화시설 – 학교, 도서관, 강연회, 강습회 등 ② 체육시설 – 체육관, 운동장, 풀장 등 ③ 위안오락시설 – 오락실, 클럽, 하우스, 영화연극, 야유회 등

4. 직접복리후생과 간접복리후생

복리후생은 그 대상이 개인인가 아니면 집단인가에 따라서 구분할 수도 있는데 직접복리후생은 종업원 개개인에게 지급되는 것이고, 간접복리후생은 종업원 집단에게 지급되는 것이다. 따라서 직접복리후생은 종업원 개인에게 지급되므로 종업원 각자의 입장에서 볼 때 직접급여가 되며, 일반적으로 현금급여가 중심이 된다. 또한 간접복리후생은 종업원 공동에 지급되므로 각자의 입장에서 볼 때는 간접급여가 되며, 일반적으로 현물급여가 중심이 된다.

5. 복리후생프로그램과 카페테리아식 복리후생

1) 복리후생프로그램 도입 시 고려사항

복리후생에 관한 모든 제도는 기업의 규모 · 입지 · 노조의 세력 · 동업종의 상황 · 부담능력 · 기업의 목표와 정책 등 여러 가지 요인들에 따라 다음 사항을 고려하여 각자의 호텔기업에 적합한 복리후생제도를 설계해야 한다.

❶ 종업원의 욕구 파악

❷ 종업원의 참여

❸ 적용범위와 기업 부담능력 고려

2) 카페테리아식 복리후생

복리후생제도와 각종 시설은 종업원의 직종 · 욕구 · 계층에 관계없이 동일한 혜택을 제공하거나 이용하게 하는 것이 원칙이다. 그러나 현실적으로 종업원에 따라 각각 다른 복리후생시설을 필요로 하게 된다. 종업원과 저소득층은 직접 임금이나 교육비 보조를 선호할 것이며, 나이가 많은 사람들은 연금이나 건강보험 등을 선호할 것이다.

이렇게 다양한 종업원의 욕구구조를 충족시키기 위하여 기업의 복리후생시설과 제도 중에서 일정한 비용의 범위 내에서 자신이 원하는 것을 선택하게 하도록 하는 복리후생제도를 카페테리아식 복리후생(cafeteria-style pay plans) 또는 맞춤형 복리후생이라고 한다. 이 제도는 종업원 개인의 욕구나 선호를 보다 적절하게 충족시킬 수 있고 보상의 가치에 대한 인식과 만족감의 증대를 기대할 수 있는 장점이 있는 반면, 관리의 복잡성, 비용 증대 등의 단점으로 인해 중소기업에서는 실시하기가 곤란하다.

표 9-3 **카페테리아식 복리후생 프로그램의 예**

① 주택제공	② 여행경비	③ 보험	④ 교육비
⑤ 식당이용권	⑥ 주차장이용권	⑦ 보육시설	⑧ 휴가비용
⑨ 세금부담	⑩ 주식매입권	⑪ 유동근무제	⑫ 휴양시설
⑬ 체육휴양시설	⑭ 구내매점	⑮ 도서실	

■ 대한항공의 복리후생제도

KALMAN의 혜택 BENEFITS OF KALMAN

BENEFITS OF KALMAN

✓여행을 떠나요~

- 대상 : 입사 발령 3개월 이상 근무한 직원 및 가족
- 장기 근속직원 여행 지원
- 콘도 지원
- 정년 퇴직 여행비 지원
- 직원용 할인 항공권 제공 : 국내선 및 국제선
- 결혼, 효도, 청원 항공권 제공
- 직원용 타항공사 할인 항공권 제공(협정체결 항공사 대상)
- 퇴직 직원용 항공권 제공

KALMAN의 혜택

✓집을 사고 싶어요

- 사택지원 : 김포, 부산, 김해, 제주 등
- 주택구입자금, 전세자금 지원

✓다치고 아플때는...

- 대한항공 부속의원 및 의료 전문인력 상주
- 주요활동 : 전 직원에 대한 포괄적 항공산업 보건관리 활동
  - 1차 의료 서비스 제공
  - 항공기 승무원신체검사 전문 의료기관 업무
  - 전직원 건강검진 업무(특수항목 포함)
  - 기초체력측정 및 운동상담
  - 영양 상담
  - 각종보건관리 업무

✓공부를 하고 싶어요!

- 자녀학자금 지원 : 국내 고등학생/대학생 자녀 학자금 지원
- 해외유학자녀 및 해외주재원 자녀 학자금 지원
- 보육비 지원
- 직원 대학원 장학금 지원 : 인하대 국제물류대학원, 항공대 특수 대학원 등

✓사내복지 및 기타 복리후생은?

- 신용협동 조합 운영
- 국민연금 , 개인연금 지원
- 건강보험, 고용보험, 산재보험, 자가보험(암 및 질병 대상) 지원
- 사내 근로복지기금 운영
- 취미반 활동 지원 : 등산, 축구, 테니스, 볼링, 사진, 회화반 등 23개 취미반
- 헬스 클럽 및 수영장 운영
- 식사 제공 : 전 사옥 구내식당 운영 및 식당 비설치 지역에서는 인근 식당과 계약하여 식사제공
- 생수제공 : 대리급 이상 임직원 매월 생수 지급

✓경조사가 생겼어요

- 경조사 지원
- 결혼/회갑 또는 고희/출산/사망 등 경조금, 화환및 청원휴가 등 지원

자료 : 대한항공 홈페이지 https://recruit.koreanair.co.kr

■내일투어의 복리후생

휴가제도	구성원 능력향상과 재충전을 위해 주5일 근무 및 연월차휴가, 포상휴가, 연중휴가와 장기근속자를 위한 안식년 휴가제도 등을 운영하고 있습니다. 휴일 및 휴가 01. 일요일 및 공휴일, 월차휴가, 연차휴가, 연중휴가, 경조휴가, 포상휴가, 산전 후 휴가, 육아휴가 02. 공가, 병가, 이재 또는 차단 휴가 03. 안식년 휴가 : 만 3년 이상 근속 시 1~3개월간 유급휴가 부여
경조사 지원	결혼, 출산, 자녀 입학에 따른 축의금 및 조의금 등 본인 및 가족과 관련된 다양한 경조사에 대해 휴가 및 경조금을 지원하고 있으며, 설/추석 명절 시 선물을 제공합니다. 01. 화환 및 조화 지원 02. 경조휴가 및 경조금 지원 03. 비상재해 시 부조 및 위로금 지급
자녀 및 출산 장려	자녀 출산 장려를 위해 각종 장려제도 운영 자녀출산 시 출산휴가와 30만원의 출산 축하금 및 꽃바구니 등을 지급 육아 활동을 위한 휴가 지원 출산휴가 임신 중 여성에 한해 90일 제공 육아휴직 만6세 이하의 자녀를 둔 경우 최대 1년 가능
학자금 지원	초등학교부터 대학교까지 자녀 수에 제한 없이 입학축하금을 지원합니다.
사우회 운영	구성원의 자치 단체로 경조사 지원, 각종 모임활동에 대한 지원 등을 하고 있습니다.
네일아트 센터	직원들의 행복한 근무환경을 위해 네일아트 전문가를 정직원으로 채용. 매월 1회 근무시간에 자유롭게 네일케어를 받을 수 있습니다.
출장비 지원	국내, 해외 출장 시 급여 외에 교통, 숙박, 식비 등에 따른 출장비를 별도 지급하고 있습니다. 단체배낭여행 프로그램 인솔, FAM TRIP, 워크샵, 인스펙션 등 출장 목적에 따라 차등 지급됩니다.
건강검진 및 보험	기본적인 4대 보험 가입과 함께 임직원 건강관리를 위해 전 직원을 대상으로 매년 정기검진을 실시하고 있습니다.

자료 : 내일투어http://www.naeiltour.co.kr

■레드캡투어의 복지

보험	국민연금, 고용보험, 산재보험, 건강보험(4대보험)
급여	우수사원 및 장기 근속자 포상, 각종 경조금
수당	야근, 휴일, 특근수당
명절/기념일	명절 선물 및 떡값, 경조 휴가제
의료/건강	정기건강검진, 진료비 지원(가족 포함)
출산/육아	출산휴가, 육아휴직
교육	어학교육비 지원, 온라인 교육 시행
지원	정기 건강검진, 무료 독감 예방 접종
지원금/대출	자녀학자금(중등, 고등, 대학), 직원대출제도, 직원 경조사 지원

자료 : 레드캡투어 홈페이지 http://ir.redcaptour.com

■인터파크투어의 복지

복리후생	세부사항
CAFETERIA식 복리후생	자기계발, 문화생활, 체력단련, 자녀교육 등 이용할 수 있는 복지 포인트 제공
임직원 할인	인터파크 쇼핑몰 이용 시 임직원 할인혜택 제공
자기근속 포상	5년 이상 장기 근속한 임직원에 대하여 5년마다 포상금 및 기념품, 포상 휴가 등 지급
자녀학자금 지원	임직원의 자녀학자금(고등학교 학비 전액 및 대학교 학비 50%) 지원
사내 CAFETERIA 운영	빌딩 내 카페에서 저렴한 가격으로 고퀄리티의 음료 및 간식 이용 가능
사내 동호회 운영	임직원 상호 간 친목 도모 및 여가활동이 기회 제공
가족 의료비 지원	본인 및 배우자, 자녀에 대한 의료비 지원
우수 사원 포장	우수 사원에 대하여 상금, 휴가, 해외여행 등 다양한 포상 실시
확정기여형 퇴직 연금	노후 보장을 위하여 임직원 스스로 운영하는 확정기여형 퇴직 연금제도 운영
건강검진	건강한 인터파크인을 위하여 2년마다 전 임직원을 대상으로 건강검진 실시
법인콘도 지원	편안한 휴식을 위해 임직원에게 회원가 법인콘도 이용 지원
Mom's Room 운영	영아 자녀를 둔 여성인력을 위한 휴식 및 수유 가능한 공간 제공
법정복리후생	주5일 운영, 출산휴가 및 육아휴직 제공, 4대보험 가입 등

자료 : 인터파크투어 홈페이지 http://recruit.intepark.com/interpark/benefits.do

제2절 안전관리

1. 안전관리의 의의

오늘날 우리나라는 안전관리에 대한 관심이 점점 높아지고 있음에도 불구하고 산업재해 건수는 증가하고 있는 경향에 있다. 실로 산업재해는 인도적 문제인 동시에 산업경제에 지대한 영향을 미치는 사항으로서 안전관리의 철저가 강조되고 재해비용을 논의하게 되었다.

종업원의 작업과정에 있어서의 사고 및 재해는 생산능률과 사기를 저하시킬 뿐만 아니라 재산상의 손해를 초래하며 때로는 인명까지 잃게 되므로 경영자는 철저히 안전 및 보건관리에 힘써야 한다. 사고발생은 물적 · 인적손실이 막대함에 비추어 사전에 예방관리가 절실히 요청된다.

2. 재해발생의 원인

재해의 원인은 물적 요인, 인적요인, 환경적 요인으로 대별되며, 그 중에서도 인적요인으로 일어나는 경우가 많다. 그러나 인적요인에 앞서 물적 · 환경적 요인에 주목해야 하며, 종업원은 언제나 많은 시설물의 위험에 노출되어 있으므로 재해의 원인이 될 수 있는 요소들을 제거해야만 한다.

1) 물적 원인

호텔이나 외식업체 내의 각종 물적 시설 면에서 오는 요인으로 물적 시설 그 자체의 결함에서 오는 경우와 물적 시설의 보전 · 관리 · 운용의 과오에서 오는 경우가 있다.

2) 인적원인

개개인의 선천적 · 후천적 소질에서 오는 요인과 부주의, 지식 · 지능의 결함, 무모한 행동에서 오는 요인, 피로 및 수면부족에서 오는 요인 등으로 구분할 수 있으며, 특히 부주의에서 오는 행동요인으로서 지시를 무시하거나 불안전한 자세, 미숙한 작업방법, 안전장치 등의 점검소홀 등을 들 수 있다.

3) 환경적 원인

작업환경에 따르는 각종의 물리적 · 화학적 위험요소로서 물리적 요인에는 안정장치의 미비, 설비의 파손 · 마모, 취급 또는 관리상의 미비, 채광 · 조명 · 환기시설의 부적당 등을 들 수 있으며, 화학적 요인으로서는 고열, 소음, 진동, 가스, 유해물질, 감전, 기타의 위험 등을 들 수 있다.

3. 호텔의 안전사고 관리

1) 객실의 안전관리

(1) 객실 안전사고의 원인

❶ 수리를 요하는 가구의 방치
❷ 균열 · 파손된 손잡이
❸ 사용된 면도날의 처리 태만
❹ 마모 · 노출된 전선
❺ 전기 · 전화선의 정비불량
❻ 열쇠관리의 부주의 등

(2) 룸 메이드(room maid)에 대한 안전의식 강화

객실의 도난 사고 등을 예방하기 위해서는 룸 메이드에 대한 교육과 감독의 강화가 필요하다. 룸 메이드가 객실 내에서 일을 하는 과정 중 안전관리 부서에 많은 도움을 줄 수 있는 상당한 정보를 수집 제공할 수 있으며, 그 수집된 내용 중 호텔경영에 손상을 끼칠 만한 이상한 사항을 발견하는 경우 상위자 및 안전관리 부서에 보고함으로써 안전사고를 예방할 수 있다.

(3) 분실물 관리

고객의 유실물과 습득물 관리는 독립된 부서없이 하우스키핑 부서에서 관리하는 호텔이 대부분인데 고객의 유실물과 습득물에 대한 서비스 기능은 서비스를 기본으로 하는 호텔경영에 있어서 매우 중요하다.

일반적으로 고객의 유실물 및 습득물은 호텔측에 의하여 일정 기간 보관된 후 법규정에 의하여 처리되나 고객의 연락처가 분명한 경우에는 호텔측의 비용으로 발송하여 줌으로써 호텔의 신뢰성 및 이미지 향상에 도움이 된다.

습득물은 ① 발견된 시기 · 장소, ② 습득물의 종류, ③ 습득자의 성명 등을 기록하여야 한다.

2) 식음료부문의 안전관리

(1) 식음료부문의 사고 원인

사고는 예고 없이 발생하는데 사고에는 직접적인 원인, 제3자의 원인, 근본적인 원인 등의 이유가 있는데 종업원의 불안전한 행동과 작업장의 불안전한 조건 또는 양자의 결합이 사고를 유발시키게 된다. 식음료 부문의 사고는 식당 및 주방사고가 대부분이며, 인적 · 물적 원인에 의해 사고가 발생한다.

표 9-4 식당 및 주방사고의 예

	인적 원인	물적 원인
식당사고	① 앞을 보지 않고 전진할 때 ② 바닥에 어질러진 물품을 방치 ③ 트레이의 올바른 적재방법을 이행하지 않을 때 ④ 보조타월 미사용으로 인한 화상 ⑤ 술병취급 부주의 ⑥ 서비스 제공시의 운반 부주의	① 수분 또는 미끄러운 바닥 ② 식탁 간의 불충분한 간격 ③ 표시 없는 출입문 또는 유리문 ④ 어질러진 물건과 조명의 불충분
주방사고	① 앞을 보지 않고 걷거나 달릴 때 ② 조리기의 산만한 취급과 사용 ③ 절단기 사용 부주의 ④ 튀김기름의 부주의한 사용 ⑤ 냉장고, 냉동고 사용시 부주의 ⑥ 뜨거운 기물의 부주의한 사용	① 수분 또는 미끄러운 바닥 ② 음식폐기물이 바닥에 버려져 있을 때 ③ 설계나 위치가 나쁜 조리실 ④ 주방 내 과열과 불충분한 통풍

(2) 식음료 관리책임

식음료 등이 창고로부터 주방에 인계되면 그 식재료에 대한 관리는 주방장이 책임을 지며, 냉동실이나 냉장고 관리 역시 주방장의 관리책임하에 관리를 철저히 하여야 한다. 또한 주방의 안전관리를 위해서는 주방 근무자를 제외하고는 주방 내 출입을 금지시켜야 하며, 상품으로 만들어진 음식은 반드시 주문서(order slip)없이 주방에서 유출되어서는 안 된다.

3) 기타 서비스부문의 안전관리

(1) 시설유지관리

대부분의 호텔은 보수나 수리에 대한 책임이 있는 종업원이 있다. 일반적으로 규모가 큰 호텔은 목수, 전기 기사, 발전기 기사, 에어컨 및 냉장고 기사 등을 포함한 사람들이 있다. 안전관리 담당 부서는 이들 기사들에 대한 철저한 통제를 통해 안전관리를 강화해야 하며, 세심한 관찰력으로 모든 사항을 관리 · 감독하여야 한다. 모든 시설유지 관리부문의 종업원은 호텔의 기계

설비 유지 및 관리 책임이 있다. 따라서 그들의 태만이나 숙련되지 못한 기술은 치명적 사고를 유발시킬 수 있으므로 규칙적인 기계정비와 보수를 통해 각종 기계설비의 수명연장과 시설유지에 최선을 다하도록 감독 · 지도해야 하고, 안전관리원의 규칙적 순찰을 통해 사고를 방지하여야 한다.

(2) 주차시설관리

호텔 주차시설의 문제는 국가 및 지방자치단체의 법규에 의하여 설정하는데, 일반적으로 호텔의 규모와 객실의 수용인원, 호텔 부대시설의 수용인원에 비례하여 주차시설의 면적을 결정하게 된다. 호텔 주차장은 호텔의 고객뿐만 아니라 일반인도 이용이 가능한 곳으로 범죄가 발생할 수 있으므로 주차장의 안전을 도모하기 위해서는 호텔의 주차 전담 안전관리요원이 있는 것이 바람직하다.

호텔 주차장에서 안전관리요원의 근무소홀 혹은 시설의 미비로 발생될 수 있는 주차 고객의 차량이나 차내 귀중품의 도난에 대한 배상은 보험으로써 어느 정도의 부담률을 저하시킬 수 있지만, 차가 도난당했거나 호텔경영상의 이미지는 땅에 떨어질 것이다. 그러므로 호텔 경영자는 이와 같은 사고를 방지하기 위하여 할 수 있는 모든 조치를 취하여 안전관리에 만전을 기하여야 한다.

(3) 고객안전관리

일반 대중을 고객으로 하는 호텔에서의 고객의 안전은 최대의 과제로서, 완전한 시설, 분위기, 음식의 맛, 서비스 등이 좋았다고 해도 사고 하나로서 모두가 허사로 돌아가고 재산상의 손실뿐만 아니라 호텔의 신용과 호감을 잃게 되는 최악의 재해가 된다. 이런 경우 법률은 고객에게 유리하도록 되어 있다. 따라서 호텔은 종업원의 모든 업무에 우선해서 안전관리에 대한 교육훈련을 철저히 시켜 빈틈없고 완전한 재해예방 체계를 확립하여야 한다.

4. 안전한 작업환경의 조성

1) 안전에 대한 동기부여와 인지

안전관리를 위하여 가장 중요한 것은 경영인 · 감독자, 종업원 모두가 안전에 대한 관심과 동기부여로 개별적인 인지가 가능하도록 하여야 한다.

2) 안전프로그램

대부분 기업에는 표시, 포스터, 방송매체 등에 의한 안전프로그램이 있다. 경영자, 감독자가 안전에 대한 목표를 수립하고 목표에 대한 성과를 종업원에게 피드백하는 것이 중요하므로 이에 관련된 프로그램을 마련하여야 한다.

3) 감독자의 커뮤니케이션 역할

감독자의 중요한 의무는 종업원, 특히 신입 종업원에게 안전에 대하여 지속적으로 환기를 시키는 것이다. 종업원으로 하여금 커뮤니케이션의 방해 요인을 발견하게 되면 이를 제거하는 조직적 노력이 필요하다.

4) 안전규정의 강제적 시행

안전규정은 회의, 오리엔테이션, 매뉴얼 등을 통해 계속 주지되어야 한다.

제10장

인간관계관리

관광인적자원관리

제10장

인간관계관리

제1절 인간관계관리의 의의

사람이 둘 이상 모이면 거기에는 '관계'가 형성된다. 이러한 관계를 '인간관계'라고 한다면 이 같은 의미에서의 인간관계는 인류의 역사와 함께 비롯되어 가정, 학교, 직장 및 지역사회 등에 이르기까지 모든 조직에서 형성되고 유지되게 된다. 인간관계는 인류가 생존한 이래 범생활적 토대가 되며 '기업은 사람'이라고 하는 오늘날의 산업사회 하에서는 인간관계가 회피하거나 무시할 수 없는 것이 되며, 따라서 가장 중요한 연구과제가 됨을 알 수 있다.

인간생활에서는 물론 기업 내 활동에서도 거의 모든 사람들이 상당한 많은 시간을 인간관계와 관련된 문제에 바치고 있다. 이 같은 관점에서 보면 인간생활에서와 마찬가지로 기업의 성공 여부는 인간관계의 문제 해결에 달려 있다고 하겠다.

기업의 성공적인 관리자는 사실(facts), 즉 생산에 대한 관심과 감정(feelings), 즉 종업원에 대한 관심의 양자에 최대한의 관심을 기울여야 한다.

바람직한 인간관계는 직장을 통해서 개인의 욕구와 조직의 목적이라는 양자가 동시에 충족되고 달성될 때 형성된다. 따라서 바람직한 인간관계는 종업원이 경제적 · 심리적 및 사회적으로 만족하면서 더욱 생산적이고 협동적일 수 있도록 동기부여를 하게 만든다. 그러므로 호텔 관리자는 종업원의 개인적 만족은 물론 조직의 목적을 동시에 충족시킬 수 있는 인간관계관리기법에 대한 충분한 연구와 검토가 필요한 것이다. 한편, 인간관계관리는 다음과 같은 몇 가지 측면에서 그 의의를 찾아볼 수 있다.

❶ 인간은 사회적 동물이며 많은 시간을 관계를 맺으면서 지내므로 조직 내에서의 인간관계는 생활의 커다란 부분이 된다. 따라서 훌륭한 인간관계 관리는 건전하고도 원만한 인간관계를 유지함으로써 근로 생활의 질 향상에 기여할 수 있게 된다.

❷ 조직의 규모가 커지고 복잡해짐에 따라 종업원 상호간의 협력체제의 구축은 중요한 과제 중의 하나이다. 기업이 치열한 경쟁과 환경 변화 속에서 생존하고 성장하기 위해서는 효율적인 협동시스템이 요구되며 이를 위한 적절한 인간관계관리가 전제되어야 한다.

❸ 기업이 확보하여 보상하고 개발한 인력을 계속적으로 조직 속에 머무르게 하기 위해서 적절한 인간관계관리 활동을 통해 종업원으로서 계속적인 직무를 수행하고 조직에 공헌할 수 있도록 해야 한다.

원만한 인간관계의 형성과 사기의 제고는 종업원의 자발적 협력을 확보할 수 있으므로 능률의 향상은 물론 서비스품질의 개선, 원만한 고객관계의 유지, 타 기업에 대한 경쟁의 우월성 등을 구현할 수 있게 된다. 따라서 오늘날 기업의 관리자는 종업원을 수단으로서가 아닌 목적으로 대하여야 하며, 바람직한 인간관계를 확립하는 일이 인사관리에 있어서 중요한 과제라고 할 수 있다.

제2절 인간관계관리제도

관광기업에서의 종업원의 인간관계는 매우 중요하다. 특히, 호텔의 서비스는 복합적인 서비스이기 때문에 부서 내의 팀워크는 물론이고 현관 · 객실 · 식당 · 주장 등 모든 부서의 종업원의 협동이 이루어져야 좋은 서비스가 가능하다.

호텔 내에서의 인간관계가 잘 되지 않으면 능률이 저하되고 대고객 서비스에도 나쁜 결과를 가져오게 되므로 직장 내에서 누구에게서나 같이 일을 하고 싶다고 생각할 수 있는 사람이 되기 위한 노력이 필요하다.

따라서 조직 내에 있어서 인간관계를 개선하고 종업원의 사기를 높이기 위한 노력이 요구되는데 현재 널리 사용되고 있는 대표적인 제도는 다음과 같다.

1. 사기조사

사기(morale)란 직장사기 또는 근로의욕이라고 통용되는데, 이것은 직장에 있어서 개인 또는 집단으로서의 심리적 태도를 말한다. 즉 개인을 중심으로 할 때는 '개개인의 욕구충족의 정도' 를 말하고, 집단을 중심으로 할 때는 '집단에 대한 일체감' 을 말하는 것이다. 사기조사(morale survey)란 이러한 사기를 종업원의 정신적 내지 내면적인 면에서 조사하는 것으로 직접적으로 조직 내의 여건에 대한 종업원의 태도(호의 · 비호의의 정도)를 조사하는 것이다.

종업원의 사기는 생산성 · 사고율 · 이직률 등에 크게 영향을 미치므로 사기조사를 통하여 종업원의 사기 또는 근로의욕을 저해하는 요인과 불평 · 불만의 원인, 나아가서는 조직의 불건전성의 원인이 밝혀지게 되고, 동시에 그 원인을 제거하기 위한 대책을 수립할 수 있는 기초자료를 얻게 된다.

사기조사의 목적은 감독자의 태도, 승진의 공정성, 책임수준의 타당성, 공정한 작업시간, 배치전환 및 복리후생시설에 대한 종업원의 만족도를 조사하는데 있다. 사기조사의 효과는 다음과 같다.

1) 기업 측의 효과

❶ 종업원의 근로의욕의 실태를 파악할 수 있다.
❷ 종업원들의 불평 · 불만과 그 원인의 파악이 가능하다.
❸ 직장 내에서 의사소통의 좋은 기회로 활용할 수 있으므로 인간관계의 개선에 도움이 된다.

2) 종업원 측의 효과

❶ 종업원의 평소 생각 및 의사표명의 기회가 있으므로 참가의식을 고취시킬 수 있고, 이로 인하여 노사 간에 신뢰회복이 가능하게 된다.
❷ 불평 · 불만의 정서적 표출에 의하여 억압된 감정을 진전시킬 수 있으므로 정신건강에 도움이 된다.

사기조사의 방법으로는 태도조사와 통계조사가 있다. 태도조사란 종업원의 심리적 · 감정적 상태를 조사하여 그들의 의견과 희망사항을 듣고 불평불만의 제 원인과 그 소재를 파악하는 방법이다. 즉 자신의 직무 · 상급자 · 작업팀 등 여러 요인에 대하여 생각하고 느끼는 바를 직접적으로 종업원의 태도와 증상을 통하여 조사하는 방법이다. 또한 통계조사는 작업현장의 문제점의 빈도수를 파악하여 구성원의 사기를 측정하는 방법으로 노동쟁의, 결근 및 지각, 규칙위반, 고정 등 산업불안정의 빈도수를 파악하여 사기를 측정하게 된다.

그림 10-1 **사기조사 방법**

• 노동이동률에 의한 측정

$$노동이동률=\frac{일정\ 기간\ 동안의\ 이직자\ 수}{일정\ 기간\ 동안의\ 평균\ 재직자\ 수}\times 100$$

• 결근율 및 지각률에 의한 측정

$$결근율=\frac{기간\ 중\ 결근자\ 수\times 결근일\ 수}{평균\ 종업원\ 수\times 작업일\ 수}\times 100$$

2. 인사상담제도

인사상담제도(personnel counseling)란 종업원상담제도(employee counseling)라고도 부르는데 경영자가 조직 내에 전문적인 상담자(counsellor)를 두어 종업원의 불평과 불만 · 희망사항 · 사적인 고민을 자유로이 상담할 수 있도록 함으로써 직장 내에서의 사기 및 근로의욕을 높이려는 것이다.

인사상담에는 완전한 지시를 하는 지시적 상담과 전혀 지시가 없는 비지시적 상담, 그 중간 정도의 형태인 협조적 상담이 있으며 조직 내에 상담전문가를 상설하여 운영하는 것이 바람직하다.

3. 제안제도

1) 제안제도의 의의

제안제도(suggestion system)는 구성원으로 하여금 조직체의 운영이나 작업의 수행에 필요한 개선안을 제안토록 하고 심사하여 우수한 제안에 대해서는 적당한 보상을 하는 제도이다. 제안제도의 목적은 기업 내의 종업원으로부터 실질적인 개선안을 얻고자 하는 것도 있지만 종업원의 창의력을 발전시키고 그들의 근로의욕을 고양시키는 부차적인 목적도 있다.

2) 제안제도의 효과(목적)

제안제도의 효과는 다음과 같다.

❶ 실질적 제안으로 인한 경제적 효율성이 향상된다.

❷ 근로의욕 향상 및 종업원의 상호이해를 돕는다.

❸ 종업원 간의 개선안을 상호 교환함으로써 인간관계의 향상이 가능하다.

❹ 종업원의 창의력을 개발한다.

3) 제안제도의 전제조건

제안제도가 본연의 목적을 달성하기 위해 요구되는 전제조건은 다음과 같다.

❶ 종업원은 관리자, 매니저 등의 구속을 받지 않고 자유롭게 제안을 할 수 있어야 한다.

❷ 채택된 제안에 대해서는 적절한 보상을 하여야 하며, 채택되지 않은 제안에 대해서도 보상이 고려될 필요가 있다.

❸ 제안을 장려 · 지도하는 방식이 제도화되어 있어야 한다.

❹ 제안의 처리 및 심사는 신속하고 공평하여야 한다,

❺ 종업원에게 이 제도의 본뜻을 충분히 이해시켜야 한다.

한편, 제안제도의 효율적 운영을 위해서는 제안심사위원회를 설치하여 제안의 접수 및 심사를 하고 채택된 제안에 대하여는 소정의 보상금을 지불하여야 한다. 또한 제안의 처리 결과를 제안자에게 통지하여야 하며, 채택되지 못하였거나 보류된 제안에 대하여는 그 이유를 상세히 설명하여 주어야 한다.

4. 고정처리제도

고정처리(grievance procedure)는 고충처리라고도 하는데, 고정 또는 고충이란 주로 종업원의 근로환경이나 근로조건에 관한 개별적인 불만 또는 애로로써 근로조건 · 단체협약의 실시 등에 있어서의 불평 · 불만을 의미한다. 따라서 고정처리제도는 종업원의 고충 · 불평 · 불만을 체계적으로 신속하게 해결하도록 하는 과정을 제도적으로 처리하는 것을 말한다. 기업조직에서 발생하는 고정의 원인은 다음과 같다.

❶ 사용자의 정실, 불공평하거나 불이익한 대우
❷ 이유불명 또는 불공평한 해고와 좌천
❸ 연공 또는 업적을 무시한 승급과 승진
❹ 과중한 작업과 휴식 · 복리시설의 부족
❺ 직무환경과 안전보건시설의 불량
❻ 부당하거나 과도한 감독 및 자격미달 또는 인격부족의 감독자로 인한 불만
❼ 종업원 고충제안에 대한 상위자의 압력
❽ 여성종업원에 대한 차별 및 성희롱

고충은 그것이 잠재적이든 현실적으로 나타나든 간에 기업 내에서 노사 간의 관계상 어쩔 수 없이 존재하기 마련이다.

고정처리에 관한 사항은 사용자에 대하여 근로자측이 가지는 불평 · 불만이고, 이것을 그대로 방치해 두면 노동쟁의를 발생시킬 우려가 있을 뿐더러 개인적 · 감정적인 고정이라고 할지라도 근로조건에 관한 것이라면 역시 노사 간에 공통되는 문제라고 볼 수 있으므로 정식으로 고정처리를 하지 않으면 안 된다. 따라서 고정의 처리는 종업원의 불평 · 불만을 적절히 해결하도록 노력함으로써 노사관계의 안정을 도모하고 생산성을 향상함과 동시에 종업원에게는 구체적인 관심을 보임으로써 소외감을 극복하고 소속감을 고취시켜 주게 되므로 이에 고정처리의 의의가 있다.

제3절 인간관계 관리기법

1. 조하리 창(Johari Window)

인간관계는 자신의 참모습을 아는 데서부터 개선될 수 있다. 인간관계 형성과정에서 자신의 모습을 살펴볼 수 있는 방법으로 조하리의 창을 참고할 수 있다.

조하리 창은 루돌프(J. Luft)와 인검(H. Ingham)에 의해 개발된 것으로 두 사람의 이름을 섞어 명명한 것이다.

조하리 창은 자신(self)과 타인(other)에게 투영되는 자신의 모습을 통하여 대인관계에서의 갈등원인을 설명하고 그 해결방안을 제시함으로써 상호작용의 이해를 통한 인간관계 개선의 방향을 제시하고 있다.

조하리 창은 자아개방(self disclose)과 피드백(feedback)을 축으로 열린 영역, 눈먼 영역, 감춘 영역, 미지 영역 등 네 부분으로 구분되어 있으며, 각 부분의 특징은 다음과 같다.

1) 개방의 장(arena)

자신에 대하여 자신도 알고 타인에게도 알려진 부분으로 열린 영역이다. 이러한 상태는 타인에 대하여 개방적이고 조화를 잘 이루기 때문에 갈등의 소지가 적으며, 지속적인 업무관계 구축을 위하여 가장 바람직한 영역이다. 이 영역이 넓을수록 지속적인 인간관계의 성장 발전에 기여하게 된다.

2) 맹점(blind Spot)

자신은 모르고 있으나 타인에게는 알려진 눈먼 영역이다. 맹점 영역이 크면 자신이 기여할 수 있는 잠재능력을 인지하지 못하거나 반대로 성과를 저해할 자신의 특성에 대하여 모르기 때문에 대인관계의 효과성이 결여될 수 있다.

3) 숨겨진 장(hidden)

타인은 모르고 자신만 알고 있는 감춘 영역이다. 이런 경우 자신의 숨겨진 부분이 다른 사람에게 노출될 때 아는 사람들의 반응에 상처를 입을까 두려워하여 심정을 숨기게 된다.

4) 미지의 장(unknown)

자신도 모르고 타인도 모르는 미지 영역이다. 이러한 양방의 인식결여는 상호 간의 전반적인 관계에서 오해가 발생할 소지가 많으므로 대인관계의 질과 잠재력에 대한 영향을 감소시킨다.

그림 10-2 **조하리 창**

	자신이 알고 있는 부분	자신이 모르고 있는 부분
타인에게 알려진 부분	개방의 장 (Arean)	맹점 (Blind Spot)
타인에게 알려지지 않은 부분	숨겨진 장 (Hidden)	미지의 장 (Unknown)

조하리 창은 개인적인 인지와 이해를 강화하기 위한 다양한 분야에서 훈련의 도구로 폭 넓게 사용되어 왔다. 자아개방(자기노출)이란 자기의 마음을 솔직하게 표현하는 것을 말하며, 피드백은 다른 사람의 말을 귀담아 듣는 노력을 말한다. 이 두 가지 노력이 있을 때 자아상과 타아상을 가질 뿐 아니라 더욱 성장해 나갈 수 있다.

조하리 창에 관련된 대인관계의 유형에 따른 관리방향은 다음과 같다.

(1) **피드백 유인**(feedback solicitation)

타인으로 하여금 자신의 행위, 관심사, 가치관, 특성 등에 대하여 반응을 보이도록 활발하게 권장하고, 이러한 피드백을 잘 받아들여야 한다.

(2) **자기노출**(self-disclosure)

자기노출은 자신의 느낌을 잘 나타내 보이고 관심사, 가치관, 특성 등을 다른 사람과 함께 공유하는 것이 중요하다. 자신의 입장을 명백히 밝히고, 자신을 상대에게 보여줌으로써 상대가 나를 알 수 있게 하는 행위이다.

(3) **피드백의 제공**(provision of feedback)

타인이 자신의 행위, 관심사, 가치관, 특성 등에 대하여 개인적 평가 또는 반응을 제공하도록 한다.

(4) **자기노출의 촉진**(facilitation of self-disclosure)

타인이 자신으로 하여금 개인적 느낌, 감정, 관심사, 특성 등을 잘 나타내 보이도록 활발하게 권장하고, 본인은 이런 제안을 잘 받아들이다.

이상의 네 가지 요소는 자신의 개방의 장을 확장시킬 수 있다. 즉 타인의 피드백을 유인하고, 타인이 주는 피드백이 받아들여지면 자기인지 영역이 넓어지게 되므로 피드백과 노출을 통해서 상호 간의 사회적 욕구를 충족하고 상호간의 긴장을 완화함으로써 보다 조화된 인간관계의 형성이 가능하게 되는 것이다.

그림 10-3 **자아개방과 피드백**

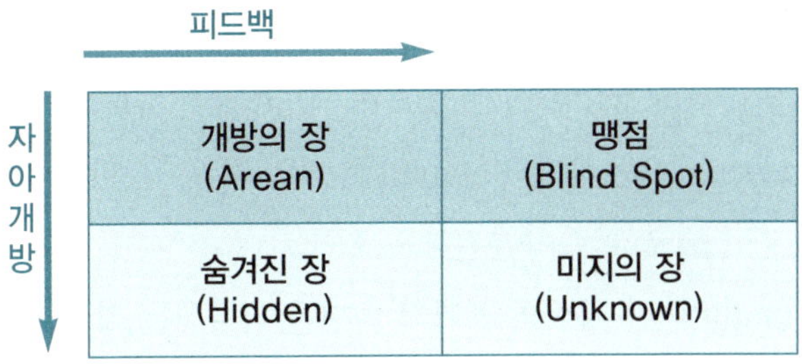

2. 상호작용분석

상호작용분석(TA : transactional analysis)은 교류분석, 의사거래분석이라고도 하는데 내가 상대편에 대해서 어떤 의사표시를 하면 상대방도 그것에 대한 반응으로서 어떤 의사표현을 해오게 되는데, 이러한 의사거래에서 나타나는 특성을 분석함으로써 개인이 갖는 감정과 행동의 기초를 이해할 수 있다. 즉 상호작용분석은 자신과 타인을 보다 잘 이해하고 바람직한 의사소통을 하게 함으로써 결과적으로 건전한 인간관계를 형성하고 개선하는데 도움을 주는 기법이다.

상호작용분석의 목표는 상대방이 자신의 현재 행동과 생활의 방향에 따라 새로운 결정을 하도록 돕는데 있다.

1) 자아의 유형

상호작용분석의 핵심적인 개념은 모든 사람이 갖고 있는 서로 다른 자아상태인데 이는 ① 어버이(P : parent), ② 어른(A : adult), ③ 어린이(C : child)의 성질을 의미하며, 사람들은 주로 이들 중의 어느 하나의 입장에서 다른 사람과 의사소통을 하게 된다. 이들 PAC란 독선적인 부모의 성격, 합리적이고 논리적인 성숙된 어른의 성격, 그리고 감정에 의해 지배되는 작은 어린아이의 성격을 의미한다.

❶ 어버이(parent)란 성장과정에서 지각된 딱딱한 어버이의 모습에서 뇌에 기록된 경험의 집합을 말한다. 어버이의 자아상태는 양육적인 어버이(NP : nurturing parent)로서 ① 동정적(sympathetic) · 양육적(nurturing) 또는 지원적(supportive)인 것과, ② 비판적인 어버이(CP : critical parent)로 구분된다.

❷ 어른(adult)이란 자아의 객관적 측면을 나타내는 경우로서, 자기 자신에 대한 자각과 독창적 사고를 통해서 자아실현을 할 수 있다든지 스스로 자료를 분석 · 해석하고 그에 기초하여 의사결정을 하는 특성을 나타내는데 어른의 행동특성은 합리적이고 문제해결 지향적이라고 할 수 있다. 어른은 아이의 자아상태가 갖는 충동적인 특성과 어버이의 자아상태가 갖는 지배적인 행동특성을 현실에 비추어 이성적으로 판단하려고 한다.

❸ 어린이(child)는 자유스러운 아이(FC : free child), 순응적인 아이(AC : adapted child)로 자신의 내부를 자유스럽게 노출하고 싶어하는 충동과 어버이의 인정을 얻기 위해서 자신이 가지고 있는 기본적인 만족을 포기하려는 충동 등에 의해서 형성된 자아의 모습이다. 대체로 어린이의 특성은 자신의 불안정한 지위 때문에 유치하고 의존적이며 분별없는 행동으로 나타나며, 합리적으로 문제해결을 시도하기보다는 감정에 의해서 이를 해결하고 또 의존적으로 대면하는 특성을 나타나게 된다.

그림 10-4 **자아 상태**

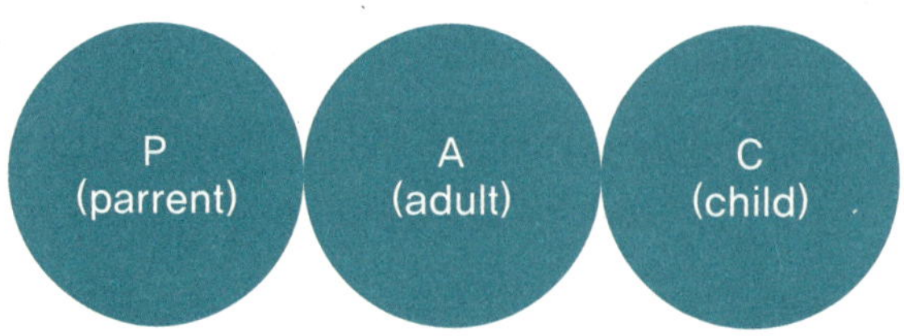

그림 10-5 **자아도표의 구성**

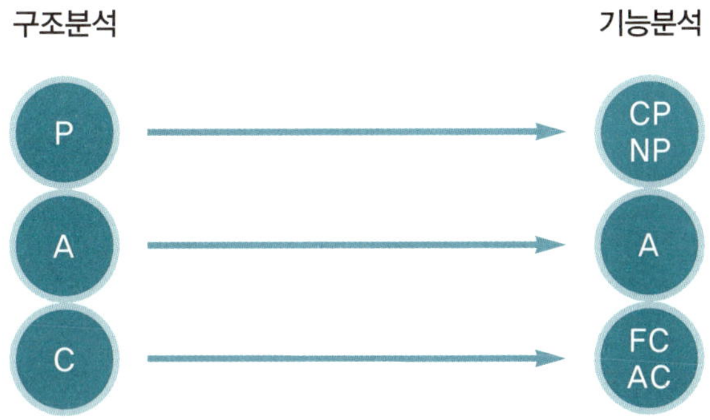

2) 의사거래의 유형

이들 세 개의 자아상태는 대인간의 상호작용분석의 기반을 제공하는데 의사거래는 기본적으로 다음의 세 개 유형으로 구분된다.

(1) 상호보완적 의사거래

상호보완적 의사거래(complementary transaction)는 건전한 인간관계의 자연적인 질서에 알맞고 기대했던 대로 이루어지는 의사거래를 말하는 것으로 특정한 자아상태로부터 송신한 메시지가 다른 사람의 특정한 자아상태로부터 예측했던 반응을 얻을 때 일어나는 것이다.

그림 10-6 **상호보완적 의사거래의 예**

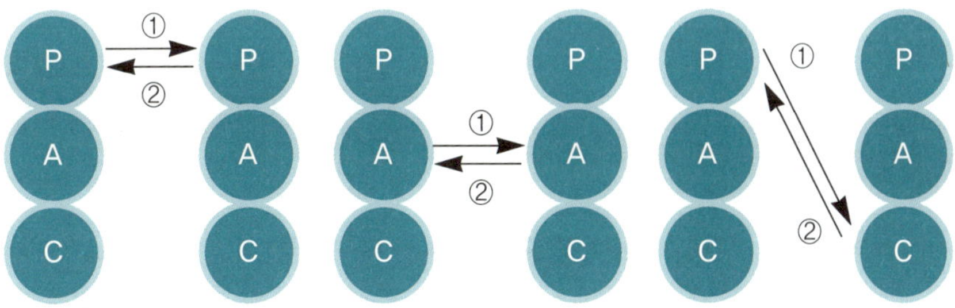

(2) 상호교차적 의사거래

상호교차적(crossed) 의사거래는 비상호보완적 의사거래라고도 하는데 이것은 관리자가 올바른 자아상태를 선택하지 못했을 때 일어나고 결과적으로 대인 간의 문제도 일어나는 유형으로 적당하지 않거나 기대하지 않은 반응이 있을 때 일어나는 것이다.

그림 10-7 **상호교차적 의사거래의 예**

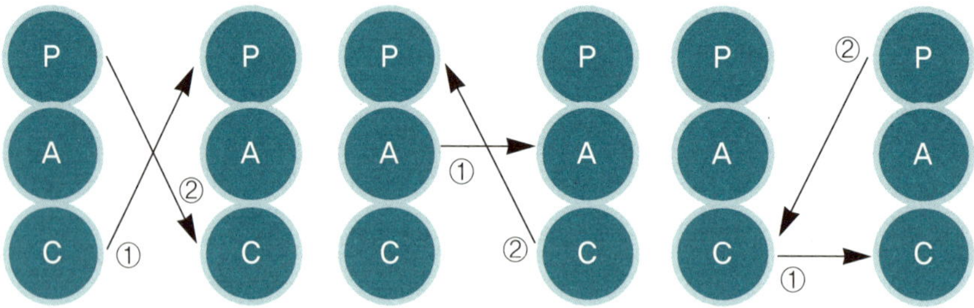

(3) 비노출적 의사거래

비노출적(ulterior) 의사거래는 메시지가 어떤 것을 말하고 의미하는 바가 따로 있을 때 일어나는데 의미는 변장되고 숨겨진 의미가 있을 때 일어나는 것으로 이면 교류, 저의적 의사교류라고도 한다. 이것은 어휘의 표면적인 의미로 전해지는 분명한 메시지가 있고, 또 다른 한편으로는 표현의 밑에 다른 의미가 숨겨져 있는, 즉 두 가지의 메시지를 지닌 것으로 상대방의 감정 반응을 야기할 수 있다.

이 유형은 시간을 낭비하고 또한 인간관계를 단절하는 원인이 되므로 원활한 의사소통과 인간관계의 지속을 위해서는 숨겨진 의미를 찾아내는 노력이 필요하다.

기본적으로 구조분석(자아상태, 자기분석 및 타인분석), 인생태도(자기부정 · 타인긍정, 타인긍정 · 자기긍정, 타인부정 · 자기긍정, 자기부정 · 타인

부정), 교류분석(상보적 교류, 교차적 교류, 이면 교류) 등을 잘 활용한다면 발전적인 인간관계를 확장시킬 수 있다.

그림 10-8 **기본적인 대인관계의 구조**

타인에 대한 태도		자기에 대한 태도: 긍정	자기에 대한 태도: 부정
	긍정	I'm O.K. You're O.K.	I'm not O.K. You're O.K.
	부정	I'm O.K. You're not O.K.	I'm not O.K. You're not O.K.

제11장

노사관계관리

관광인적자원관리

제11장

노사관계관리

제1절 노사관계의 의의

노사관계(labor-management relationships)란 노동자와 사용자와의 관계, 즉 노동조합과 기업과의 관계를 말한다. 노동조합과 기업과의 관계란 노동조합 구성원과 기업 경영자 간의 관계를 의미한다. 경영에서 찾아볼 수 있는 노사관계는 경영자 개인과 종업원 개인 간의 관계인 개별적 노사관계와, 경영자와 노동조합과의 관계인 집단적 노사관계이다.

노사관계는 협동적 관계와 대립적 관계, 경제적 관계와 사회적 관계, 종속관계와 대등관계 그리고 공식적 관계와 비공식적 관계를 갖는다. 여기에서 경제적 관계와 사회적 관계란 경제적 목적을 달성하기 위하여 노사가 협조하여야 하는 관계임을 뜻하는 반면, 또 한편으로는 이들 관계가 인간관계를 바탕으로 하는 사회적 관계의 특성을 강하게 갖는다는 것을 의미한다. 그리고 공식적·비공식적 관계란 노사문제를 해결하기 위하여 노사가 공식적인 협상 테이블에서 만나야 하는 관계인 동시에 보다 이상적인 노사문제의 해결을 실현하기 위해서는 비공식적인 접촉의 관계도 중요하다는 것을 의미한다.

오늘날 관광산업 중 호텔기업 경영에 있어서 노사 간의 문제는 다른 어떠한 경영활동상의 문제보다 심각하다. 노사 간의 경제적 분쟁을 해결하느냐 그렇지 못하느냐에 따라서 호텔기업의 존폐의 위기가 도래하는데 노사 간의 문제는 금전적인 보수와 관련된 것이 대부분이기는 하지만 이보다는 고용의 안정, 과도한 근무부담, 여성종업원 증가에 따른 성희롱 문제 등 인사관리적 측면의 요소가 더 많다.

노사관계의 근본적인 의의는 노사 간의 공동 목적을 효과적으로 달성하여 상호협력 또는 안정체제를 확립함으로써 공존공영을 도모하고 나아가서 경제사회의 공공안전을 유지하며 동시에 능률적인 개선을 촉구하는 데 있다.

제2절 노사관계관리

1. 노사관계의 특성

호텔산업은 인적서비스의 의존도가 높은 산업이므로 노사관계에 따라 서비스 질의 차이가 있을 수 있으며, 호텔 노사관계 형성에 기본적으로 영향을 미치고 있는 노사 관련 특성은 다음과 같다.

1) 임금체계의 특성

호텔기업은 일반기업에서는 볼 수 없는 변동적 임금에 해당하는 봉사료가 있다. 호텔의 경우 기본급이 타 산업에 비하여 상대적으로 낮은 편이지만 봉사료가 합쳐질 경우 임금의 수준은 높은 편이다. 그러나 봉사료는 상여금이나 퇴직금에 합산되지 않기 때문에 종업원의 불만이 많아 노사분규의 원인이 되고 있다.

2) 높은 이직률

호텔 및 외식산업 종업원의 이직률은 타 산업에 비해 더욱 높게 나타나고 있는데 이로 인한 노조의 단결력이 약하고 경영자들과 의사소통 결여로 노사관계의 안정성이 흔들리고 있다.

3) 노조에 대한 인식부족

노동조합의 임원과 종업원의 상당수가 노동조합의 의의와 목적을 올바로 인식하지 못하여 자신들의 권익보호를 위해 충분한 활동을 전개하지 못하고 있고, 경영자 역시 노동조합이 문제를 일으킨다는 판단 때문에 노동조합에 대한 올바른 이해가 부족하다. 또한 민주적인 노사관계의 발전을 의도적으로 억제 혹은 회피하려는 성향이 강하다.

이와 같이 우리나라 호텔산업에 있어서 노사관계관리가 전 근대적인 요소들에서 탈피하여 노사는 적이 아니라 협조자라는 사고를 확고히 가져서 노사공동체의 실현을 시키는 것이 무엇보다 중요하고, 상호신뢰의 바탕하에 서로의 입장을 이해하는 새로운 노사관계의 정립을 통해 종업원들의 직장만족을 유도하고 노사관계의 안정성을 유지하는 것이 중요하다.

2. 노사관계의 개선 방향

1) 공정한 보상체계의 확립

호텔산업의 경우 관리체계, 보상체계, 종업원의 특성, 경영자 특성 중에서 보상체계가 노사화합의 정도에 가장 높은 영향을 미치는 것으로 밝혀졌기 때문에 공정한 보상체계의 확립이 요구된다. 특히, 임금체계에서 변동적 임금에 해당되는 봉사료의 기본급화가 요구되며 다양한 복지후생시설을 충분히 검토하여 실시하여야 한다.

2) 종업원의 직장의식과 조직몰입

종업원들이 직장을 보람된 일터로 의식할 경우 호텔에 대한 긍지와 자부심을 갖게 되고 조직몰입의 향상을 초래할 수도 있다. 종업원이 호텔의 발전과 성장을 위해 자신의 희생을 감수할 수 있는 자세와 수용력이 향상되어 노사문제가 일어날 경우도 원만히 해결할 수 있게 되고, 호텔에 대한 일체감과 귀속의식이 생성되어 노사화합을 통한 노사관계의 안정성이 형성될 수 있다.

3) 경영체계의 합리화

호텔산업은 부서장의 권한과 책임 하에서 영업활동이 이루어지므로 부서장이 직무를 수행할 종업원 채용에 영향력을 행사할수록 가장 적절한 인재를 채용할 수 있다. 따라서 호텔의 경영방침 수립 및 시행에 있어 지배인 등의 하위 관리직에 대한 권한 및 참가의 기회를 확대할 때 경영방침에 대한 오해와 불신을 제거할 수 있기 때문에 노사화합의 정도가 높아질 수 있다.

4) 관리능력 향상

호텔기업의 경영자들은 종업원들에 대한 친근감, 관대함을 갖고 인간 중심적인 노사관계가 형성될 수 있도록 의사소통의 기회를 증대시키고, 종업원들의 능력배양에 높은 관심을 갖고 직무수행을 할 때 노사관계의 안정성은 이루어질 것이다.

3. 노동조합

사용자는 노사관계의 당사자로서 노동조합을 인정하여야 하며, 협력과 대결의 당사자로서 노동조합에 대한 이해가 있어야 한다.

일반적으로 노동조합(labor union)이란 임금근로자가 노동생활의 모든 조건의 유지 또는 개선을 목적으로 조직한 영구적인 단체로서 근로조건의 유지 · 개선, 근로자의 권익과 복지증진 및 기타 경제적 · 사회적 지위 향상을 목적으로 하는 근로자의 대변 또는 연합단체라고 할 수 있다.

1) 노동조합의 기능

노동조합이 갖는 기능은 크게 세 가지로 요약될 수 있는데, 그 하나는 경제적 기능이고 또 다른 두 가지 기능은 사회적 기능과 정치적 기능이다.

(1) 경제적 기능

노동조합은 우선 경제적으로 약자의 지위에 있는 근로자의 근로조건을 개선하기 위해서 존재하는 단체이기 때문에 그것은 경제적 기능을 담당한다. 사용자와의 근로조건에 관한 협의과정에서 근로자의 권익을 보다 잘 옹호하기 위해서 노동조합은 단체교섭(collective bargaining)과 경영참가제도(employee participation)를 활용한다.

(2) 사회적 기능

노동조합은 근로자의 사회적 지위를 옹호하기 위하여 각종 사업을 벌이는 경우가 많은데, 주택 공급사업 및 각종 레크리에이션 시설과 문화시설을 운영하는 것을 들 수 있다. 노조의 강력한 운동에 의하여 각종의 복지후생시설과 제도를 운영토록 함으로써 노조는 근로자가 갖는 사회적 욕구를 충족시킨다.

(3) 정치적 기능

노조는 노동관계에 대한 법률의 제정 또는 근로자의 권익에 위배되는 국가의 정책이 나올 경우, 정치적으로 근로자에게 유리하도록 활동한다.

예를 들면 주5일 근무제 등을 위한 정치적 활동을 전개한다.

2) 노동조합의 형태

노동조합은 각 사업 또는 사업장을 단위로 하여 구성되는 단위노동조합, 동종 산업의 단위노동조합으로 구성되는 산업별 연합단체, 산업별 연합단체 또는 전국 규모의 산업별 단위노동조합으로써 구성되는 총연합단체 등으로 분류된다.

노동조합의 형태에는 산업별 조합, 기업별 조합, 직업별 조합 그리고 일반 노동조합이 있다.

(1) 기업별 노동조합

기업별 노동노합(company union)은 동일 기업에 종사하는 근로자를 대상으로 하여 조직되는 조합으로서 연대조직이 아닌 개별기업을 존립 기반으로 하기 때문에 조직력과 교섭력이 비교적 약하며, 사용자의 어용조직으로 이용되는 경우가 많다. 일본의 대표적인 노동조합형태이다.

(2) 직업별 노동조합

직업별 노동조합(craft union)은 같은 직업, 같은 직종에 종사하는 근로자들이 조직하는 노동조합을 말하는데 직종별 조합 또는 직능별 조합이라고도 한다. 이는 숙련공들이 자신의 노동력을 독점적으로 활용하기 위하여 형성한 조합인데 점차 그 독자적 기능을 잃고 있다.

(3) 산업별 노동조합

산업별 노동조합(industrial union)은 직종에 관계없이 동일산업에 종사하는 근로자를 대상으로 조직된 조합으로 조직의 교섭력을 강화한 조합형태로서 오늘날 대표적인 노동조합의 형태이다.

(4) 일반 노동조합

일반 노동조합(general union)은 직업별 · 산업별 · 기업별 조합과는 달리 직종이나 산업의 종류에 구애되지 않고, 동일지역에 종사하는 모든 근로자를 대상으로 형성된다. 이 조합은 일반적으로 중소기업에 적합하다.

4. 단체교섭과 쟁의행위

1) 단체교섭

단체교섭(collectivity bargaining)이란 노동조합이 근로조건, 임금 등 근로자의 사회적 · 경제적 지위형상을 위한 사항을 사용자에게 주장하여 관철시키고자 하는 노력을 말한다. 즉 근로자 대표로서의 노동조합과 사용자측 간에 단체협약서 또는 임금협정서를 작성하기 위한 교섭과정이다.

단체교섭은 산업사회에서 노사관계 질서를 형성하는 핵심적인 제도이다. 단체교섭은 노사 간 갈등을 해결하는 민주적인 절차로서 산업민주주의를 정착시키는 데 이바지한다. 단체교섭의 기능을 요약하면 다음 세 가지로 정리할 수 있다.

첫째, 집단적 노사관계의 핵심과정으로서 단체교섭에 의해 통일적인 근로조건의 결정이 가능하다.

둘째, 경영활동에 대한 견제와 자극을 통해 경영효율증대가 가능하다.

셋째, 노사상호타협의 장으로서의 의사소통 내지 노사 자치 및 산업민주주의의 유지 기능을 가진다.

단체교섭에 있어서 노사 간에 불신이 있을 경우 진정한 단체협약은 기대할 수 없으므로 상호이해와 신뢰의 정신 하에 관용을 베풀면서 책임감 있게 노사문제를 다루어 나갈 때 단체교섭의 효과가 있는 것이다.

한편, 단체협약(collective agreement or negotiation)이란 단체교섭을

통하여 노사 간에 노사문제에 대한 의견의 합치를 본 것으로 최종적인 노사계약과 협약을 체결함으로써 협약내용을 문서화한 것이다.

2) 노동쟁의행위

노사 간의 문제는 가능한 한 평화로운 분위기에서 대화로서 해결하는 것이 가장 이상적이다. 그러나 단체교섭과정에서 노사가 팽팽하게 대립함으로써 자기들만의 이익을 고집하게 될 경우 노사문제의 평화적 해결은 벽에 부딪치게 된다. 이로 인하여 교섭에 결렬이 생기게 될 경우, 노사쌍방은 실력행사에 돌입하게 된다.

노동쟁의(labor dispute)란 임금, 근로시간, 종업원 복지후생, 해고 등과 같은 근로조건에 관하여 노사 간에 의견의 합치를 보지 못함으로써 노사분쟁에 돌입한 상태를 말한다.

노동조합의 쟁의행위 수단으로서는 파업(strike), 피케팅(picketing), 태업(sabotage), 불매동맹(boycott) 등이 있고, 사용자가 사용하는 수단으로서는 직장폐쇄(lock-out)가 주된 것이다.

(1) 동맹파업(strike)

이는 조합원들이 하던 일에서 손을 뗌으로써 조업을 중단하는 것을 뜻한다.

❶ 경제적 스트라이크(economic strike)

경제적 보수의 개선을 위한 투쟁

❷ 부당노동행위 스트라이크(unfair labor practice strike)

기업 측의 부당한 노동행위에 대항하기 위한 파업

❸ 동정 스트라이크(sympathetic strike)

다른 노조의 파업을 동정하여 지지하는 파업

❹ 총파업(general strike)

동정파업이 더 크게 확산되어 그 지역의 노조들이 모두 가담하여 쟁의가 일반화되는 일반화 스트라이크

❺ 불법 스트라이크(out-law or wildcat strike)

조합원이 노조 당국의 승인 없이 불법으로 하는 무차별 스트라이크

❻ 돌발 스트라이크(flash strike)

노조원이 갑자기 경고도 없이 일을 중단하고 벌이는 쟁의

❼ 연좌 스트라이크(sit down strike)

노조원들이 작업장을 떠나지 않고 작업을 중단하는 스트라이크

❽ 태업 스트라이크(slow down strike)

노조원들이 조업을 게을리하면서 작업생산량을 제한하는 파업

(2) 시위(picketing)

이는 쟁의행위의 주도자가 피켓을 들고 시위를 하면서 쟁의의 진행을 알리면서 다른 근로자들에게 쟁의행위에의 동조를 하소연하는 것을 말한다.

❶ 개인 시위(single picketing)

노조대표자들이 피켓을 들고 동조를 호소하는 일반적인 피케팅

❷ 대중 시위(mass picketing)

노조집단의 사람들이 출근 통로를 막아서서 작업장에 들어가는 것을 막는 집단 피케팅

(3) 불매운동(boycott)

이것은 당해 기업이 생산해 내는 제품이나 서비스를 구매하지 않도록 운동을 벌이는 것이다.

❶ 1차 불매운동(primary boycott)

노동조합원들이 사용주의 제품 내지 서비스의 판매를 방해하는 행위

❷ 2차 불매운동(secondary boycott)

쟁의와 직접 관련이 없는 제3자에게 사용주의 제품 내지 서비스를 불매하도록 하는 행위

(4) 태업(sabotage)

이는 노조원들이 작업장에 임하긴 하지만 일을 게을리 함으로써 기업주를 골탕 먹이는 행위이다.

❶ 자연적 태업(natural sabotage)

노조원들이 비조직적으로 태업을 하는 것

❷ 조직적 태업(systematic sabotage)

노조원들이 조직적으로 태업을 하는 것

(5) 직장폐쇄(lock-out)

직장폐쇄란 사용자가 근로자측의 쟁의행위에 대항하는 행위로써 업무의 정상적인 운영을 저해하는 행위이다. 이는 노조가 스트라이크 상황에 돌입했을 때 사용자가 취할 수 있는 대표적 행위로써 근로자측의 쟁의행위를 미연에 방지하거나 또는 종결시키기 위해서 해고의 의사 없이 쟁의 중에 있는 집단적인 노동력을 작업장 밖으로 내쫓는 행위를 말한다.

표 11-1 쟁의행위의 형태

구분	내용
스트라이크(strike) : 파업	① 경제적 스크라이크(economic strike) ② 부당노동행위 스트라이크(unfair laor practice strike) ③ 동정 스트라이크(sympathetic strike) ④ 총파업(general strike) ⑤ 불법 스트라이크(out-law or wildcat strike) ⑥ 돌발 스트라이크(flash strike) ⑦ 연좌 스트라이크(sit down strike) ⑧ 태업 스트라이크(sloe down strike)
피켓팅(picketing) : 시위	① 피켓팅(picketing) ② 집단 피켓팅(mass picketing)
보이코트(boycott) : 불매운동	① 1차적 보이코트(primary boycott) ② 2차적 보이코트(secondary boycott)
태업(sabotage)	① 자연적 태업(natural sabotage) ② 조직적 태업(systematic sabotage)

롯데호텔 여직원 70% "성희롱 당했다"

호텔롯데에 근무하는 여성직원 10명 중 7명이 상사에게 성희롱을 당한 경험이 있는 것으로 조사됐다.
호텔롯데 노동조합은 지난 26일 한길리서치연구소에 의뢰해 여성조합원 382명을 대상으로 직장상사에 의한 성희롱 경험을 설문조사한 결과를 29일 발표했다.
성희롱 사례를 유형별로 보면 상사에 의한 성적인 농담이나 음담패설(77.2%, 295명), 여직원의 신체나 외모에 대한 성적인 비유 · 평가(75.5%, 288명), 회식 후 뒤풀이에서 블루스 출 것을 강요(72.3%, 276명), 가슴, 엉딩이 등 특정 신체부위 쳐다봄(70.2%, 268명) 등으로 나타나 전체의 70% 이상이 일상적으로 성희롱을 경험하고 있는 것으로 나타났다.
언어에 의한 성희롱 외에도 의도적으로 신체 일부를 접촉하거나 만지고(46.4%, 177명), 일방적으로 껴안거나 키스를 하며(21.1%, 81명), 상사가 여직원 앞에서 성기를 만지는(17.2%, 66명) 등 직접적인 성희롱도 다수 겪었던 것으로 조사됐다.

특히 382명 가운데 3.3%(12명)가 상사에게 강간 및 강간미수, 성추행을 당한 적이 있다고 응답해 문제의 심각성을 드러냈다.
노조는 성희롱과 성폭력을 일삼은 임원과 관리자의 명단을 발표하고 이들의 즉각 퇴진을 요구했다. 노조는 상무급 임원이 직원회식에서 여직원에게 블루스를 함께 출 것을 강요하고 특정부위를 상대 여직원의 허벅지에 밀착시켰으며 면세점에 근무하는 모이사는 평소 언어적 희롱을 일삼으면서 임신한 여직원에게 '산란기냐' 라고 물었다고 밝혔다. 또 과장급 직원이 부하 여직원에게 '애인이 되어주면 돈을 주겠다' 고 강요하거나 여직원을 사무실로 불러 문을 잠그고 마사지를 시킨 경우도 공개됐다.

국민일보 2000. 6. 29

5. 부당노동행위

부당노동행위란 사용자가 노동조합의 정당한 권리를 침해하거나, 반대로 노동조합이 사용자의 정당한 권리 침해할 때 나타나는 일체의 행위를 말한다. 즉 사용자가 노조의 단체교섭행위를 방해한다거나 노조가 회사의 재산을 파괴하는 폭력행사 등이 이러한 경우이나 일반적으로 사용자측에 의한 부당노동행위가 더 많다.

1) 불이익 대우

이것은 근로자가 노조에 가입 또는 노조를 결성하려고 하고, 노조의 업무를 위해서 일정한 행위 및 노조의 단체행동에 가담함은 물론, 노동위원회, 기타 관련 행정기관에 신고나 증언을 하였을 경우 사용자가 그에게 불이익, 즉 감봉, 전직, 해고 등 개인에게 불리한 인사조치를 하는 것을 말한다.

❶ 노동조합의 조직, 노동조합에의 가입, 노동조합활동을 이유로 해고, 전출 기타 불이익을 주는 행위

❷ 정당한 단체행동 참가, 부당노동행위 신고 등과 관련하여 해고, 전출 기타 불이익을 주는 행위

2) 황견계약(yellow-dog contract)

황견계약은 근로자를 고용할 때 노동조합가입, 활동금지를 약정하는 행위로서 조합에 반하는 계약이라고 불리는 것으로, 원래는 종업원을 누런 털을 가진 겁쟁이 개에 비유한 데에서 비롯되었다. 이는 사용자가 근로자에게 노조에 가입하지 않을 것 혹은 노조에서 탈퇴할 것 등을 조건으로 근로자에게 불리한 근로계약을 체결하도록 할 때 이를 겁쟁이 근로자와의 계약이라 해서 황견계약(yellow-dog contract)이라는 이름을 붙였다.

3) 단체교섭 거부

이것은 사용자측의 부당한 횡포에 의하여 단체교섭을 거부할 경우 나타나는 부당노동행위를 말한다. 단체교섭 거부는 '노조의 대표자 또는 노조로부터 위임을 받은 자와의 단체협약 체결 또는 기타의 단체교섭을 정당한 이유 없이 거부 또는 나태' 하는 경우에 성립한다.

4) 노조의 지배 · 개입 및 경비원조

이것은 사용자가 노동조합을 조직 또는 운영하는 것을 지배하거나 이에 개입하는 행위와, 노동조합의 운영비를 원조하는 행위로서 노동조합의 독립성을 침해하는 행위를 포괄하는 개념이다.

6. 노사관계 관련법

우리나라의 노사관계 관련법은 근로기준법, 노동조합법, 노동쟁의조정법,

노동위원회법 등이 있었으나 노동조합법과 노동쟁의 조정법은 노동조합 및 노동관계조정법으로 대체되었다.

1) 근로기준법

근로기준법은 헌법에 따라서 근로조건의 기준을 정함으로써 근로자의 기본적 생활을 보장, 향상시키며 균형 있는 국민경제의 발전을 도모하기 위하여 제정되었다.

근로기준법의 주된 내용으로는 ① 근로계약의 체결 · 이행 및 종료에서 근로조건의 기준을 보호하고 있고, ② 임금에 관한 것으로 임금액 · 임금지급 · 임금채권이행확보 및 시효에 관하여 규정하고 있고, ③ 근로시간과 휴식으로 기준근로시간 · 연장근로시간 · 탄력적 근로시간, 휴식 · 휴일 및 휴가 등, ④ 여성과 소년을 보호하기 위한 별도의 근로조건의 기준, ⑤ 근로자의 안전과 보건, ⑥ 재해보상, 취업규칙의 작성 · 변경 및 효력, ⑦ 근로감독관의 권한과 의무에 관한 규정을 하고 있다.

2) 노동조합 및 노동관계조정법(약칭 : 노동조합법)

이 법은 기존의 노동조합법과 노동쟁의 조정법이 통합되어 노동조합의 조직 · 구성 · 권한 및 활동 등을 규정한 법률이다.

이 법률은 헌법에 보장된 근로자의 자주적 단결권 · 단체교섭권 · 단체행동권을 보장함으로써 근로자의 근로조건을 유지 · 개선하고, 근로자의 경제적 · 사회적 지위를 향상시키며, 국민경제발전에 기여케 하기 위하여 제정된 법이다. 주요 내용으로는 ① 노동조합의 보호 요건, ② 노동조합의 설립, ③ 노동조합의 관리, ④ 노동조합의 해산, ⑤ 단체교섭 및 단체협약 ⑥ 쟁의행위 ⑦ 노동쟁의의 조정 · 중재 ⑧ 공익사업 등의 조정 ⑨ 긴급조정 ⑩ 부당노동행위 등을 규정하고 있다.

3) 노동위원회법

이 법은 노동관계에 있어 판정 및 조정 업무의 신속, 공정한 수행을 위하여 노동위원회를 설치하고 그 운영에 관한 사항을 규정함으로써 노동관계의 안전과 발전을 목적으로 제정한 법률이다. 노동위원회는 근로자와 사용자 및 공익을 대표하는 3자로 구성되어 노동관계의 중요한 사항을 판정하거나 조정하는 행정위원회이다.

노동위원회법에서는 노동위원회의 조직과 구성 · 운영 및 권한을 정하고 있는데 독립된 행정기구로서 노동위원회를 설치하여 노동관계의 분쟁을 공정하고 신속하며 합리적으로 해결하게 함으로써 노동행정의 민주화를 기하고, 노동관계의 안정과 발전을 도모할 수 있다.

4) 근로자참여 및 협력증진에 관한 법률

이 법은 노사협의회법의 법명이 변경된 것으로 근로자참여 및 협력증진에 관한 법률은 근로자와 사용자 쌍방이 참여와 협력을 통하여 노사공동의 이익을 증진함으로써 산업평화를 도모하고, 국민경제발전에 기여함을 목적으로 하여 제정된 법률이다. 주요 내용으로는 ① 협의회의 구성, ② 협의회의 운영, ③ 협의회의 임무, ④ 고충처리 등에 관하여 규정하고 있으며, 이 법에서의 근로자와 사용자는 상호신의를 바탕으로 성실하게 협의에 임하여야 한다.

표 11-2 **우리나라 주요 노사관계법**

법령명	주요내용
근로기준법	- 근로계약 · 임금 · 근로시간과 휴식 · 여자와소년 · 안전과 보관 - 기술습득 · 재해보상 · 취업규칙 · 기숙사 · 근로감독관 등에 관한 문제
노동조합법	- 노동조합의 요건 · 노동조합의 설립 · 노동조합의 관리 · 노동조합의 해산 - 단체협약 · 부당노동행위 등

법령명	주요내용
노동위원회법	– 노동위원회의 조직, 노동위원회의 권한
근로자 참여 및 협력증진에 관한 법률 (구. 노사협의회법)	– 협의회의 구성 · 협의회의 임무 및 고충처리 등

제3절 경영참가제도

1. 경영참가의 의의와 효과

경영참가란 일반적으로 근로자 또는 노동조합이 기업의 제 계층적 수준에서 경영상의 의사결정에 참가하여 영향력을 행사하는 과정을 말한다. 광의로 해석하면 근로자와 노동조합이 임금이나 근로조건 등의 문제 외에도 기업경영상의 제 문제, 즉 경영방침, 경영조직, 투자 · 생산계획 및 방법, 기타 경영의 능률증진 등에 관한 의사결정에 참여하는 것이다.

경영참가는 그 자체가 노사 간의 권력공유와 협조적이고 화목한 관계 등의 증진이라는 기본적 이념을 강조한다. 경영참가는 근로자를 어떤 방식으로든지 기업경영에 참가시켜 기업의 권력을 어느 정도 공유함으로써 산업화 과정에서 야기된 노동의 비인간화를 극복하고, 노사 간의 협력증대 및 생산성 향상, 나아가서는 사회정의를 구현하는 데 그 목적이 있다.

경영참가제도의 구체적인 효과는 다음과 같다.

❶ 근로자의 이익유지 및 개선

❷ 근로자 소외감 해소

❸ 기업 내 인적자원의 효율적 이용

❹ 경영의 민주화

❺ 협력체제 강화에 따른 노사분쟁의 해소

2. 경영참가제도의 유형

1) 자본참가제도

종업원들로 하여금 출자자로서 기업경영에 참여하고자 하는 것이다. 이에는 종업원지주제도와 노동주제도가 있다.

(1) 종업원 지주제도

종업원 지주제도란 회사의 경영방침으로서 특별한 편의를 제공하여 종업원이 자기 회사의 주식을 취득 · 소유하는 것을 장려하는 제도이다. 이 제도를 도입할 경우 종업원들이 자사의 주주가 됨으로서 이들의 애사심과 충성심 그리고 사기를 높이고 나아가 노사 간 상호이익을 촉진하는 효과가 있다. 그러나 경제상황의 변화에 따른 주가의 하락이 종업원의 사기를 저하시킬 수도 있고 또한 조합의 어용화를 초래할 가능성도 있기 때문에 이에 대한 비판도 있다.

(2) 노동주제도

노동주제도란 근로자로서 기업에 노동력을 제공하고 있는 것을 일종의 출자로 한정하여 이에 대하여 주식을 제공하는 제도이다. 노동주는 자본을 직접 출자하지 않고 제공받는 주식이기 때문에 일반 주식과는 구별된다. 이 제도는 현실적으로 특별한 효과가 없어 오늘날 거의 사용하지 않는다.

2) 이윤분배제도(이익참가제도)

이윤분배제도는 경영의 능률증진에 대해 노동조합이 적극적으로 참가하고 협력한 대가로서 기업이 원료비, 임금, 감가상각비 등을 계산한 뒤, 그 이윤의 일부를 임금 이외의 형태로 근로자에게 분배하는 제도이다.

오늘날 이윤분배제도는 종업원의 성취동기 유발, 경영공동체 형성의 조장, 탄력적 임금정책의 실현, 노동시장에서의 경쟁우위 확보, 근로자 재산형성과 기업자금확보, 종업원에 대한 공정한 보상의 실현 등에서 그의 위치와 중요성이 대단히 크다고 하겠다.

3) 경영참가제도(협의)

협의의 경영참가는 근로자 경영참가의 가장 핵심이 되는 고유한 의미의 참가로, 근로자 또는 노동조합이 기업경영상의 의사결정에 참가하는 제도를 말한다. 협의의 경영참가는 참가의 정도, 즉 결정권 여하에 따라서 크게 노사협의제와 공동결정제로 나눈다.

(1) 노사협의제

노사협의제는 경영자와 근로자가 대등한 입장에서 노사쌍방이 이해관계를 공통으로 하고 있는 생산, 경영 등의 문제에 대하여 대화하고, 상호이해를 통하여 경영에 협력하는 것을 말한다. 노사협의제는 주로 산업합리화와 노사협조를 목적으로 하며, 오늘날 각국에서 가장 널리 도입 · 실시되고 있는 경영참가제도이다.

(2) 공동결정제

공동결정제는 경영에 대한 최종적인 의사결정이 노사공동으로 행하여지는 참가방식으로 근로자 중역제라 하기도 한다. 즉 근로자 대표가 법률 또는 노사 간의 자주적인 협정에 의거해서 중역회에 참가하는 경영방식으로 이때 근로자대표는 기업의 관리적 의사결정은 물론 전략적 의사결정에도 직접 참여하게 된다. 이 제도는 독일, 스웨덴 등의 서유럽에서 발달한 제도이다.

3. 경영참가제도의 문제점

경영참가제도와 관련된 몇 가지의 문제점을 요약하면 다음과 같다.

1) 경영권 침해의 문제

일반적으로 사용자가 근로자의 경영참가에 난색을 표시하고 있는데 경영이 원래 경영자의 전권이므로 경영에 관한 근로자의 발언이 일종의 월권이며 경영권에 대한 침해라고 인식하고 있으므로 경영참가의 가장 큰 저해요인으로 작용하고 있다.

2) 조합 약화의 문제

노동조합이 근로조건 이외의 경영상의 문제에 대해 사용자와 접촉을 갖게 될 경우 노동조합의 단결력 · 단체교섭력을 약화시켜 조합이 어용화되기 쉽다는 우려가 있다.

3) 근로자의 경영참가 능력 문제

근로자들이 가진 경영에 대한 지식이나 경험을 지나치게 약소 평가하는 경우가 빈번한데 이보다는 그들을 경영의 보조자로서 계속 활동하고 있으며, 또 교육의 광범위한 보급과 정보공유를 통해 그들의 능력을 더욱 확대시켜 주어야 한다.

근로자 경영참가는 사용자의 경영권에 대한 노동권의 보완이라고 할 수 있다. 노사쌍방이 절대적인 경영권과 절대적인 노동권을 고집하기보다는 양보와 타협을 통해 성숙한 노사관계를 이룰 때 경영참가제도는 더욱 성숙 · 발전해 갈 것이다.

내년 초 코스닥시장 상장을 준비 중인 직판여행업체 노랑풍선 직원들이 주식 잔치에 웃음꽃이 폈다.

18일 투자은행(IB) 업계에 따르면 노랑풍선은 450명 임직원 전원에게 평균 200주씩을 무상 배분하기로 했다. 배분되는 주식은 자사주 12.35% 가운데 1.75%에 해당한다. 향후 신입직원 채용 시에도 입사 보너스 개념으로 주식배분을 지속적으로 추진할 예정이다. 일반적으로 기업공개(IPO) 과정에서 우리사주조합에 물량의 20%를 우선 배정하기는 하지만 직원 전체에 무상으로 주식을 배분하는 것은 이례적이다.

노랑풍선은 자체 개발한 여행상품을 대리점 등의 중간경로 없이 온라인 등을 통해 직접 판매하는 여행업계 직판 1위 회사다. 하나투어(039130)와 모두투어(080160)를 이어 전체 여행업계 시장점유율 3위를 차지하며 IPO를 통해 회사의 신뢰도를 높이고 온라인 영업을 강화할 계획이다. 노랑풍선 관계자는 "지난 2015년부터 국제회계기준인 IFRS를 도입해 기업 투명성을 높였지만 상장사가 가질 수 있는 신뢰성 높은 브랜드 구축이 필요해 상장을 적극적으로 검토했다"며 "자사주의 무상 배분을 통해 임직원 모두가 주주로 더욱 책임감을 가질 것"이라고 말했다.

노랑풍선과 같은 직판여행사는 해외의 경우 OTA(Online Travel Agency)로 불리며 여행산업의 주축 사업 모델로 자리 잡고 있다. 고객 입장에서 가용 항공좌석의 운임만을 노출해 다양한 스케줄과 경쟁력 있는 운임 항공권을 확보하고 예약부터 결제까지 한 번에 완료할 수 있다는 장점을 갖고 있다. 무엇보다 대리점을 통해 모객하는 간접판매 여행사에 비해 상품가격을 저렴하게 책정할 수 있어 가격 경쟁력에서 앞설 수 있다. 노랑풍선도 간접판매사와 비교해 15%가량의 가격경쟁력을 보유하고 있다. 노랑풍선은 직판여행사 1위로 시장을 선점한 만큼 상장으로 조달되는 자금을 OTA 인프라 확대에 사용해 경쟁사들과 차별화할 계획이다.

노랑풍선 주주 현황

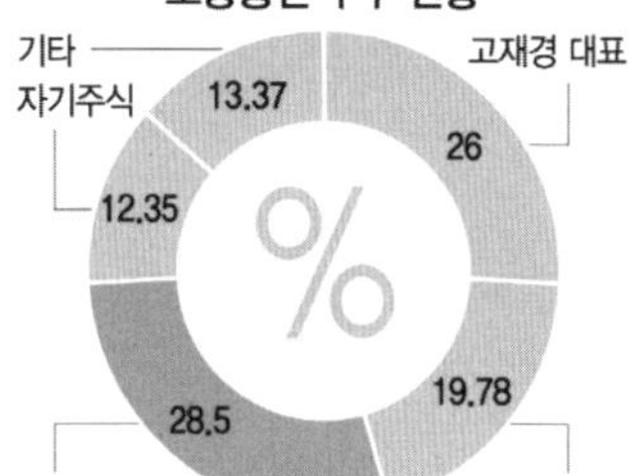

※ 2016년 12월 기준 자료:금융감독원

노랑풍선의 지난해 영업수익(매출)은 전년도에 비해 14.8% 증가한 558억 원을 달성해 영업이익 39억 원을 기록했다. 상장주관사는 KB증권이 맡고 있다.

자료 : 서울경제 2017. 5. 18.(http://naver.me/GkOiL1Wd)

제12장

이직관리

관광인적자원관리

제12장

이직관리

제1절 이직의 의의

1. 이직관리의 의의와 중요성

이직관리는 인적자원관리의 마지막 과정이다. 종업원 이직(employee separation)은 일반적으로 자의 또는 타의에 의해 소속 조직이나 집단을 떠나는 것이다. 종업원은 언젠가는 조직을 이탈하게 되는데 조직을 떠난 종업원이 조직체에 대해서 호의적인 태도를 갖는가 또는 비호의적 태도를 갖는가는 중요한 의미를 가진다.

적정 수준의 이직은 조직을 활성화시킴으로써 인적자원관리에 긍정적인 효과가 있다. 그러나 이직자에게는 자신이 선호하는 직무에 능력을 발휘할 수 있는 기회를 가지는 반면 타 조에 새롭게 적응해야 하는 등 직장생활에서의 불확실성이 증가된다. 이직으로 인하여 조직 내에서 발생하는 결원이나 이직자로 인하여 신규인력이 확보되기까지는 기존 직원의 업무량이 증가하며, 동료들의 사기저하를 가져오고 집단응집력이 약화되는 등 협동관계의 시스템이 훼손되고 될 수 있다. 또한, 자발적인 이직은 신규인력의 확보에 따른 모집 · 선발 · 교육비용의 증가로 인한 높은 이직비용이 발생하며, 기업의 경쟁력이 약화될 수 있으므로 이직의 관리는 중요하다.

2. 이직의 원인

이직의 원인은 거시적 관점에서 볼 때 전반적인 경제활동수준, 고용수준, 실업률과 관계 등 외부환경요인과 관계가 있으나 미시적인 관점에서의 자발적인 이직의 원인은 조직관련요인, 직무환경요인, 직무관련요인, 개인적 특성요인에 의해 발생한다.

자발적인 이직의 원인 중 조직과 관련된 요인으로는 임금, 승진의 정체, 공정성 등의 문제가 있고, 직무환경과 관련된 요인으로서는 감독 스타일, 작업조건, 동료집단과의 상호작용 등이 있다. 직무와 관련된 것으로는 직무 자율성, 책임의 정도, 기술의 다양성, 과업의 반복성, 역할의 모호성 등이 있고, 연령 · 직업 적성 · 근속연수 등 개인적 특성과 관련하여 발생한다.

한편, 호텔 및 외식산업계의 종업원 이직률이 타 업계에 비하여 더 높다는 것은 대부분 알려진 사실이다. 종업원의 이직률을 줄임으로써 인건비를 줄일 수 있다는 것은 상식적인 일이지만 많은 경영자들이 수익의 증대를 위해 노력하면서도 정작 종업원의 이직에 대한 관리에는 소극적인 태도를 보이고 있다.

호텔 및 외식산업 종업원의 이직을 초래하는 요인은 매우 복합적이나 대표적인 원인은 다음과 같다.

첫째, 서비스 산업의 특성상 노동력의 육체적 투입강도가 높고,

둘째, 부서에 따라 야간근무 및 휴일근무가 많아 사회적 친교관계의 유지가 곤란하며,

셋째, 관리자의 인간관계 관리기술 부족 및 대인관계의 기능상실로 인한 개인적인 관계유지의 어려움이 많고,

넷째, 여성 종사자의 증가에 따른 결혼 · 출산 · 육아 등과 관련된 개인적인 문제 등으로 인한 이직이 많다.

그림 12-1 **이직의 원인**

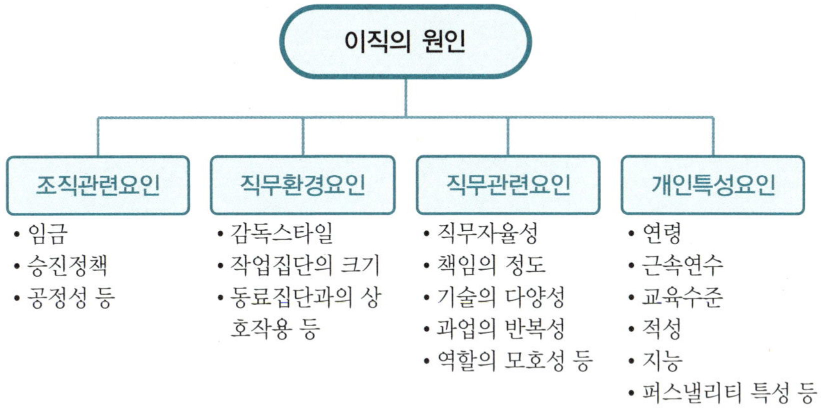

제2절 이직의 분류

1. 자발적 이직

이직은 이직의 결정주체가 본인인가 아니면 조직에 있는가에 따라 자발적 이직(voluntary separation)과 비자발적 이직(involuntary separation)으로 구분할 수 있는데 자발적 이직은 종업원 스스로의 의사에 의해 이루어지는 것으로 회사에 대한 불만이 있다거나 보다 나은 직장을 찾아서 전직하는 경우 등 일반적으로 사직(resignation)이라고 불리는 것이다.

자발적 이직은 회피가능 이직(avoidable separation)과 회피불가능 이직(unavoidable separation)으로 구분할 수 있는데, 회피 가능한 이직은 경영자의 노력에 의해서 이직을 최소화할 수 있는 이직이며, 회피불가능 이직은 질병, 사망 등 불가피한 원인에 의한 이직을 말한다.

그림 12-2 **이직의 분류**

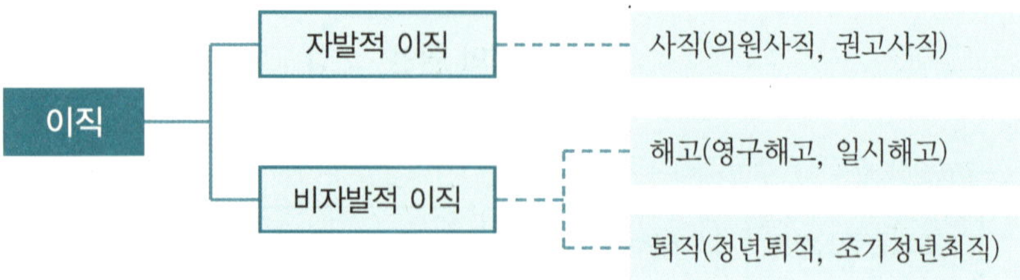

2. 비자발적 이직

비자발적 이직은 종업원의 의사가 반영되지 않고 기업에 의해 강제적으로 이루어지는 이직을 의미하며 해고(dismissal), 일시 해고(lay off), 정년퇴직(retirement) 등이 포함된다.

1) 해고(discharge)

해고란 사업장에서 실제로 불리는 명칭이나 절차에 관계없이 근로자의 의사와는 무관하게 사용자가 일방적으로 근로관계를 종료시키는 것을 말한다.

해고는 그 사유와 목적에 따라 징계해고, 경영상 이유에 의한 해고(정리해고)가 있다.

(1) 징계해고

징계해고란 종업원의 부적합하거나 부당한 행동이 원인이 되어 이루어지는 해고이다. 즉, 고용주가 근로자의 비위행위 등 기업 질서위반 행위에 대한 제재조치 중의 하나로서 근로자를 해고하는 것이다.

징계해고의 행동상의 사유는 다음과 같다.

❶ 업무명령 위반에 따른 해고

❷ 근무태도 불량에 따른 해고

❸ 기업 업무에 중대한 지장을 초래한 이유에 따른 해고

❹ 회사의 명예나 신용 훼손에 따른 해고

(2) 경영상의 이유에 의한 해고

경영상 이유에 의한 해고, 즉 정리해고란 사용자가 경제적, 산업 구조적, 기술적 변동 등에 따른 계획 등 긴박한 경영상의 필요에 따라 기업의 유지와 존속을 전제로 근로자를 해고하는 것을 말하며, 경영상 이유에 의한 해고의 요건은 다음과 같다.

❶ 기업의 도산, 영업실적의 악화

❷ 경쟁력 회복 또는 증강에 대처하기 위한 작업형태 및 사업조직의 변경

❸ 생산성 향상 및 신기술 도입

❹ 기술혁신에 따라 생기는 산업의 구조적 변화

이 경우 경영 악화를 방지하기 위한 사업의 양도 · 인수 · 합병은 긴박한 경영상의 필요가 있는 것으로 본다.

일시 해고는 조직의 과다한 인력충원으로 인력이 불필요하게 많을 경우 일시적으로 종업원을 해고하는 것이다. 만약 조직의 경영상황이 호전되면 해고된 종업원을 다시 고용하기도 한다.

2) 퇴직

퇴직은 종업원이 일정한 연령에 도달하면 본인의 의사와 관계없이 근로계약이 만료되어 자동적으로 직장을 떠나게 되는 것을 말한다. 퇴직은 비자발적 이직에 속하지만 경우에 따라서는 자발적인 성격을 띠기도 한다. 예를 들면, 퇴직연령에 도달하기 전에 자의적으로 퇴직하는 경우로서 나이가 들면서 직무수행능력이 갑자기 떨어져 직무를 담당하기 어렵다고 판단할 때 퇴직을 선택하기도 한다. 기업은 이러한 퇴직자를 위해 조기퇴직 · 희망퇴직 · 정리

퇴직 · 선택정년 · 명예퇴직 등과 같은 다양한 퇴직 제도를 설계하여 운영하기도 한다.

(1) 정년제도

정년제도란 근로자가 일정한 연령에 이르면 노사 당사자의 의사와 관계없이 근로관계가 종료되는 제도로서 그 일정한 연령을 정년이라고 한다. 정년제는 연령만을 이유로 근로계약을 종료시키는 것이므로 일정한 제약이 있다. 사회통념상 합리적인 이유가 없는 경우 또는 특정한 직종 또는 여성을 차별하는 바와 같이 사회질서에 반하는 행위로 인정되는 경우에는 정년제의 설치는 무효가 된다.

정년을 기산하는 시점은 단체협약이나 취업규칙에 다른 정함이 없으면 그 정년이 도달하는 날을 말하는데 노사 간 정년을 연장할 수 있고, 동시에 퇴직에 관하여 별도의 합의가 있으면 이에 따른다.

조기퇴직제는 명예퇴직제라고도 하며 조직 내 인사 적체를 해소하고 퇴직금 부담을 줄이기 위한 방안으로 정년보다 앞서 퇴직할 경우 잔여 임금의 일부를 일시에 지급하는 제도이다.

(2) 권고퇴직

권고퇴직이란 사용자의 사직권고에 대하여 근로자가 자유로운 의사에 의하여 승낙하는 것으로 결국 당사자의 의사의 합치에 따른 근로계약의 해지로서 이는 '해고'가 아니라 임의퇴직에 해당한다. 그러나 회사측의 압력에 의한 사직서 제출의 경우 해고에 해당한다고 볼 수 있으려면, 강박에 의한 사직서 제출의 경우 그 정도가 의사결정의 자유를 박탈하는 정도에 이른 것이어야 한다. 따라서 권고의 경위에 설사 불법성이 있었다고 하더라도 본인이 진의로 퇴직원을 제출한 이상은 임의퇴직으로 유효하게 된다.

제3절 이직의 관리

조직 내 이직은 긍정적인 면과 부정적인 측면이 있다. 종업원의 이직이 무조건 바람직하지 않은 것은 아니다. 조직 내 과잉인원이 있을 때 이직에 의한 자연 감소가 가능하고 부적격자가 제거될 수 있다는 긍정적 효과가 있다. 그러나 이직으로 인한 모집비용의 증가, 신규 채용자에 대한 교육훈련비용의 증가, 숙련의 저하 및 유능한 종업원의 이탈로 인한 사회적 신뢰가 저하된다는 부정적인 측면 때문에 이직의 원인을 알고 이에 대한 적절한 대책의 수립이 필요한 것이다.

종업원의 잦은 이직은 호텔기업의 채용비용 및 교육훈련 비용을 증대시키고 이로 인한 업무의 비효율화를 초래할 수 있으므로 이직에 대한 다음과 같은 복합적인 대책을 검토하여야 한다.

첫째, 합리적인 경영방침과 인사방침을 수립하여 종업원에게 장래에 대한 기대를 갖도록 해야 한다.

둘째, 합리적인 고용제도의 도입으로 직무적성검사를 강화하고 면접시험을 과학화하여 부적격자의 채용을 최소화한다.

셋째, 근로조건을 적정화하여 복지후생시설 및 시책을 확충한다.

넷째, 봉사료 등과 같은 수당을 기본급화하여 임금불만의 원인을 제거하고, 직장 내의 임금격차를 적절히 한다.

다섯째, 직무만족과 능력 발휘 기회를 제공함으로써 직장에 대한 유인을 강화한다.

여섯째, 관리자의 감독방식, 동료와의 인간관계, 고충처리제도, 자기 직업에 대한 사회적 위치 등과 관련된 사회적 요인의 개선을 통해 직장생활에서의 행복을 찾을 수 있는 기회를 제공해야 한다.

이직에 대한 대책과 관리를 잘 함으로써 기대되는 효과는 다음과 같다.

❶ 기업 내의 고용의 안정화

❷ 종업원에게 심리적 안정감

❸ 숙련 및 생산성 향상

❹ 이직 후 회사에 대한 좋은 이미지 형성

이직은 기업의 생산성과 서비스 기술의 축적, 서비스 품질 향상 등과 밀접한 관계를 갖는다. 이직의 방지 또는 감소는 특정한 제도 · 시책에 의해서 이루어지는 것은 아니지만 일상적인 고용관행, 임금체계, 조직 내 인간관계, 성과평가, 승진 및 승급 등 모든 제도가 복합적으로 작용되어 결과적으로 이직률을 높이기도 하고 낮추기도 한다. 따라서 종업원 이직 방지를 위한 복합적인 대책이 필요하며, 전사적인 차원에서 적극적인 검토가 이루어져야 할 것이다.

Travie 여행과 인생 트래비 Travel+Vie(Life)

점점 답을 해주기 어려운 사항이 있다. 호텔 취업을 원하는 자식들이나 주변 사람들에게 호텔을 알아봐 달라는 요청이다. 가슴이 덜컥 내려앉는다. 어느 호텔이 좋은 호텔인지도 모르겠고 호텔을 직장으로 추천하는 일이 정말 잘하는 일인 건지 생각이 깊어진다.

고객을 만족시키는 호텔과 직원들을 만족시키는 호텔은 반드시 일치 하지 않는다. 그러다 보니 일하기 좋은 호텔을 트립어드바이저를 통해 골라내기는 불가능하고 그렇다고 고객으로부터 형편없는 평판의 호텔이 일하기 좋은 호텔일리가 만무하다. 호텔리어로서의 성장을 경험하고 싶다면 가장 안전한 곳은 어쩔 수 없이 인터내셔널 브랜드 호텔이다. 그 중 특급 호텔 브랜드들은 철저한 호텔 운영 원칙에 의해 움직이므로 글로벌 호텔 브랜드의 동향이나 호텔리어로서의 전반적인 감각 향상에 도움이 되는 것은 주지의 사실이다. 하지만 입사의 장벽도 높고 때를 놓치고 눌러 앉아있으면 어느새 호텔산업 전체를 보는 눈 보다는 그 브랜드의 특정 분야에만 충실한 좁은 시각을 소유하게 될 단점도 있다. 그렇다면 앞날을 내다보고 국내 독립 브랜드 호텔에 눈을 돌려야 하는데 국내 독립 브랜드 호텔에서 도대체 어느 호텔이 훌륭한 직장인지 찾아내기가 명쾌하지 않다. 그 만큼 국내 독립 브랜드 호텔의 기반이 아직은 취약하다는 방증일 수도 있겠다.
좋은 직장으로서 호텔을 추천하라는 요청에 궁색하게 내미는 답변은 그저 나쁜 호텔을 솎아내는 몇 가지 기본적인 방법이다. 그 중 첫 번째가 어떻게든 'BOH (Back of the House)의 구조'를 들여다보라는 것이다. 기획 단계부터 정상적인 호텔은 겉과 속이 천상 호텔의 구조를 갖추고 태어난다. 그 중에 호텔직원들의 업무 준비공간인 BOH가 세심히 배려되어 있느냐 하는 점은 호텔의 소유나 운영주가 서비스에 대한 기본 개념을 갖고 있느냐 하는 포인트가 된다. 인터내셔널 브랜드 호텔이 신규호텔을 지을 때도 그리고 교과서적으로도 이 BOH의 공간할애는 매우 중요한 기본이다.

호텔의 규모와 위치에 따라 상당한 차가 있을 수 있지만 100~300객실의 도심형 비즈니스 호텔의 경우 사무공간을 포함해 전체 호텔 면적의 11%를 BOH에 할애하는 것이 교과서적인 배치로 되어 있다. 이 안에는 직원들의 락커룸, 샤워룸, 도미토리, 카페테리아, 유니폼 관리실, 직원 휴게실 등 직원들이 우수한 서비스를 수행하기 위해 필요한 기본적인 공간이 배치되어 있어야 한다. 그렇지 않은 호텔은 뭔가 근본이 의심스럽다. 고가의 토지비용이 들어가는 대도시 중심부의 경우, 설혹 BOH의 비율을 줄인다 하더라도 BOH의 기능을 버릴 수는 없다. 이 경우 공간 활용의 아이디어를 통해 대안을 만들어 내는 것은 사실 호텔 건축가의 몫이기도 하다. 그게 호텔이고 업무의 기본이다. BOH 공간 개념이 없어 끼니 때가 되면 식권을 손에 들고 주변 식당을 헤매는 직원들과 유니폼 지급이 원활치 않아 본인이 적당히 더러워지면 빨아 입느라 짜증스러워하는 직원들이 그다지 대수롭지 않은 경영자가 만든 호텔에 호텔리어를 꿈꾸는 청년들을 안내 할 수는 없는 노릇이다.
두 번째는 이직률이 높은 호텔을 피하는 일이다. 호텔이 싫어 떠나는 비율이 높다는 것은 그 만큼의 이유가 있다. 급여가 적고, 일이 많고 그런 고통을 참아내지 못하는 요즘 젊은이들의 인내력 부재를 탓하는 주장과 현상도 깡그리 부정할 일은 아니지만 이직이나 퇴사를 고민하는 호텔직원들로부터 직접 들은 주된 이유는 직업과 직장에 대한 비전이었다. 호텔의 규모나 브랜드의 유무명 여부를 떠나 호텔의 유니폼을 입고 행하는 지금의 업무들이 직장으로 근무하는 호텔의 브랜드 성장과 자기 자신의 성장을 동반하는지에 대한 회의가 일어나는 순간 이직을 고려하게 된다고 많은 이들이 토로한다. 이름없는 작은 호텔이어도 좋은 브랜드로 성장시키겠다는 오너의 큰 꿈이 자리한 호텔이 있고 수천억 비용의 큰 호텔이어도 숙박업이라는 장사에만 집중하는 호텔이 있다. 좋은 호텔을 꿈꾸면 같이 일하는 사람들의 성장이 절대적이어서 직원들의 근무환경과 교육 등에 성장 프로그램이 자리하게 되고 인사관리의 세심함이 곁들여져 이직률은 현저히 줄어들게 된다.

최근 새롭게 개관하는 몇몇 호텔들과 기존 호텔 중에 나름의 서비스 철학을 직원들에게 접목시키는 국내 독립 호텔들이 눈에 보이기 시작했다. 직원들이 업무 관련 질문에 답을 할 때마다 칭찬과 과 함께 주머니 속 문화상품권을 나눠 주는 호텔 오너가 눈에 띄고 직원들의 식사장소와 휴게장소를 고객들의 공간만큼이나 신경 쓰며 공사 현장을 누비는 오픈 전 어느 국내 브랜드 호텔의 총지배인이 기대를 갖게 한다. 이제는 우리의 호텔들이 호텔리어를 꿈꾸는 젊은이들에게 더 이상 실망의 장이 아닌 성장의 장이었으면 한다. 그래야 호텔리어가 되겠다는 젊은 친구들 앞에서 우물쭈물하는 내 모습도 조금 편해질 수 있을 듯하다. 호텔이 크려면 호텔 안의 사람이 성장해야 한다. 고객들은 그 분위기를 기가 막히게 느끼기 때문에 호텔 안 구성원의 성장은 더욱 절실하다.

자료 : http://www.travie.com 제300호(2017.02)

부 록

면접시험준비

■취업을 위한 이력서/자기소개서/면접법

정보	You Tube
이력서/자기소개서 작성법	https://youtu.be/p6s2HCF9ipg
호텔리어 면접	https://youtu.be/Tblttp8MSL4
항공사 면접	https://youtu.be/ErTSZsp7vXw

관광인적자원관리

부록

면접시험준비

1. 이력서 작성 방법

1) 이력서 기재 요령

(1) 인적사항

- 성명, 주민등록번호, 생년월일, 현주소지, 연락처, 호적관계 등을 기입한다.
- 주소 작성 시 신주소로 정확히 기재한다.
- 이력서의 주소가 현재 거주지와 다를 경우에는 연락 가능한 곳을 따로 기입한다.
- 이력서의 우측상단이나 잘 보이는 곳에 연락 가능한 전화번호, mobile 번호를 기입한다.

(2) 학력 및 경력사항

- 이력서의 내용 중 가장 중요하고 핵심적인 사항이다.
- 학력과 경력사항은 따로 한 줄을 띄어서 기재한다.

- 학력은 고등학교부터 기입하는 것이 일반적이다.(단, 중학교가 자신의 장점과 연결되면 기재)
- 학력은 졸업 순서대로, 경력은 최근 경력부터 기재한다.
- 학력과 경력은 연월일을 정확하게 기재하는 성의가 필요하다.
- 경력 및 아르바이트나 인턴사원 경력 등 구체적인 기업의 업무를 기재한다.

(3) 포상 및 특기 사항

- 각종 공인된 자격증 및 면허증을 기재한다.
- 자격증을 기재할 때는 국가가 공인한 자격증, 취득일, 발령 기관명 등을 기재한다.
- 포상 내역은 교내 · 외 행사나 대회 수상 사실을 기재한다.(지원 회사의 특성을 고려하여 기입하는 융통성이 필요)
- 외국어 관련사항을 기재한다.(자격증, 외국어 관련 동아리 활동, 어학 학원수강 경험 등)

(4) 이상의 내용을 기재한 후 서명과 함께 선명하게 도장을 찍음으로 마무리한다.

- 이력서는 원본으로 제출하여야 하며, 복사해서 제출하지 않는다.
- 서류는 구김이나 흠이 없도록 깨끗이 제출한다.
- 서류는 이력서, 자기소개서, 졸업증명서, 성적증명서 순으로 철한다.
- 우편으로 제출할 때는 큰 봉투에 넣어 서류가 구겨지는 일이 없도록 한다.
- 온라인상으로 제출할 경우 제출 여부를 확인한다.

(5) 사진 부착

- 사진에서도 매우 활동적이며 이지적인 인재라는 생각을 가질 수 있도록 한다.

- 희망하는 업종에 따라 특성에 맞는 사진을 부착할 필요가 있다.
- 가능하면 웃는 표정의 자유로운 분위기의 사진이 좋다.
- 규격에 맞는 단정한 정장차림으로 최근 3개월 이내에 촬영한 것으로 부착한다.
- 사진을 통하여 지원자의 잠재적인 인상(Impression)이 형성되므로 사진의 인상이 중요하다.
- 면접이라는 1차 관문을 통과하기 위해서는 이력서의 사진에 승패가 달려 있으므로 시간과 정성을 투자하여 사진을 우선적으로 찍어야 한다.
- 온라인으로 제출할 경우 사진의 크기를 형식에 맞게 조절한다.

2) 이력서 작성 체크포인트

❶ 처음과 제목 끝에 작성일자와 본인 이름을 기재한다.(도장으로 마무리하거나 sign을 한다)

❷ 시간과 정성을 들여 이력서에 어울리는 사진을 우측상단에 부착한다.

❸ 일반적으로 성명, 주소, 생년월일, 전화번호 및 mobile 번호, 호적관계 등 신상에 관련된 내용과 학력 및 경력, 기타 포상 및 특기사항 등으로 구성된다.

❹ 사진 외에도 성적증명서와 졸업(예정)증명서를 미리 준비해 두어서 기재사항을 정확하게 기입한다.

❺ 포상내역에 개근상에 대해 언급하면 근면성을 돋보이게 할 수 있다. 또한 사회봉사 활동이나 동아리 활동 내역도 기재하여 사회참여에 대한 적극성도 돋보이게 한다.

❻ 끝에 '위의 내용은 사실과 틀림이 없습니다.' 라고 적어서 확실성을 준다.

❼ 줄 간격, 글자크기, 글자모양, 단락간격, 용지설정 등을 깔끔하고 정돈된 느낌이 나도록 선택한다.

❽ 오타, 맞춤법, 띄어쓰기, 표준어 등에 주의한다.

❾ 가능하면 1장이 넘지 않도록 작성한다.

⑩ 종이 이력서를 제출하는 경우 접거나 구기지 않도록 한다.

⑪ 질을 좋은 용지로 사용하고, 인쇄 시 깨끗하게 출력되도록 한다.

⑫ 자신의 강점을 표현하고자 할 때는 그 문장이나 단어에 밑줄이나 진하게 하여 강조한다.

이 력 서

사진
(반명함판)

성　　명 : 홍 길 동
주　　소 : 서울시 OO구 OO로 111, 101-501(OO동, OOO아파트)
전　　화 : 02)2000-1234　　　　mobile) 010-110-1234
생년월일 : OOOO년 OO월 OO일

학 력 및 경 력

0000년 2월 16일	좋은 여자고등학교 졸업
0000년 3월 4일	좋은 대학 관광경영과 입학
0000년 11월	좋은 대학 관광경영과 재학 중
0000년 8월~9월	TBC기업 인턴사원 근무
0000년 5월	자동차 운전 면허증(2종 보통)
0000년 3월	워드프로세서 자격증 2급 취득
0000년 9월	외국인 언어 자격증 4급 취득

포상 및 특기사항

0000년 2월 14일	중학교 3년 개근상 수상
0000년 2월 16일	고등학교 3년 개근상, 1년 우등상 수상
0000년	좋은 대학 장학금 수여

위 사항들은 사실임을 증명합니다.

2000년 11월 25일
홍 길 동 (인)

2. 자기소개서 작성 방법

1) 기본적인 작성 내역

❶ 정형화된 양식이 있는 것이 아니라 자기 자신의 장점과 능력을 솔직 담백하게 나타낸다.

❷ 기업 측에서는 성장과정, 가정환경, 인생관, 직업관, 입사지원 동기, 포부 등을 자기소개서로 판단한다.

❸ 서류 전형 시 당락을 크게 좌우하며, 면접의 기초자료로 활용됨을 인식해야 한다.

❹ 단순히 성격해부가 아닌 새로운 발상에 의한 신선함, 친근감을 발휘할 필요가 있다.

❺ 문장력과 필체를 알아 볼 수 있는 최선의 방법이다.

❻ 성장과정과 가족사항은 물론 희망, 의지, 대인관계, 조직에 대한 적응력 등의 기본적인 틀을 유지하면서 솔직하고 개성있게 작성한다.

2) 자기소개서 작성 시 유의 사항

❶ 구체적이면서도 간단 · 명료하게 작성한다. 즉 문장은 간단 · 명료하면서도 구체적이고 현실성 있는 어휘를 활용하며 설득력을 경비하여야 한다.

❷ 긍정적인 사고를 바탕으로 진솔하게 작성하며 과장되거나 거짓된 내용을 기재하여서는 안 된다.

❸ 개성 있는 자기소개서가 되도록 초점 있는 문장으로 작성한다.

❹ 자신이 지니고 있는 장점이나 특기사항을 구체적으로 언급한다. 특히 외국어 능력이 뛰어나거나 리더십이 강하다거나 또한 업무 수행상 도움이 될 수 있는 특기사항은 자신의 체험과 함께 구체적으로 기재한다. 그러나 지나치게 자신의 장점을 기술하는 것은 금물이다.

❺ 성장과정은 연대기 순으로 기술하며, 특히 대학생활에서 전공이나 활동했던 분야와 지원 업종과의 연관성에 초점에 두어 구체적으로 서술한다.

❻ 입사지원 동기는 회사 측에서 관심이 집중되는 내용이다. 따라서 지원회사 업종이나 특성 등에 자신의 전공 또는 희망을 연관시켜 입사지원 동기를 밝힌다. 이를 위하여 평소 신문이나 사보, 기타 자료를 입수하여 해당 기업에 대하여 연구를 바탕으로 준비를 하여야 한다.

❼ 장래희망과 포부를 구체적으로 표현한다. 따라서 「열심히」 혹은 「최선을 다해」라는 막연한 표현보다는 일단 회사에 입사했다는 가정 아래 목표 성취와 자기 개발을 위해 어떠한 계획이나 각오로 일에 임할 것인가를 구체적으로 언급하는 것이 좋다.

❽ 충분한 시간을 두어 여유 있게 작성한다. 시간여유를 두고 초고를 작성해 여러 번의 수정 · 보완과정을 거친 후 작성하여야 한다.

❾ 표현에 일관성을 유지한다. 흔히 문장의 첫머리에는 「나는...이다」라고 기재하였다가 어느 부분에 이르러서는 「저는...습니다.」 하고 혼용하는 경우도 있다. 호칭이나 종결형 어미, 존칭어 등을 일관된 표현으로 쓰는 것이 바람직하다.

3) 자기소개서 작성 체크포인트

- 처음에는 제목, 끝에는 작성일자와 본인 이름을 기재한다.
- 본문은 「~습니다」 등의 존대어로 작성한다.
- 줄맞춤은 양쪽정렬로 하며, 줄 간격, 글자크기, 줄띄우기 등은 깔끔하고, 정돈된 느낌이 나도록 한다.
- 「저는」 등의 말이 반복되지 않도록 한다.
- 자신의 단점을 적을 때는 이를 위해 어떻게 개선하고 있고, 또는 단점을 극복하여 현재의 장점과 단점이 잘 조화되어 있다는 사항을 구체적으로 표현한다.

- 단답식은 피하고 너무 짧지도 길지도 않게 작성한다.
- 처음 문장이 「2남 1녀의 막내로서」 등의 지루하고 따분한 표현을 피하고 눈에 띄는 말로 시작해서 관심을 끌 수 있도록 한다.
- 문서의 형식도 중요하므로 너무 꼭 차 있다거나, 비어 있다거나, 산만하다는 느낌이 들지 않도록 정렬한다.
- 끝에 「이상으로 저의 소개를 마치겠습니다.」 등으로 끝내는 것보다, 감사의 말로 끝내는 표현이 바람직하다.
- 틀린 글자는 화이트로 지우지 말고 수정하여 다시 작성한다.
- 종이를 접거나 구기지 않도록 주의한다.
- 종이 질이 좋은 용지로 사용하며, 인쇄는 깔끔하게 출력되도록 한다.

자 기 소 개 서

성 명 : 홍 길 동
연락처 : (02) 200-1234
mobile : 010-111-1234

■성장과정

『생각하는 대로 이루어진다』

긍정적인 생각은 행복의 시작이라고 생각합니다. 고등학교 2학년 때 아버지가 돌아가시면서부터 인생에 큰 변화가 왔습니다. 부정적인 생각과 극단적인 마음이 앞서 정신적으로 힘든 시기를 보냈습니다. 어머니는 강한 정신력과 긍정의 마인드로 많은 어려움을 극복하시는 모습을 보여 주셨고, '더 이상의 최악은 없을 것이다' 라는 마음자세를 갖게 함으로써 어떠한 어려움도 극복할 수 있는 힘을 길러주셨습니다.

대학교--학년 때 첫 해외여행지인 필리핀을 시작으로 일본, 중국, 태국 등 가까운 곳부터 유럽의 이탈리아, 프랑스 등 유럽의 여러 국가 등을 다녀왔습니다. 여행을 가기 위해 아르바이트를 하였고, 제가 노력해서 번 돈으로 여행을 하려다 보니 더 철저하게 여행 계획을 수립하였고, 경비를 더 효율적으로 쓰는 법을 알게 되었습니다. 두 번의 유럽여행에서 일반적인 경비의 절반으로 여행을 다녀올 수 있었는데, 이는 스스로 해냈다는 희열과 생각하는 대로 해낼 수 있다는 자신감을 갖게 하는 기회였습니다. 여행은 저에게 단순한 취미를 넘어서 계획의 필요성, 경제적 독립성, 예상치 못한 상황 속의 판단력을 키워주는 훌륭한 선생님이 되었습니다.

■성격 및 장단점

『정리의 신』

매사에 정리정돈이 생활화되어 있는 습관은 제 인생에 큰 편리함으로 작용합니다. 군대를 제대하고 짧은 기간이지만 렌트카 회사에서 일할 당시, 다양하고 복잡한 서류들이 체계적으로 분류되어 있지 않아 두 세 번씩 단순한 일을 하는데 많은 시간을 할애하는 직원들을 위해 깔끔하게 정리를 해준 적이 있습니다. 이로 인해 편하게 일할 수 있게 된 직원들에게 칭찬과 감사의 말을 들었을 때 정말 뿌듯했습니다. 3학년 하계방

학기간을 이용하여 롯데관광에서 실습할 때에도 선배 및 직원들이 처리하라고 주신 일들을 빠르게 정확하게 처리를 잘한다고 인정을 해주었고, 「정리의 신」이라는 별명을 붙여주었습니다. 이처럼 평소의 정리습관은 업무를 효율적으로 수행할 수 있도록 도와주는 저의 무기이자 장점이라고 생각합니다. 한편, 깔끔하게 정리하는 모습을 다소 부담스러워 하는 사람도 있어서 대인관계에서는 모르는 사람들에게 먼저 다가가고 소탈한 모습을 보여주려고 노력하고 있습니다.

■교내외 활동(교육이수 및 연수사항)

대학교 3학년 가을 졸업여행으로 태국을 다녀왔습니다. 여러 번의 국외 여행을 하였지만 그룹여행은 처음이었고, 패키지투어에서 TC에 따라서 여행에서 느끼는 기쁨과 감동이 다르다는 것을 실감하였습니다. 같은 관광학과 학생들이지만 해외를 처음 경험하는 후배들이 많았고 저의 여행 경험으로 현지에서의 많은 도움을 줄 수 있었습니다. 마침 여행사 실습을 끝마친 뒤였기 때문에 여행에 대한 조언을 해줄 수 있었습니다.

한국와인 & 소믈리에 학회에서 주최하는 대학생 와인 & 전통주 제안서 발표대회에 나갔던 적이 있습니다. 졸업여행에서 돌아오는 날이 발표 당일이었고, 새벽 비행기에서 발표 준비를 할 수밖에 없었습니다. 하지만 성공적으로 끝마칠 수 있었고 그 결과 큰 상은 아니었지만 장려상이라는 결과를 얻었습니다. 불가능할 것 같았던 상황에서 일을 끝마칠 수 있었기에 뿌듯함을 느낄 수 있었고 또 다른 것에 대해 도전할 수 있는 자신감을 얻었습니다.

교내에서 하는 체육대회에서는 언제나 농구선수로 참가했습니다. 저학년에서 고학년까지 쭉 팀워크를 발휘해서 팀을 우승으로 이끌었습니다. 단지 수업뿐만 아니라 교내 활동을 참여함으로 인해 사교성 기를 수 있었고 남들과 함께 공동의 목표를 이룸으로써 협동의 중요성을 알 수 있었습니다. 또한 전문성을 높이기 위해 TOPAS SellConnect 항공예약 과정을 수료했고 현재는 ABACUS 예약과정을 준비 중입니다.

■지원동기 및 특기사항(경력사항)

『롯데관광개발』

여행은 저로 하여금 타인의 삶을 대신 살아볼 기회를 제공 해 주었습니다. 수많은 사람들과의 접촉과 문화의 경험은 여행사라는 곳의 궁금증을 유발하기에 충분했습니다.

2013년 여름, 롯데관광 여행사 실습이라는 좋은 기회가 찾아왔습니다. 저에게 여행사라는 곳은 경험해보고 싶은 직장이었기에 누구보다 진지한 자세로 임할 수 있었습니다. 국내영업부에서의 일은 기본적인 사무업무에서부터 실질적인 출장을 나가는 인솔자 역할까지의 과정이었습니다. 짧은 시간이었지만, 전반적인 업무와 상품이 생기고 판매되는 과정을 알 수 있게 되었습니다. 또한 실습이 끝난 후엔 가을 시즌의 여행상품에 대한 인솔자를 했습니다. 사무적인 업무 외에 버스에 직접 올라 사람들을 인솔해 여행을 다녀왔던 일은 현장에서의 업무를 보다 빠르게 이해할 수 있었던 좋은 기회였습니다.

롯데관광은 저에게 첫 여행사이자 여행사에 대한 매력을 느끼게 해주었던 소중한 회사입니다. 몸으로 겪었던 여행사에 대한 매력은 1년이 지난 지금 이렇게 다시 롯데관광에 지원할 수 있게 된 큰 계기가 되었고, 이제는 경험과 의지를 살려 저만을 위한 여행이 아닌 다른 사람의 여행을 돕는 일을 전문적으로 해보고 싶습니다.

자 기 소 개 서

■성장과정

『愚公移山 (우공이산)』

우공이 산을 옮긴다는 뜻으로 어떤 일이라도 끊임없이 노력하면 반드시 이루어진다는 뜻입니다. 비록 사소하고 작은 일 일지라도 자신의 위치에 맞게 최선을 다하며 성실한 사람이 되어야 한다고 강조하시는 부모님은 평소 자신이 맡은 바에 늘 최선을 다하시는 모습을 보여주셨습니다. 성실하신 부모님 밑에서 자라다보니 초등학교, 중학교, 고등학교, 모두 지각이나 결석을 한 번도 하지 않아서 매년 개근상과 성실상을 매년 받았었습니다.

노력한 만큼 성과가 나오지 않았을 때는 포기하지 않게 노력한 과정에 대해 칭찬을 해주시고 용기를 북돋아주셔서 매사에 긍정적이고 성실함을 자연스럽게 터득할 수 있게 도와주셨습니다. 이러한 부모님의 영향은 늘 최선을 다하고 성실하며 긍정적인 사고를 가질 수 있도록 성장시킨 밑거름이 되었습니다.

■성격 및 장단점

『돌다리도 두들겨보고 건너라』

저는 밝고 활동적인 성격을 가지고 있습니다. 교수님들과 친구들, 아르바이트를 하던 직장에서 선후배들은 '너의 밝고 환한 미소가 기분을 좋아지게 만든다' 고 칭찬을 많이 해주셨습니다.

저의 가장 큰 장점은 계획세우기입니다. 어떠한 일을 준비하거나 해야 할 일들을 찾아 계획 세우는 것을 좋아하여 방학이 오면 여행계획을 세워 가족들과 여행을 하였고, 시험기간이 돌아오면 시험계획표를 작성하였습니다.

일처리에 앞서 계획을 세우고 자료나 상황을 확실하게 분석하고자 노력했으며, 과정만큼 마무리도 중요하게 생각하여 공식이나 맹목적인 암기가 아닌 결과를 분석함으로써 현상을 이해할 수 있도록 노력하였습니다. 다른 사람에게 맡기기보다 '내일은 내가' 라는 생각으로 일 처리를 하고, 메모를 하며 세심하게 세운 계획을 통해 일을 진행시킵니다. 계획표를 쓰게 되면 한 달의 스케줄 중 가장 중요하게 처리하여야 할 일과 지난

달의 중요한 일을 어떻게 처리하였는지 알 수 있으며, 실수 재발을 방지하기 위해 그에 대한 평가도 합니다. 때로는 직접 보고 들은 사실이 아니면 잘 믿지 못하는 경향이 있어 단점으로 작용할 수도 있지만 보다 더 확실하게 맡은 일을 하기 위한 노력이라고 생각합니다. 계획은 세우되 그 계획에 너무 의존하지 않고 유동성을 가지고 해결하도록 노력하겠으며, 일련의 생활방식을 꾸준히 유지해나가겠습니다.

■지원동기 및 포부

『최고와 최상이라는 대명사』

이제는 아시아 대표 로펌이 된 ○○법률사무소는 훌륭한 인재와 고도의 전문성에 기반을 둔 로펌을 지향하고 있고, 최고라는 명성을 유지하기 위해 부단히 노력하고 있는 법률회사로 알고 있습니다. 제가 지원하게 된 가장 큰 동기는 최고의 인재들과 최상의 환경에서 일을 배워보고 싶기 때문입니다.

기업 내 분위기에서 가장 중요한 것은 인화(人和)라고 생각합니다. 조직 내에서 너무 튀지 않으며 맡은 바 성실히 이행하는 것이 참된 인재라고 생각합니다. 저는 일을 배우고자 하는 욕심이 있기 때문에 더 빨리 일을 습득할 것이며, 입사 후에도 기본이 되는 사무능력과 외국어 회화 향상에 꾸준히 투자하고 도전하여 귀사에서 원하는 인재가 될 것을 약속드립니다. 감사합니다.

자 기 소 개 서

성 명 : 김 미 소
연락처 : (02) 200-1234
mobile : 010-111-1234

"늦게 일어남으로써 새벽을 놓치지 마라. 하루 중 새벽은 가장 아름답다." 저의 수첩과 일기장의 첫 면을 장식하고 있는 이 문장은 제가 항상 마음에 간직하고 있는 저의 거울입니다.

저는 정직과 성실을 강조하시는 부모님 밑에서 1남 2녀 중 장녀로 자랐습니다. 아버지께서는 작은 일에도 최선을 다하시는 모습을 보여 주셨고, 어머니께서는 언제나 따뜻한 미소로 저희와 대화하여 주셨습니다. 저의 장점은 시간관념이 정확해서 약속시간에 늦는 일이 거의 없습니다. 완벽한 사람은 있을 수 없듯이 저에게도 단점은 있습니다. 내향적인 성격 때문에 부끄러움을 많이 느끼는 점입니다. 그러나 이러한 성격을 고치기 위해 대학의 동아리 활동과 좋은 친구들과 폭넓은 인간관계를 가졌습니다. 그래서 지금은 저의 단점이 남의 말에 귀 기울이면서 저의 의사를 상황에 구애됨이 없이 분명하게 전달할 수 있는 적극적인 성격으로 바뀌어졌습니다. 취미는 서예이고, 즐겨하는 운동은 수영입니다.

방학을 이용하여 ABC기업의 인턴사원으로 2개월 동안 근무하였습니다. 근무기간 중 컴퓨터와 영어, 경영일반, 상식의 중요성에 대해 많은 경험을 얻었습니다. 이러한 필요성을 인식하여서 나머지 대학생활을 알차게 보내려고 노력했습니다. 대학에서 실시하는 교육프로그램을 신청하여서 비즈니스 실무영어회화, 영문편지 작성법, 사무영어, Windows, MS-Word, Excel, Power-point, HWP 등의 컴퓨터에 관한 실무적 능력과 함께 경영사무 강의로 기업과 경제에 대한 전반적인 이론과 현실상황에 대한 지식을 남들보다 열심히 저의 것으로 만들었습니다. 이러한 능력과 지식이 실무를 행하는데 도움이 되리라고 믿습니다.

귀사에 입사하여 가능성과 창의력이 넘치는 제 자신의 능력을 펼치면서 일의 성취감을 느끼고 싶습니다. 사회에 봉사하고 자아를 실현할 수 있는 기회를 주신다면, 최선을 다해 저의 발전은 물론 회사의 발전을 위해 노력할 것을 약속드립니다.

저에게 귀사에서 인터뷰할 기회를 주시면 감사하겠습니다.

0000년 11월 25일
김 미 소 (인)

3. 면접 준비 및 질문 · 응답 요령

1) 최근의 면접 동향

현대사회에서 채용방법 중 가장 큰 비중을 차지하는 것은 면접이다. 응시자가 의욕을 가지고 노력하는 성격인지, 창의성 · 업무 추진력 · 사고력은 있는지 등 필기시험 점수나 대학 성적만으로 파악할 수 없는 사항을 면접을 통하여 얻고자 하기 때문이다.

이제는 출신학교나 학과 또는 성적이 신입사원 평가에 큰 영향력을 발휘하지 못하고 있는 실정이다. 그보다는 도전성 · 업무 추진력 · 창의성 등의 요소가 신입사원 평가에 중요시되고 있다. 이에 따라 면접방법도 다양하게 나타나고 있다.

응시자의 출신 학교 · 전공 · 가정환경 등의 외적인 요소를 배제한 블라인드 인터뷰, 면접위원과 하루를 함께 보내면서 평가받는 다차원 면접, 응시자들이 다른 응시자를 평가하는 동료평가 면접 등은 좋은 예라 할 수 있겠다.

또한 면접이 강화되면서 면접횟수와 시간이 늘어나고 있는 실정이다. 이에 두 차례의 면접을 실시하는 것은 보편화되어 있으며, 면접방식도 집단 토론식 면접 · 집단면접 · 개별면접 등 다양하게 실시한다. 또한 실무자에 의한 면접강화도 변화된 면접형태이다. 기존의 임원급으로 구성된 기성세대 면접관의 시각만으로 개성이 뚜렷한 신세대 응시자를 제대로 파악하기 어렵다는 판단 아래 과장 및 대리 등 실무자급으로 구성된 사원 면접관제가 1시간이 넘게 걸려 시행되고 있다.

응시자의 총체적인 정보를 파악하기 위한 면접의 강화는 면접 장소마저도 변화시키고 있다. 회사의 강당 또는 회의실 등에서 진행되는 기존의 엄숙하고 딱딱한 면접분위기는 응시자의 참 모습을 파악할 수 없다는 인식아래 야외공원 · 노래방 · 간이 주점 등 부담 없는 장소가 면접장소로 이용되는 현실이다.

2) 면접 순서

(1) 대기실

면접시험은 이미 대기실에서부터 시작된다. 차분한 태도로 자기 차례를 기다리는 동안 예상되는 질문에 대한 대답을 최종적으로 정리하면서 마음을 가다듬는다. 차례가 가까워지면 다시 한 번 복장을 살피고 준비한다.

(2) 호출

담당 직원이 이름을 부르면 대답을 또렷하게 한다. 면접실 문을 살짝 두 번 정도 노크한 뒤 응답이 있으면 문을 열고 들어간다.

(3) 입실

면접실에 들어서면 조용히 문을 닫은 다음 정면을 향하여 가볍게 허리를 굽혀 목례를 한다. 그리고 면접위원이 지시하는 자리에 서서 면접위원에게 정식으로 인사를 하고 "○○번 ○○○입니다."하고 자기의 수험번호와 성명을 말한 후 의자에 앉는다. 앉을 때는 의자 깊숙이 앉아 등받이에 등을 약간 기대는 것이 보는 쪽에서 편한 자세로 보여서 바람직하다.

면접위원의 눈을 너무 빤히 쳐다보거나, 시선을 이리 저리 돌리지 말고, 면접위원의 가슴 부분에 시선을 맞추도록 한다. 다리는 꼬거나 너무 벌리지 말고 가지런히 하고, 두 손을 무릎 위에 자연스럽게 올려놓고 질문을 기다린다.

(4) 질의응답

질문이 시작되면 침착하게 질문자와 시선을 맞추며 주의 깊게 청취하고 답변할 때는 잠깐 생각을 정리한 뒤 또렷하게 대답한다. 너무 빨리 말하거나 말끝을 흐려 얼버무리는 인상을 주지 않도록 한다.

솔직하고 자신 있는 태도로 대답한다. 잘 알지 못하는 질문에 대하여 머리를 긁적거리거나 혀를 내밀지 않도록 한다. 질문의 내용을 이해하지 못하였을 때에는 얼버무리지 말고 다시 물어보아 대답한다. 질문에 대답할 때에는 「에~」, 「저~」 등의 불필요한 말이 나오지 않도록 주의한다.

질문에 대해 자신 있어도 너무 큰 소리로, 너무 빨리, 너무 많이 말하지 말며 또 얼른 대답이 나오지 않는다고 해서 너무 오래 끌거나 잠자코 있는 태도는 피한다. 이때는 "잠깐 생각할 여유를 주십시오" 하고 말한 다음 생각을 정리하여서 분명하게 대답한다.

(5) 퇴장

들어 왔을 때의 반대 동작으로 조용히 면접실을 나간다. 이때 주의할 점은 면접시험이 끝났다는 해방감에 무의식적으로 문을 거칠게 닫는 일이 없도록 한다. 면접시험이 끝나고 의자에서 일어나면 앉았던 의자를 정돈한 후 15도 정도의 가벼운 목례를 한 뒤 밝은 표정으로 나온다. 면접위원은 응시자가 들어오면서부터 나가기까지의 일거수 일투족을 관찰하고 있음을 기억하여야 한다.

3) 면접 요령

(1) 질의응답에 임하는 자세

면접위원이 자기에게 어떠한 질문을 할 것인지를 미리 파악하여 질의 응답을 준비하여야 한다. 눈에 초점을 잃고 시선을 이 곳 저 곳으로 돌리거나, 아래로 쳐다보거나 하면 정서 불안, 자신감의 결여, 소극적인 인상을 주므로 응시자는 초점 있는 시선으로 긴장을 풀고 면접위원을 침착하게 응시하여야 한다.

필요 이상의 답변은 금물이며, 아는 대로 답변하여 패기와 자신감을 보여주면 된다. 대체적으로 면접위원은 자기 마음에 드는 유형이 있지만, 진실 되고 성실한 인상의 소유자라면 모든 면접위원들이 선호하는 유형일 것이다.

(2) 발랄한 태도

면접시간 동안 침착하면서도 밝은 표정으로 예의를 지킨다. 때로는 부담스러운 질문을 받더라도 우물거리지 말고 자신 있는 태도로 잘 모르겠다는 표현을 하는 것이 바람직하다.

(3) 음성은 또렷하게

조용하면서도 분명한 대답은 필수적이다. 모르는 것이 있으면 얼버무리지 말고 "모르겠습니다."라고 대답하고 못 알아들은 질문이 있으면 "죄송하지만 다시 한 번 말씀해 주시겠습니까?"라고 다시 반문해도 무방하다.

(4) 바른말과 존대어

정성 들여 겸손한 태도로 응대하여도 그 상황에 맞는 적절한 존댓말을 잘못 쓴다면 응답의 내용까지지도 의심받게 된다. 예를 들어 "지금 질문자가 말한 것인데"라고 응답하는 수가 종종 있는데, 이때의 존댓말은 "지금 말씀하신 것과 같이"라고 응답하여야 한다.

친구들 사이에 자연스럽게 사용하는 약어나 은어들이 응답 중에 나올 수가 있으므로 주의하여야 한다. 바르고 올바른 말과 태도는 하루아침에 이루어지는 것이 아니므로 일상 생활에 있어 올바른 언어 생활이 습관화 되도록 노력하여야 한다.

(5) 자신 있는 대답

질문에 대한 대답은 논리적으로 자신 있게 대답하여야 한다. 우물우물 알아들을 수 없는 대답은 모르겠다는 말보다 바람직하지 못하다. 일단 질문에 대한 답은 내용이 조금 불충분하더라도 당당하게 아는 데까지 대답하여야 한다.

(6) 과장 · 거짓 대답은 피한다

질문 사항에 대한 거짓이나 과장은 금물이다. 그리고 필요 없는 내용까지 첨부하여 너절하게 수다를 떠는 인상은 좋지 않다. 간단 명료하면서 정확하게 이야기한다. 모르는 것은 큰 실수가 되지 않지만, 모르면서도 아는 체하는 것은 낙방을 자초하는 일이 될 수도 있다.

(7) 지나친 평론가 적인 언동은 피한다

시사문제나 읽은 책에 대해 느낌을 물었을 때, 섣불리 아는 체 하거나 TV에 나오는 평론가의 흉내를 내는 서투른 언동은 오히려 자신의 인격만 깎아내린다. 면접위원은 단순히 응시자의 사회적 관심도를 시험하고자 하는 목적이므로 질문 받은 문제라든가 자기가 읽은 책에 대해서 자기 나름대로의 의견을 가식 없이 말하면 된다. 가식 없는 표현 방법이 세련되지 못했다 하더라도 솔직하게 받아들여진다.

(8) 다변 · 궤변은 금물

합격하겠다는 욕망이 지나쳐 필요 이상의 말을 많이 하거나, 묻지도 않은 말을 하는 잘못을 범해서는 안 된다. 특히 집단면접 혹은 집단 토론에서는 질문에 대한 응답에 있어서 논리에 맞지 않는 다변보다는 자기 나름대로 정리해서 결론부터 분명하고 간결하게 대답하는 점이 바람직하다.

(9) 버릇은 제2의 천성

남과 대화할 때 자신만이 갖고 있는 독특한 버릇이 있다. 자신도 모르게 질문을 받으면 입에 손을 대거나, 응답하면서 손을 흔들거나, 꼬거나 하는 버릇이 나타나게 된다. 따라서 양손을 무릎 위에 단정히 놓고 자세를 바르게 하여 이러한 버릇이 나타나지 않게 하고, 평소 자기에게 무슨 버릇이 있나, 가족이나 가까운 친구들에게 조언을 얻고 고치도록 노력하여야 한다.

4) 면접 당일의 준비

(1) 충분한 수면

충분한 수면으로 안정감을 유지하고 첫 출발의 차분한 마음자세를 갖는다.

(2) 조간신문(인터넷 기사)를 읽는다

그 날의 뉴스가 질문 대상에 오를 수도 있다. 특히 경제면, 정치면, 문화면 등에 유의해서 읽을 필요가 있다. 면접위원 중에는 시사성의 기사를 응시자에게 질문함으로써, 그날그날 돌변하는 정세를 알고 있는가를 확인하고자 하는 면접관도 있다. 또한 면접 당일의 조간신문을 읽지 못하여도 그 주의 조간신문을 읽어서 주요기사나 화제에 대한 내용을 기억하는 것도 바람직하다.

(3) 복장 점검

- 옷은 깨끗이 다려져 있으며 스커트의 길이는 적당한가?
- 구두는 잘 닦여 있는가?
- 손톱은 길지 않고 깨끗한가?
- 머리는 흐트러짐 없이 단정한가?
- 요란한 화장인가?

(4) 출발 전 확인할 사항

이력서, 자기소개서, 성적증명서, 졸업(예정)증명서, 추천자, 면접 스케줄 안내서, 회사 안내 책자, 연습한 메모 노트, 지갑, 도장, 학생증(주민등록증), 손수건, 휴지, 연필, 볼펜, 지우개, 잔돈, 전화카드, 예비 스타킹 등을 준비한다.

5) 면접시험 시 피하여야 할 사항

- 지각은 절대금물이다. 20분 정도 일찍 도착하여 회사를 둘러보고 환경에 익숙해지는 시간이 필요하다.
- 의자에 앉으라고 할 때까지 앉지 않도록 한다. 면접관이 서류를 쳐다보고 앉으라는 말을 하지 않으면 정중하게 "제가 의자에 앉아도 될까요?" 하고 물어보고 앉는다.
- 옷에 손을 자주 대면서 고쳐 입지 않도록 한다. 이러한 행동과 태도는 침착하지 못하고 자신 없고 불안하게 보인다.
- 시선을 다른 방향으로 돌리거나 눈을 위로 뜨지 말고, 너무 긴장하여서 발장난이나 손장난을 하지 않도록 한다.
- 응답 시 너무 말을 꾸민 대답은 피한다.
- 질문이 떨어지자마자 바쁘게 대답하는 태도는 피한다.
- 혹시 잘못 대답하였다고 해서 혀를 내밀거나 머리를 긁적이지 않도록 한다.
- 머리카락에 손대는 버릇은 피한다.
- 동종업계나 라이벌회사에 대한 비난은 피하여야 한다.
- 인사관리자 책상에 있는 서류를 힐끗 쳐다보는 태도와 시선은 피한다.
- 농담은 되도록 피한다. 쾌활한 것은 좋지만 지나치게 경망스런 태도는 취업에 대한 의지가 부족하게 보인다.
- 대화를 질질 끌지 않도록 한다.
- 질문에 대한 응답이 생각나지 않는다고 천장을 쳐다보거나 고개를 푹 숙이고 바닥을 내려다보지 않도록 한다.
- 자신 있다고 너무 큰 소리로 너무 빠르게, 너무 많이 말하지 않도록 한다.
- 면접위원이 서류를 검토하는 동안에는 말하지 않도록 한다.
- 과장이나 허세로 면접위원을 압도하지 않도록 한다.
- 최종 결정이 이루어지기 전까지 급여에 대한 언급은 피한다.
- 은연중에 연구를 과시하지 않도록 한다.

- 먼저 면접한 동료들과 대기실에서 면접내용에 관하여 이야기하지 않도록 한다.

6) 면접질문 예제

(1) 자기소개

- 3분 동안 자기소개를 해 보십시오.
- 본인은 어떤 장점과 단점을 가지고 있습니까?
- 당신의 성격은 어떻다고 생각합니까?
- 본인의 취미 생활 및 특기는 무엇입니까?
- 리더십이 있는 편이라고 생각합니까? 만약 있다면 구체적으로 말씀해 주십시오.
- 협조정신이 있다고 생각합니까?
- 친구가 많은 편입니까?(친구 사귀는 기준은 무엇입니까?)
- 살아오면서 가장 기뻤던 경우와 가장 슬펐던 경우에 대해 말씀해 주십시오.
- 가족관계는 어떻게 됩니까?
- 지금까지 좌절감을 맛본 적이 있습니까?
- 대인관계는 어떻습니까?
- 당신은 주위로부터 의논을 받는 편입니까?
- 일을 시작하면 끝까지 합니까?
- 당신은 어떤 버릇이 있습니까?

(2) 지망동기

- 우리 회사를 지망한 동기를 말씀해 주십시오.
- 회사를 선택할 때 중요시하는 것은 무엇입니까?
- 우리 회사에 대하여 알고 있는 사항들을 말씀해 주십시오.

- 추천인과는 어떤 관계입니까?
- 다른 회사에서도 응시했습니까?
- 우리 회사에 채용이 안 되면 어떻게 하실 예정입니까?
- 지망 회사를 결정하기 위하여 누구와 상담했습니까?
- 우리 회사의 장점과 단점을 아는 대로 말씀해 주십시오.
- 우리 회사 제품을 사용해 보신 적이 있습니까? 그 제품을 평가한다면?
- ○○직종을 선택한 이유는 무엇입니까?

(3) 일에 대한 의식

- 당신에게 직업은 어떤 의미가 있습니까?
- 입사하면 어떤 업무를 하고 싶습니까?
- 희망 부서에 배치되지 않을 경우에는 어떻게 하겠습니까?
- 희망하는 근무지가 있습니까?
- 시간 외 근무를 어떻게 생각합니까?
- 휴일근무를 어떻게 생각합니까?
- 일과 개인 생활 중 어느 쪽을 중요시합니까?
- 격주 휴무제에 대해 어떻게 생각합니까?
- 어떤 일이 적성에 맞는다고 생각합니까?
- 신입사원으로서 지켜야 할 점은 어떤 점이라고 생각합니까?
- 비즈니스 사회에서 가장 중요한 것은 무엇이라고 생각합니까?
- 우리 회사에서 언제까지 근무할 생각합니까?
- 어디까지 승진하고 싶습니까? 그리고 언제 승진하고 싶습니까?
- 어떤 사람을 상사로 모시고 싶습니까?
- 첫 월급을 타면 어디에 쓸 생각합니까?
- 출근 시간은 어떤 의미가 있다고 생각합니까?
- 학생과 사회인의 차이점은 무엇이라고 생각합니까?
- 상사와 의견이 다를 때는 어떻게 대처할 생각합니까?

- 자기주장과 협동성에 대해서는 어떠한 관련이 있다고 생각합니까?
- 여성과 일에 대한 당신의 의견은?
- 회사에 입사하여 5년 뒤에는 어떠한 직장인이 되고 싶습니까?
- 회사에 입사하여 10년 뒤에는 어떠한 직장인이 되고 싶습니까?
- 당신은 세계화에 대비해 어떠한 준비를 해 왔습니까?

(4) 대학생활 · 친구관계

- 학창시절에 무엇에 열중했던 적이 있었습니까?
- 서클 활동은 무엇을 했습니까?
- 아르바이트를 한 적이 있습니까?
- 학점이 좋지 않은데 그 이유가 무엇입니까?
- 대학 생활에서 얻은 것이 있다면 구체적으로 말씀해 주십시오.
- 본인의 전공은 무엇이며, 전공을 선택한 이유는 무엇입니까?
- 당신은 우리 회사에 지망하기 위해서 대학시절 동안 어떻게 준비하였나요?
- 친구는 당신에게 어떠한 존재입니까?
- 친한 친구가 몇 사람 있습니까?
- 친구들은 당신을 어떻게 생각하고 있습니까?
- 친구들에게 의논을 받는 편입니까?
- 본인의 어학 실력은 어느 정도입니까?

(5) 일상적인 질문 및 인생관

- 스포츠를 좋아하십니까?
- 술, 담배를 하십니까? 그러면 주량은(담배는) 어느 정도입니까?
- 휴일에는 시간을 어떻게 보내십니까?
- 부모님을 떠나 생활해 본 적이 있습니까?

- 최근에 읽은 책의 감상을 말씀해 주십시오.
- 신문은 주로 어느 면을 보십니까?
- 인생의 목표는 무엇이며 언제 정하셨습니까?
- 최근에 흥미 있는 뉴스는 무엇입니까?
- 존경하는 사람은 누구입니까?
- 당신의 생활신조는 무엇입니까?
- 한 달에 용돈을 얼마나 씁니까?
- 돈, 명예, 일 중 어떤 것을 택하겠습니까?
- 스트레스 해소는 어떻게 해결하십니까?
- 자신의 인생목표를 달성하기 위하여 지금 어떤 준비를 하고 있습니까?
- 지금 제일 원하는 것은 무엇입니까?
- 종교는 있습니까?

(6) 일반상식 · 시사

- 4차 산업혁명에 대해 설명해 보십시오.
- 마케팅에 관해 설명해 보십시오.
- 무역마찰의 해소는 어떻게 해야 한다고 생각합니까?
- 기업의 사회적인 책임에 대하여 말씀해 주십시오.
- 금융 자유화를 어떻게 생각합니까?
- 환경 보호에 대해 어떻게 생각합니까?

(7) 여성 응시자

- 여성으로서 경영자가 되고 싶습니까?
- 남녀 교제에 대한 생각을 말씀해 주십시오.
- 몇 년 정도 근무할 생각입니까?
- 남녀고용평등법을 어떻게 생각합니까?

- 순환 보직에 영업적인 일을 맡게 된다면 업무를 어떻게 처리하시겠습니까?
- 회사에서의 여직원의 역할을 말씀해주십시오.
- 다른 사람들과 함께 있는 것을 좋아하십니까?
- 야근에 대해 어떻게 생각합니까?

(8) 뜻밖의 당황스러운 질문

- 1년 공백 기간이 있었는데 그 이유는 무엇입니까?
- 우리 회사와는 맞지 않는 것 같은데요. 본인은 어떻게 생각합니까?
- 취직할 생각이 있는 겁니까?
- 지금 그 말은 무책임한 말 아닙니까?
- 가장 아끼는 소지품이 있다면 무엇입니까?
- 4계절 중 당신이 가장 좋아하는 계절과 그 이유는?
- 답변과 태도가 열의가 느껴지지 않는데, 본인은 어때요?
- 지금 당장 1억이 생긴다면 무엇을 할 생각입니까?
- 당신이 생각하는 인재란 어떠한 사람입니까?
- 돈 없이 데이트하는 방법이 있다면 무엇이라고 생각합니까?
- 선약이 되어 있는 주말에 회사 일이 생겼습니다. 어떻게 하시겠습니까?

4. 면접 성공 대책

1) 첫인상이 합격 · 불합격을 좌우한다

- 의복 · 인사예절로 실패하지 않는 테크닉 -

❶ 복장은 연상인 사람, 즉 소위 세속의 눈에 거슬리지 않는 것으로 입으면 안심하고 면접에 임할 수 있다.

❷ 면접 시 복장은 그 회사 직원의 복장을 표본으로 하여 결정하면 무난하다.

❸ 면접실에 들어갈 때는 "최후의 인사를 잊지 말자"하고 자신에게 일깨워 둔다.

❹ 의자에 앉을 때는 사양치 말고 깊숙하게, 또 의연한 자세를 취하면 말과 태도의 양면에 플러스가 된다.

❺ 상대의 미간 쪽에 시선을 고정시키면 떨리지 않는다.

❻ 좌우 양면에 앉은 질문자에게는 목이나 눈만 돌리는 것이 아니고 몸 자체를 향하면 짓궂은 질문을 예방한다.

❼ 회사 방문 시는 되도록 혼자서 간다.

❽ 허약한 체질처럼 보이는 살갗은 여름 휴가 중 태워두는 것도 한 방법이다.

❾ 평소부터 가까운 사람에게 맘먹고 인사 해두면 면접관에게의 말솜씨도 능숙해진다.

❿ 소지품은 중요도가 높은 것일수록 체크리스트로서 확인한다.

⓫ 회사 방문 때 대기시간용의 읽을 거리 책을 준비해감이 좋다.

2) 단 한마디 말로써 평가가 변하다

- 말솜씨로서 점수를 높이는 테크닉 -

❶ 긴장으로 어두운 상황에 놓이려 할 때는 "…습니다, …니다."의 어미를 명확히 하는 것만으로도 안색과 행동이 밝아진다.

❷ 말하는 요령은 너무 느리다고 느낄 정도가 듣기 편하며 자기의 페이스도 지켜진다.

❸ 또 계속될 것인가 끝났는가를 모를 때는 질문의 틈틈이 맞장구(고개를 끄덕인다거나 예예 등)를 친다.

❹ 전공과목은 전문용어를 쓰지 않고 설명될 수 있게 해 놓으면 면접관의 심중을 좋게 한다.

❺ 약어, 학생용어 등을 썼더라도 즉각 수정해 놓으면 감정의 대상은 되지 않는다.

❻ "…인데"란 접속사가 계속되는 경우라도 말의 매듭을 지우는 것은 두뇌가 명석하다는 인상을 심어 준다.

❼ 속담, 격언은 걸맞지 않은 일이므로 안 쓰는 것이 무난하다.

❽ 경어는 입사 1~2년 후의 선임자한테서 배우면 생생한 사용법이 된다.

❾ 표준어로서는 표현할 수 없는 말일 때 오히려 사투리(방언)로 직접 표현하면 면접관의 공감을 얻는다.

❿ 녹음기나 거울을 사용하면 "타인의 눈"으로 자기의 버릇을 체크할 수 있다.

3) 면접관을 자기편으로 한다

- 상대방으로 하여금 호감을 갖게 하는 테크닉 -

❶ 누가 시험관인가 모르고 있는 사내에서는 누구에게나 인사를 해둔다.

❷ 젊은 면접관을 대하게 될수록 예의범절에 유념한다.

❸ 모교 선배사원이 말을 걸어 올 때일수록 자세를 단정히 할 때이다.

❹ "우리 회사에 부적합하다"에 대하여 "그렇기 때문에 응시하러 왔다"고 응답하면 된다.

❺ 자기 생각에 반한 질문에 대해서는 먼저 "과연…, 역시…"하고 긍정적으로 인정한 다음에 반론한다.

❻ 입사 후의 희망 부서를 물었을 때는 너무 명확하게 대답하지 않는 것이 좋다.

❼ 예상치 못한 질문, 기문에도 여하튼 즉답을 한다.

⑧ 겹치기 수험에 있어서는 회사선택에 자기 나름대로의 소신을 갖고 결정한다.

⑨ 면접관의 자만 담도 철저하게 듣는 역할이 되어야 하며, 그것이 도리어 자기선전이 되는 것이다(잘 듣는 자세).

⑩ 급료와 같이 듣기 거북한 질문은 "일단 명심하기 위해"라는 전제를 붙이면 묻기가 부드럽다.

⑪ 회사방문에서 질문을 할 때에는 "여러 가지 있지만 한 가지만 …"하고 전제해 놓는다.

⑫ 회사에서의 전화연락에는 응대 방법에 유의할 것을 가족에게 말해둔다.

⑬ 연고는 있더라도 면접에서는 숨겨두는 것이 좋다.

⑭ 맥(가능성)이 있나 없나 궁금할 때는 "다음에는 언제쯤 오면 좋을까요?"하고 물어 본다.

4) 이렇게 하면 궁지도 타개된다

- "비벼댈 곳 있다"라고 생각되는 테크닉 -

❶ 아차! 할 때도 질문이 없었을 때는 신경 쓸 필요 없다.

❷ 요점을 마무리하기 어려운 질문에는 "이런 것은 예상하지 않았습니다"라고 말하고 시간을 벌어 둔다.

❸ 질문의 핵심(core)을 잘 알지 못할 때는 "…라는 것입니까?"라고 질문의 여부를 반복하여 본다.

❹ "모르겠습니다"라고 하는 말일수록 단호한 어조로 말한다.

❺ 프라이버시 등 대답하기 싫은 질문에는 정확한 거부를 하는 것이 뒤에 꺼림직한 맛을 남기지 않는다.

❻ 거짓말이 탄로될 듯한 때는 변명하느니 보다 솔직하게 잘못을 인정하는 것이 좋다.

❼ 이야기는 결론부터 먼저 해나가면 상대에서 시원한 인상을 주게 된다.

❽ 새로 맞춘 옷은 미리 몸에 익숙 되게 해놓지 않으면 어색한 몸차림의 원인이 되기 쉽다.

❾ 면접의 차례가 가까워져서 가슴이 뛸 때는 손가락을 움직여보면 남의 눈에 띄지 않고 긴장이 풀린다.

❿ 긴장으로 상기되었을 때는 그 사실을 시험관에게 말해 두는 것도 하나의 요령이다.

⓫ 지원 카드에 기입한 내용은 꼭 메모했다가 기억해 둔다.

5) 질문의 함정을 꿰뚫는다

- 상대의 페이스에 안 넘어가는 테크닉 -

❶ 대답이 한마디로 끝나는 단순한 질문에는 주변의 정보를 첨가해서 답하면 화제가 넓어진다.

❷ 성적이 좋지 않다 해도 당당하게 말할 수 있다는 것은 최대 sales point로 된다.

❸ 지망동기는 "왜 이 회사가 성장하고 있는가?"라는 관점에서 응답할 내용을 준비해 둔다.

❹ 졸업논문 주제에 대한 질문에는 무엇을 했느냐 보다는 그것을 둘러싼 자세를 강조한다.

❺ 서클 활동에 대해서 묻거든 거기서 얻어진 것을 되도록 구체적인 말로 말한다.

❻ 아르바이트의 이야기는 그 성과를 강조할수록 마이너스 점에 이어지기 쉽다.

❼ 취미는 "취미라고는 말할 수 없지만…"하고 겸손해 함이 좋다.

❽ 가족에 대해서는 내가 하는 일에 지장이 없다는 정도의 정보를 플러스하면서 말한다.

❾ 부친, 모친에 대해서는 묻기 전에는 말 안 하는 것이 좋다.

⑩ 지지정당에 대해 묻거든 정치에 대해 관심을 품고 있음을 밝혀둔다.

6) 마이너스 면일수록 sales point로 된다

- 다른 수험생에 차이를 두게 하는 테크닉 -

❶ 자기를 인정시키려면 그 회사에서 구하고자 하는 인물상에 알맞은 에피소드를 찾아본다.

❷ 자기의 sales point는 3개 이상 들 수 있게 해 둔다.

❸ 1분간, 3분간, 5분간의 자기소개의 원고를 만들어 두면 대화의 요점이 잡힌다.

5. 면접 평가서

INTERVIEW SHEET

우수함 (5점)	양호함 (3점)	무난함 (2점)	미흡함 (1점)	곤란함 (−2점)

외적인 평가

1. 태도					
2. Communication Skills					
3. 외모/인상					
4. 희망기업/직종에 대한 정보					

내적인 평가

1. 창의력(상황대처력, 아이디어)					
2. 도전의식(적극성, 참여도)					
3. 인화성(협조성)					
4. 책임감(리더십)					
5. 성실성(도덕성)					

종합소견 :	총섬수 :

피면접자 :____________________ 면접자 :____________________

날 짜 :____________________

【도움이 되는 취업 정보 사이트】

■호텔기업 취업 정보 사이트

취업정보	사이트
롯데호텔	http://job.lotte.co.kr
신라호텔	https://www.shillahotels.com
조선호텔	http://job.shinsegae.com
인터콘티넨탈 코엑스	https://www.iccoexd.com
그랜드 워커힐 서울	https://www.walkerhill.com

■여행사 · 항공 취업 정보 사이트

취업정보	사이트
하나투어	http://www.hanatourcompany.com
모두투어	http://www.modetournetwork.com
여행박사	http://www.tourbaksa.com
대한항공	https://recruit.koreanair.co.kr
아시아나항공	https://recruit.flyasiana.com

■외식사업 · 커피전문점 취업 정보 사이트

취업정보	사이트
CJ푸드빌	https://www.cjfoodville.co.kr/recruit
비알코리아	http://www.brkorea.co.kr/careers
T.G.I.프라이데이스	https://www.tgif.co.kr/recruit
스타벅스코리아	http://job.shinsegae.com
커피빈	http://www.coffeebeankorea.com

■도움이 되는 취업 정보 사이트

취업정보	사이트
노동부 워크넷	http://www.work.go.kr
스카우트	https://www.scout.co.kr
사람인	http://www.saramin.co.kr
엘리트 코리아	https://www.elitekorea.com
잡코리아	http://www.jobkorea.co.kr

■공공기관 취업 정보

취업정보	사이트
NCS 능력중심채용	http://www.ncs.go.kr
한국산업인력공단	http://www.hrdkorea.or.kr
월드잡	https://www.worldjob.co.kr
매일경제헬로잡	https://www.hellojob.com
창업넷	http://www.k-startup.go.kr

참|고|문|헌 >>>

1. 국내

강응오(1998). 현대임금관리론. 박영사.
권혁기 외(2015). 인적자원관리. 도서출판 청람.
김강수 외2013). 인간관계론. 도서출판 청람.
김성국(2011). 인적자원관리 5.0. 탑북스.
김영재 외(2015). 신인적자원관리. 탑북스.
김윤태(2012). 호텔외식산업인적자원관리. 대왕사.
김원경(1999). 인적자원관리론. 형설출판사.
김원경(2005). 전략적 인적자원관리. 형설출판사.
김의근 외(2015). 호스피탈리티 인적자원관리론. 백산출판사.
김이종 외(2014). 인적자원관리. 새로미.
김진희 외(2005). 기업경쟁력 향상을 위한 인적자원관리시스템. 한국학술정보(주).
노남섭 외(2012). 인적자원개발론. 한올.
민경호(2017). 최신노사관계론. 무역경영사.
박영배(2011). 『에센셜 인적자원관리론』. 청람.
______(2016). 조직행동. 도서출판 청람.
박영배 외(2017). 서비스인적자원관리. 도서출판 청람.
박우성(2010). 『인적자원관리의 패러다임의 변화』. 한국노동연구원.
한국노동연구원(2000). 21세기형 인적자원관리. 명경사.
신유근(1996). 현대인적자원관리. 경문사.
______(2008). 한국형 사람중심경영. 뉴패러다임센터.
______(2005). 인간존중의 경영. 다산출판사.
______(2011). 경영학원론. 다산출판사.
오종석 외(2012). 인적자원관리. 탑북스.
유기현 외(2013). 인간관계론. 무역경영사.
이성태(2012). 인간관계론. 양서원.
이순구 외(2004). 호텔인사관리. 대왕사.
이용석(2017). 『인사관리시스템 3.0』. 클라우드나인.
이임정(2011). 보보의 인간관계론. 청람.
이재규 외(2011). 인적자원관리론. 문영사.
이학종(1996). 조직행동론. 세경사.
이학종 외(2012). 전략적 인적자원관리. 오래.
임창희(2008). 인적자원관리. 비엠앤북스.
임창희 외(2014). 인간관계론. 비엠앤북스.
정재훈(2014). 노사관계론. 북넷.

홍경옥(2002). 호텔인사관리. 데이터플러스.
홍용기(2009). 인적자원과리론. 형설출판사.

최종태(1988). 현대인사관리론. 박영사.
_____(1998). 현대노사관계론. 박영사.
_____(1996). 현대노사관계론. 경문사.

국민일보 2000. 6. 29
서울경제 2017. 5. 18.
아시아경제. 2017.08.31.
전기신문 2017. 6. 9.
프라임경제 2017. 08.19.

2. 국외

Robert L. Mathis , John H. Jackson(2014). Human Resource Management(이종건 · 김해룡 · 이준우 역) 서울 : 한경사.

로빈스, S. P.(2005). 조직행동론, Robbins, S. P., *Organizational Behavior*(김지성 · 박기찬 · 이덕로 역). 서울 : 피어슨 에듀케이션 코리아.

Adler, N. J.(1986), *International Demensions of Organizational Behavior*, Kent Publishing Co.

Dessler, G.(2008), *Human Resource Management*(11th. ed.), Person International Edition.

Friedman S. D. and J. H. Greenhaus, *Work and Family-Allies or Enemies?* New York: Oxford University Press.

French, W.(1980), *Human Resource Management*, Boston : Hongton Mffin Co.

Gates, B.(1995), *The Road Ahead*, New York: Viking.

Ghorpade, J.(1988), *Job Analysis : A Handbook for the Human Resource Director*, Prentice-Hall.

Hackman, J. R. & G. R. Oldham(1976), Motivation Through the Design of Work: Test of a Theory, *Organizational Behavior and Human Performancc*. August, 250-279.

Hackman, J. R. & G. R. Oldham(1980). *Work Redesign*. MA: Addison-Wesley.

Hartigan, J. and Wigdor, A.(1989), *Fairness in Employment Testing*, National Academy Press)

Hooker, J.(2003), *Working Across Cultures*, Stanford, CA. : Stanford University Press.

Kimberly, J. R. and Quinn, R. E.(1984), *Managing Organizational Transition*, Illinois: Irwin.

Lawer, E.(1981), *Pay and Organization Development*, Reading, MA : Addison Wesley.

Miner, J. B.(1980), Theories of *Organizational Behavior*, IL.: Dryden Press.
Mello, J. A.(2011), *Strategic Management of Human Resources*(3rd ed.), South-Western, Cengage Learning.
Milkovich, G, and Boudreu, J.(1991), *Human Resource Management*(6th ed.), Irwin.
Osterman, P.(1984), *Internal Labor Market*, MIT Press.
Robbins, S. P. and Judge, T. A.(2007), *Organizational Behavior*(12th ed.), Person Education.
Siseny, E.(1988), *Management Recruitment*(4TH ED.), Gower.
Spector, P. E. (1997), *Job Satisfaction. Application, Assessment, Causes, and Consequence*(Thousand Oaks). CA: Sage.
_____(2006), *Industrial and Organizational Psychology : Research and Practice*(4th ed.), John Wiley & Son, Inc.
Walker, J.(1980), *Human Resource Planning*, McGraw-Hill.

3. 국내 · 외 사이트

http://blog.naver.com
http://corp.tourbaksa.com
http://ir.redcaptour.com
http://job.lotte.co.kr/LotteRecruit/Lotte2.aspx
http://job.shinsegae.com
http://recruit.interpark.com/interpark/benefits.do
https://recruit.koreanair.co.kr
http://terms.naver.com
https://www.cjfoodville.co.kr/recruit
http://www.easylaw.go.kr/CSP/Main.laf
http://www.electimes.com
https://www.ei.go.kr
http://www.hanatourcompany.com/kor/recruit
http://www.jobkorea.co.kr
http://www.lottehotel.com
http://www.modetournetwork.com
http://www.naeiltour.co.kr
https://www.ncs.go.kr/blind/index.do
https://recruit.flyasiana.com
https://www.shillahotels.com
http://www.travie.com 제300호(2017.02)

찾아보기 >>>

ㅅ

ㅇ

ㅈ

ㅊ

ㅋ

저|자|소|개 ›››

■ 홍 경 옥

- 서울여자대학교 경영학박사
- 한국산업인력공단 면접, 출제위원
- 고용노동부 직업능력심사평가원 평가위원
- 경영지도사(인적자원관리)

현) 신한대학교 글로벌관광경영학과 교수

관광인적자원관리

2017년 12월 1일 초 판 인쇄
2017년 12월 10일 초 판 발행

저 자 홍 경 옥
발행인 한 인 환
발행처 도서출판 **기 문 사**
등 록 1978. 8. 9. NO. 6-0637
주 소 서울시 동내문구 안암로 50-1(용두동) 홍신빌딩 3층
전 화 02) 2265-7214/922-8662~8663
팩 스 02) 922-8772

homepage : www.kimoonsa.co.kr
e-mail : book@kimoonsa.co.kr

저자와의 협의하에 인지생략

ISBN : 978-89-7723-776-6 93590

정가 : 20,000원